LO VIRIL Y LO VISCOSO

ALTERIDADES, FANTASMAS Y HÉROES EN EL PRIMER FRANQUISMO

MIGUEL RIVAS VENEGAS

LO VIRIL Y LO VISCOSO

ALTERIDADES, FANTASMAS Y HÉROES EN EL PRIMER FRANQUISMO

Grandes Temas
CÁTEDRA

1.ª edición, 2024

Ilustración de cubierta: Imagen de cubierta del primer número de la revista *Legiones y falanges,* 1940

PAPEL DE FIBRA CERTIFICADA

Valentín Beato, 21. 28037 Madrid
Depósito legal: M. 18.281-2024
I.S.B.N.: 978-84-376-4831-6
Printed in Spain

A Rocío y a mis padres,
por su incondicional apoyo

Prólogo

La historiadora del arte Linda Nochlin sostenía que toda política del cuerpo es una política de género, específica de un determinado periodo y de ciertas prácticas artísticas[1]. Un buen ejemplo es el presente libro, dedicado a exudar la masculinidad en la formación del franquismo: ¿cuál es el cuerpo bueno y cuál el malo? ¿Dónde empieza la gloriosa erección? ¿Cómo se reconoce a una babosa? ¿Cómo se representa al que se asesina?

Tradicionalmente las políticas de género se asientan en principios de poder, quien lo tiene y quien no, por lo que el género del poder ha sido siempre masculino. El franquismo supuso un sangriento resumen. A excepción de la Virgen y de algún brazo incorrupto, la iconografía pública franquista es enteramente varonil. Sin embargo, estamos muy lejos de poder confirmar que el régimen tuviera un plan iconográfico preciso, singular, diferenciado, verdaderamente propio, para desarrollar en cuadros, esculturas y monumentos, o que, en el caso de que aceptemos la existencia de alguno, tuviera éxito como peculiaridad epocal, como nicho histórico. Tengamos presente que el franquismo se vio sobrevenido por el final de la guerra en Europa, y, aunque adoptó la autarquía como una tortuga su cascarón, una parte relevante de su repositorio visual no pudo sostenerse. A diferencia de otros regímenes totalitarios europeos que desplegaron ampliamente sus aparatos visuales antes de ir a la batalla, el fascismo español inició su programa iconográfico en guerra y lo desarrolló en la victoria, pero tuvo que cancelar abruptamente una buena parte de su fanfarria visual tras la derrota del fascismo europeo. De repente, hubo que esconder a Falange de ciertos aparatos comunicacionales. Los curas llevarían las riendas y no harían falta soflamas incendiarias, sino traer a cuento tradiciones contrarreformistas y monárquicas de la imaginería popular y del cultivo de la imagen del dictador. Todo sueño falangista sobre un arte de Estado se evaporó. Se acabó el viril brazo en alto y se volvió a lo de siempre, al cuerpo tieso e inmortal de España.

---

[1] Linda Nochlin, *Representing Women,* Nueva York, Thames and Hudson, 1999, pág. 218.

El primer franquismo, entre 1936 y 1945, fue reflejo de esas cuitas semióticas entre un arte de combate y un arte de reclusión, entre la propaganda falangista y la cobertura eclesial. Pero estaríamos equivocados si las viéramos distintas. Es solo una apariencia. Ambas doctrinas se nutren de las viejas pervivencias de género, clase, religión y raza que han impregnado tantas veces el discurso español de Estado, con el sostén de tantos agentes. De ahí que sea problemático aseverar la existencia de un plan preciso para una política visual andrográfica en el franquismo. La construcción de una lógica que lleva del mártir o del héroe al cuerpo infrahumano ya es perceptible en las formas de describir o relatar a los «indios», a los «moros», a los «negros», a los judíos, a los protestantes, a las mujeres, a los pobres, que podemos encontrar sin mucho esfuerzo en la literatura y el arte español y europeo desde hace siglos. El régimen de valores franquistas (y en algunos casos posfranquistas) es una actualización de latencias y querencias del largo casticismo imperialista[2].

Sin embargo, no podemos eludir la invitación de Nochlin a interpretar que toda política de género debe ser leída en su emplazamiento, situada en determinadas prácticas, mediante ciertos instrumentos y bajo lógicas operativas concretas. Los cuerpos, las ideas, las imágenes nunca se manifiestan en el tiempo idénticas a sí mismas, sino que viven precisamente gracias bien a su capacidad para ir acumulando o desvelando fisuras, bien por su voluntad de legitimarse como operaciones. Esto es lo que nos demuestra el presente libro de Miguel Rivas. Mediante un itinerario trazado con mojones iconográficos presentes en numerosos formatos expresivos de la época —pintura, literatura, cine, escultura, cómic, arquitectura—, Rivas construye un formidable artilugio iconológico con el que destapar el modo en que *el otro* —ese hombre sin hombría, esa furia sin tesón y flácida— fue creado por el franquismo durante la guerra y en los primeros años de su victoria. Y es formidable (del latín, terrible, que causa miedo) precisamente porque, sin abandonar la convicción de que aquellas políticas pueden rastrearse en un sinfín de modelos similares europeos y de la propia historia de España, abre en canal el cuerpo no tan inerte de una determinada forma de andropatía política, de la enfermedad del odio con la que el género masculino ha construido los cuerpos sociales, en especial los que deben ser destruidos para que el orden pueda perpetuarse.

Rivas no esconde su tracción warburgiana, y esto, además, se nota en una profunda consideración sobre el drama que albergan las imágenes de las que se ocupa. Recordemos que Aby Warburg propuso comprender las imágenes en un sentido patológico, y no solo en relación al *pathosformel* —las pasiones impresas

---

[2] Yo mismo me ocupé de estos asuntos en *La memoria administrada. El barroco y lo hispano,* Buenos Aires, Katz, 2011.

en los gestos corporales, a las que Rivas nunca deja de mirar—, sino por la sospecha de que toda imagen esconde una fractura, un dolor, un secreto, convirtiéndose en un dispositivo de modelización, en una máquina que no describe el mundo sino lo que inscribe para que sea comprendido de un cierto modo y no de otro, para que la desviación sea lo primero que se ve. Este libro es sorprendente si lo leemos bajo ese prisma, porque describe con elocuencia e inteligencia (y mucha ironía subterránea) la forma en que el submundo del hombre enemigo (republicano) es concebido por el franquismo como modelo antiespañol y extranjerizante de monstruosidad y viscosidad, sin testosterona (femenil), procaz, híbrido y húmedo como una hidra o una quimera, sujeto a los vaivenes desacompasados de la ataxia física y moral, pura blandura y curva. Pero la habilidad del autor para enfocar semejante cuestión se constata en otro aspecto acaso más relevante: al hablar de la máquina de producción viril en una sociedad militarizada y sublimada en la limpieza como la franquista, se dibuja el discurso solapado que se ejerce sobre la mujer y lo femenino, auténtico problema de fondo de la política corporal de raíz clásica. La búsqueda de la dinámica que hizo posible la configuración de un cuerpo nacional sano frente a otro antinacional insalubre solo puede comprenderse por una tradición patriarcal que vertebró la razón corporal de Estado especialmente sobre la piel de las mujeres, y que encontró en la medusa, la sirena, la bruja, la «histérica» o la «mujer fatal» los motivos sobre los que legislar acerca de la productividad, la fecundidad y la armonía sociales.

Con un lenguaje que a veces parodia el regocijo de los textos franquistas sobre los *otros* como masa mocosa y gelatinosa, Rivas nos conduce templadamente por un laberinto oscuro y lleno de barro que bien podría formar parte de un *percorso* infernal. Se trata de un ejercicio de templanza literaria y política digno de admirar —a muchos de nosotros, los exabruptos incendiarios que son objeto de su estudio nos llevarían a la cólera. Así, el autor establece una fina cartografía de recursos muy útil para comprender las causas de tanta sinrazón sin evitar mostrar ninguna herida, incluso las metodológicas. Rivas pertenece a una joven generación de historiadores del arte interesados en socavar parte del andamiaje formalista precedente —sobre todo en España y dar cabida a instrumentos lingüísticos y literarios capaces de sonrojar a esas imágenes que nacen para ocultar y también para ocultarse a menudo de los historiadores. Sus trabajos previos sobre el lenguaje visual y textual totalitario, en Alemania, Italia o España, se convierten en *Lo viril y lo viscoso* en un andamio que contribuye a presentar la tragedia «machirula» del franquismo en un escenario en el que se cruzan numerosas referencias ideológicas, culturales, semióticas y artísticas, que enfocan el problema sin ahorrarnos una luz más general.

Pero más que por ese marco necesario, lo notable en el argumentario funcional de este libro es que habla en presente, aunque el temperamento de su autor no lo haga obvio. Solo un ermitaño podría desconocer los renovados discursos supremacistas de género que se despliegan en la actualidad. Los voceros de estas rancias militancias construyen —de nuevo— su lenguaje sobre adjetivos de cualidad líquida, mediante los cuales lamentan la pérdida de tesón, de tensión, de rigidez en la hombría contemporánea. Atenazados por lo que consideran una «pérdida de sustancia» (recordemos al general Ripper en la película *Dr. Strangelove* de Stanley Kubrick, la gran parodia sobre la masculinidad en la Guerra Fría), y sujetos a una falsa imposibilidad natural de procesar la rica complejidad que proporciona el feminismo(s) y el fin de la heteronormatividad, estos nuevos profetas de la virilidad se presentan con yelmos sobre torreones o en postura de jarras llevando calzones deportivos y sudaderas militares sobre los picos de las montañas, repartiendo ceniceros y defendiendo la mística penetradora de la muerte taurina. El otro, el homosexual, el inmigrante, el animal, el comunista, son adjudicados a un mundo de la flacidez, de la reproductibilidad esponjosa y volátil de los virus y los insectos. Comunidad e inmunidad se declinan de nuevo en términos cerrados, amurallados: la comunidad nacional como baluarte de inmunidad; la inmunidad como póliza de seguros comunal. Viejas latencias que progresan y se visten de certezas simples y distinguibles porque son respuestas que vadean las necesarias preguntas complejas que son más necesarias que nunca. La complejidad plural es sinuosa. La línea recta es imperial. Así, entre líneas zigzagueantes, *Lo viril y lo viscoso* nos abre una ventana que permite ventilar una serie de preguntas: ¿cómo imaginar una masculinidad no adscrita al poder? ¿Qué hemos aprendido de las historias que han reconstruido una feminidad siempre alejada del poder? ¿Cómo estudiar la construcción del *pathos* masculino de la españolidad? ¿Es, acaso, la deconstrucción de esa patología la que más nos puede ayudar a desenmascarar la mitología nacional?

Jorge Luis Marzo

Introducción

Retorno, vibración, resonancia, postvida

Espacio de lo seguro y supervivencia. Lotman, Warburg y las fronteras húmedas

Este libro comienza y termina retornando simbólicamente a los repositorios culturales, al locus fértil que supone para la psique occidental la cultura helena. Comienza con la primera de las traiciones, condensada en la figura culpable de Ío, y finaliza en el más longevo de los castigos, el tormento de Sísifo. Comienza y termina en el Peloponeso para hablar de la península ibérica. Inicia su recorrido circular, de «Indentische Zeit», que habría dicho Schelling, con Roberto Calasso y el mito fundacional de Ío[1], primera entre muchas, copia de una copia —imagen a semejanza de la efigie de Hera, como recuerda Calasso— de la que surgirán infinitas variantes culpables. Figura sacrificial, reificada, transformada y perseguida, sujeta a permanente metamorfosis, como muchas de las víctimas ibéricas que aquí nos acompañan, Ío adquiere en esta reflexión sobre lo que reaparece, muta y reverbera importancia absoluta, puesto que además es «copia» —imagen a semejanza de la escultura de la diosa y, por tanto, *fake*— y al mismo tiempo mitologema,

[1] El fragmento, tanto por lo interesante de las reflexiones que plantea como por la belleza de la prosa de Calasso, merece ser citado en su extensión completa: «Appunto nello Heraion ebbe inizio la storia del primo tradimento di Zeus, origine di tutte le vendette. Per tradire Hera, Zeus scelse una sua sacerdotessa, l'essere umano che a lei era più vicino, in quanto teneva le chiavi del santuario: Io. Nel suo aspetto, nelle sue vesti, Io era tenuta a ripetere l'immagine della dea che serviva. Era una copia che tentava di imitare una statua. Ma Zeus scelse la copia, desiderò la differenza minima, che basta a disarticolare l'ordine, a produrre il nuovo, il significato. E la desiderò perché era una differenza, perché era una copia. Quanto più trascurabile la differenza, tanto più enorme la vendetta. Tutte le altre avventure di Zeus, tutte le altre vendette di Hera non sono che rinnovate spinte alla ruota della necessità, che Hera aveva accelerato un giorno per punire la donna a lei stessa più simile», en Roberto Calasso, *Le nozze di Cadmo ed Armonia*, Milán, Adelphi, 1992, pág. 38.

y por consiguiente, y contra todo pronóstico, origen, primera forma; esencia de una genealogía mitológica. En un recorrido que nos acercará continuamente a *lo de antes* para hablar de nuestro «ahora» —la cultura política, literaria, artística y retórica del franquismo y sus infinitos héroes, fantasmas y monstruos, imágenes incoherentes, transformantes, en perpetuo cambio; sujetos que son y se parecen, como la propia Ío—, el peso ático, junto a otros repositorios con los que se mezclará en orden indiscernible, acompañará a tantos mitos trucados como los que aquí estudiaremos. Lugares comunes como los que interesaron a Lotman, figura de la semiótica cultural de importancia indiscutible a la que recurrimos para iniciar este recorrido entre estratos: «Cualquier cultura comienza en la división del mundo en "su" espacio interno y el espacio exterior de "los otros". La manera en la que esta división binaria es interpretada depende de la tipología de cada cultura. La división en sí misma es, sin embargo, un universal cultural humano»[2].

Las palabras de Yurij Lotman —especialista en lindes, en fronteras que jamás pueden ser atravesadas, en límites culturales, por encima de todo— con las que aquí abrimos estas reflexiones adquieren particular sentido en el contexto de la Guerra Civil española, contienda ubicada dentro de una misma realidad nacional que, como tal, hacía todavía más necesaria la construcción de una frontera cultural de límites tan claros como insalvables. A veces, como relataba en *La fiel infantería* el escritor falangista Rafael García Serrano, la diferencia surgía de las palabras mismas; separaba en bandos incompatibles a hombres y mujeres de naturaleza otra; marcaba no solo diferencias irreconciliables, sino una jerarquía clara en términos de superioridad en la que, como veremos, materialidad, repertorios léxicos, formas de habitar el espacio, cualidades físicas diversas y síntomas sobrevivientes que articulan mitos trucados de lo propio y de lo ajeno caracterizan un relato de la disparidad que parece encontrar equivalencia directa en espacios lejanos en lo geográfico y lo temporal.

El camisa azul García Serrano, como lo intuyeran otros intelectuales de primera línea de aquella revolución reaccionaria, condensaba la diferencia insuperable entre España y la *anti-España* en una reflexión que parecía de hecho actualizar en clave hispánica una noción de barbarismo en su sentido más clásico. El otro era verdaderamente incapaz de hablar como *nosotros*. No balbuceaba —como afirmaban los griegos en referencia a cualquier pueblo que no fuera el suyo—, pero sí se encontraba verdaderamente en otro universo comunicativo que parecía convertirlo, por sí mismo, en unidad de destrucción, en futura criatura sacrificial. La palabra «otra» lo delataba; la diferencia insoportable entre descanso y maniobra, fanatismo y fe bien justificaba todo el coste y todo el dolor de una guerra. La taxonomía comenzaba en el habla, pero se extendía, como iremos viendo en las siguientes pá-

---

[2] Yurij Lotman, *Universe of the Mind: A Semiotic Theory of Culture*, Bloomington (IN), Indiana University Press, 1990, pág. 131.

ginas, a todos los elementos que componían y daban sentido a la alteridad republicana: «Nosotros somos superiores a los que nos precedieron porque ellos decían diputado, correligionario y descanso y nosotros decimos capitán, camarada y maniobra. Ellos decían estúpido fanatismo y nosotros fe. Ellos "yo", nosotros, "nosotros"»[3].

En el caso que nos ocupa, y dada la importante presencia de hombres de letras, poetas y literatos en la construcción del pensamiento fascista español, los dispositivos textuales, no solo como elementos transmisores de ideología sino también como transmisores de un uso del lenguaje específico, cobran una importancia fundamental que hace imposible desligar la literatura de la construcción de la otredad cultural y matérica que caracterizó el discurso demonizador del fascismo español y del franquismo. No en menor medida, y en modo alguno desde una posición subsidiaria, el *imago* construido desde la ilustración —presente en proyectos tan dispares como *La Historia de la Cruzada Española,* la bien conocida *Vértice* (elitista y refinada) o las revistas destinadas a combatientes, como *La Ametralladora*—, la pintura de pequeño y gran formato, la fotografía y el cine patrocinaban, reconstruían y difundían una visión del «otro» como arquetipo superviviente de lo malvado y lo monstruoso que habría resultado incompleta sin la labor de las letras, pero que necesitaba de la capacidad difusora y si se quiere, más precisa, del dispositivo visual.

En estas primeras reflexiones, contextualizaremos el discurso sobre lo monstruoso, lo contra natura y lo extraordinario que se desarrolló en la España de los años treinta y cuarenta, centrándonos a lo largo de este *percorso* en la producción plástica y literaria del bando rebelde. Tomaremos como referencia por su enorme utilidad la noción de semiosfera de Yurij Lotman como «espacio de lo seguro» y frontera con lo diferente que desarrolló este investigador, ubicando aquellos relatos de lo monstruoso y la elaboración de la alteridad en las artes plásticas y la literatura de la Guerra Civil y del primer franquismo en la más amplia tradición cultural del monstruo como elemento que «muestra» (especie de *monstrum* latino) y como artefacto delimitador[4]. Partiendo de los arsenales léxicos y visuales, de las «palabras gruñido» como elementos clave en la construcción de lo horripilante[5], pretendemos poner de relieve la «persistencia» y la «supervivencia» —en clave de *nachleben* o postvida, como la definiera el historiador de la cultura Aby War-

---

[3] Rafael García Serrano, *La fiel infantería,* Madrid, Editora Nacional, 1943, pág. 214.

[4] Tomo como punto de partida *Monster Theory: Reading Culture,* de Jeffrey Jerome Cohen, entre otros, donde se introduce esta reflexión sobre la cercanía terminológica y la función monstruosa.

[5] Me refiero en este caso al trabajo del imaginativo Ichiye Ayakawa, que acuñó los términos «palabra gruñido» y «palabra ronroneo» para referirse alternativamente a vocablos con poderosa carga negativa —los gruñidos, claro— o positiva, los ronroneos. Recomiendo en este caso una lectura de Ichiye Hayakawa, *Language in Thought and Action,* Orlando (FL), Harvest, 1939, pág. 27.

burg— de una serie de iconografías y construcciones de lo monstruoso y de lo *otro* que encontró su espacio de gestación en la producción artística, poética y ensayística del bando golpista y posteriormente en el franquismo. Semejante trabajo se vale, así, de dispositivos de muy distinto origen; tiende puentes entre imágenes y textos, alejados en lo temporal y lo geográfico; ahonda en la construcción del mito político del *Kulturzerstörer,* del destructor de cultura; recupera el conocimiento y la ideología contenidos en los dispositivos literarios y visuales en los que se desarrolla, se manifiesta y toma forma. Se busca, de esta manera, estudiar la construcción del *contramundo* —*Gegenwelt* o imagen especular, que habría dicho Winckler— elaborado desde el discurso político-cultural del franquismo, destinado a definir a sus enemigos políticos como seres monstruosos de comportamiento contra natura y como habitantes de un espacio «otro».

Para ello, tendremos en cuenta tanto aquellos elementos susceptibles de interpretarse como «lugares comunes» o pervivencias —en el sentido que le habría concedido a la supervivencia o *nachleben* el propio Warburg—, remanentes de viejos arquetipos de lo invertido, como los que puedan ser considerados mecanismos propios de la narración *nacional.* Localizar e identificar estas pervivencias, estos lugares comunes que discurren prácticamente como «ríos ya transitados» en la construcción del enemigo en el discurso del bando golpista permite estudiar las iniciativas específicamente dirigidas a la elaboración del *monstrum* republicano como auténticas «apariciones» fantasmagóricas[6], como reapropiaciones de viejos paradigmas de lo otro que son reaprovechados en la producción artística y en la literatura política franquistas[7]. La experiencia del mal llamado *descubrimiento* en la propia tradición cultural —y política— ibérica ya contaba, además, con precedentes en los que los fantasmas, los monstruos y los espectros habían sido explicados sin complejos a partir de retales heredados que afloran y muestran su verdadera naturaleza, como recuerda intuitivamente Gruzinski, apenas ocultos bajo una capa de fino barniz[8].

---

[6] Parto de los comentarios de Tylor, autor de la noción antropológica de *survival* como la emplearemos más adelante; véase Edward Burnett Tylor, *Primitive Culture. Researches into the Development of Mythology, Philosophy, Religion, Art and Custom,* Londres, Murray, 1871, pág. 64.

[7] Me baso en la noción de lo fantasmal de Georges Didi-Huberman: «Dialektik des Monstrums: Aby Warburg and the symptom paradigm», *Art History,* 24 (5), 2001, págs. 621-645; *El gesto fantasma. Acto: Revista de Pensamiento Artístico Contemporáneo,* 4, 2008, págs. 284-291; *La imagen superviviente. Historia del arte y tiempo de los fantasmas según Aby Warburg,* Madrid, Abada, 2009.

[8] Las afirmaciones de Gruzinski en torno al trabajo de Pedro Mártir resultan, en el ejercicio que aquí nos ocupa, absolutamente reveladoras: los espectros de Pedro Mártir no tienen nada, o tienen muy poco, de «americanos», en tanto en cuanto estaban, como nuestros monstruos de los años treinta, poblados y articulados a partir de fantasmagorías que no tenían nada de locales y que el investigador francés sitúa en la tradición maravillosa del Medievo. Véase Serge Gruzinski, *La guerra de las imágenes. De Cristóbal Colón a «Blade Runner» (1492-2019),* México D. F., Fondo de Cultura Económica, 1994, pág. 26.

En este ejercicio, la ya mencionada noción de *nachleben* (como decíamos, supervivencia; permanencia) que apareciese en el trabajo de análisis iconográfico de Warburg resulta cuando menos apropiada y dotada de múltiples posibilidades[9]. El lector encontrará, en este sentido, referencias habituales a algunos conceptos comunes que acercan a Warburg y a Roberto Calasso, que recuperan la intuición de Kerényi y que enfatizan, todas ellas, la capacidad de la cultura —sobre todo de sus elementos más oscuros, más malditos, más negados, más monstruosos— de sobrevivir para vivir después. De *resonar,* como dijo el intelectual italiano, y de generar en otro lugar una suerte de *sonido común,* como afirmase por su parte el pensador magiar, que constituye la base de la que parten los relatos de tantas culturas alejadas en lo geográfico y lo temporal[10]. La interpretación de Calasso y de Kerényi sobre las capacidades reverberantes de la cultura encaja, en este sentido, de manera absolutamente intuitiva con la propia formulación warburgiana en torno a la postvida de las imágenes, a partir de una hermosa metáfora (aquella de la resonancia, del sonido similar que se expande en múltiples direcciones) que enfatiza la capacidad disipativa de la cultura, dotada de características vibratorias que permiten la supervivencia de una suerte de movimiento —en un sentido también metafórico, por supuesto— que podría de hecho resurgir y reaparecer, fluyendo de nuevo más allá de donde fuera originado pareciéndose al mitologema que lo engendró, *ma non troppo.*

Como apuntaba Didi-Huberman en relación con el concepto acuñado por nuestro Warburg, protagonista, *éminence grise* indiscutible en este libro, esta particular *supervivencia* debía entenderse como la «posvida, o capacidad que tienen las formas de jamás morir completamente y resurgir precisamente cuando menos se las espera». Plantearemos aquí, en cierto sentido, un paralelismo entre la propia capacidad de supervivencia de «iconografías de lo fantasmal» y las posibilidades de resurgimiento del monstruo mediante unas características que trascienden, como podrá verse, fronteras espaciales y temporales. Yuxtapondremos, de esta manera, la capacidad y función del monstruo como retornado, como aquel que siempre escapa, sobrevive y vuelve, y la propia supervivencia de determinadas iconografías de lo monstruoso de presencia clara en los dispositivos artísticos y literarios hispanos.

Esta habilidad de supervivencia y retorno, específicamente como «reaparición», es de hecho una de las características que le adjudica Jerome Cohen a la

---

[9] Véanse, en este sentido: Aby Warburg, *Gesammelte Schriften (Studienausgabe),* Berlín, Akademie Verlag, 1998; *El renacimiento del paganismo. Aportaciones a la historia cultural del Renacimiento europeo,* Madrid, Alianza Editorial, 2005, y *Werke in einem Band,* Frankfurt am Main, Suhrkamp, 2010; Silvana Mariela Vargas, «La vida después de la vida. El concepto de *nachleben* en Benjamin y Warburg», *THÉMATA. Revista de Filosofía,* 49, 2014, págs. 317-331.

[10] Károly Kerényi y Carl Gustav Jung, *Introducción a la esencia de la mitología. El mito del niño divino y los misterios eleusinos,* Madrid, Siruela, 2004, pág. 86.

criatura monstruosa en su *Monster Theory* y aparece reflejada en algunos materiales visuales, literarios y periodísticos de producción franquista que aquí analizaremos[11]. En este caso, la temporalidad «propia» —que trasciende la temporalidad natural— de determinadas iconografías tendrá una contextualización literaria que va más allá del espacio de trabajo de los promotores de la *Kulturwissenschaft,* Warburg y sus continuadores, reconociendo la utilidad de sus planteamientos en el estudio no solo de imágenes y formas de expresión en las artes plásticas —campo escogido por el alemán, en este caso—, sino también de los dispositivos literarios, de los que creemos no pueden en ningún caso desligarse las imágenes: el *imago* del otro en las fuentes literarias desafía, como fuera el caso de las manifestaciones artísticas, la temporalidad natural y recupera una serie de síntomas de lo otro que tiene también su espacio de gestación en la literatura española de guerra y posguerra. En este espacio de retornados, aparecidos y desaparecidos, las palabras de Jo Labanyi, su reflexión sobre la cultura española de la modernidad hasta nuestros días como susceptible de ser leída como una «historia de fantasmas» otorgan, además, interesantes matices al análisis de lo contra natura —y de lo heroico, también— que planteamos en este texto[12]. El fantasma posee siempre, como figura terrorífica, la función de *mostrar,* instruir y advertir, como cualquier otra criatura de la alteridad situada en los márgenes de lo normal; desafía la temporalidad natural como el resto de retornados; se aferra a un tiempo que no es y, por encima de todo y como recordaba Derrida y otras especialistas[13], puede ser identificado como un trazo o engrama warburgiano —casi como una herida no cicatrizada en la memoria colectiva— de aquellos a los que no se les permitió dejar huella.

El retorno del monstruo, especialmente en periodos de crisis política, cultural o social como la Guerra Civil, cumple una función concreta: las construcciones y representaciones dramáticas del otro están destinadas no solo a justificar la exterminación del diferente, sino que buscan particularmente la definición específica

---

[11] Jeffrey Jerome Cohen, *Monster Theory: Reading Culture,* Minneapolis (MN), University of Minnesota Press, 1996.

[12] Jo Labanyi, «Introduction: Engaging with Ghosts; or, Theorizing Culture in Modern Spain», en Jo Labanyi (ed.), *Constructing Identity in Contemporary Spain,* Nueva York, Oxford University Press, 2002, pág. 1.

[13] Me refiero, de nuevo, al trabajo de Jo Labanyi: «History and Hauntology; or, What Does One Do with the Ghosts of the Past? Reflections on Spanish Film and Fiction of the Post-Franco Period», en Joan Ramon Resina (ed.), *Disremembering Dictatorship,* Leiden, Brill, 2000; «Introduction: Engaging with Ghosts; or, Theorizing Culture in Modern Spain», art. cit.; o al de José Colmeiro: «A Nation of Ghosts? Haunting, Historical Memory and Forgetting in Post-Franco Spain», *Electronic Journal of Theory of Literature and Comparative Literature,* 4, 2011, 17-34; «Tracing Ghost Stories: Phantasmal Memories and Hauntology in Manuel Rivas' *O lapis do carpinteiro*», en José Ignacio Álvarez (ed.), *Approaches to Iberian Cultural Studies*, Berlín, Peter Lang, 2020.

de los límites de lo propio, acotando la frontera de la semiosfera nacional mediante la repetición de elementos que afianzan lo invertido y lo especular. Este tipo de discurso en el que predomina el *nachleben* de determinados arquetipos de lo otro ofrece, mediante la invocación de miedos y narraciones atávicos, una imagen del enemigo político contemporáneo o del *contender* cultural que, lejos de ser producto estricto de una rivalidad presente, parece hundir sus raíces en el mal mismo, en la maldad más antigua. En este contexto, conceptos desarrollados también desde la semiótica de la cultura, como aquel de la «noción de frontera» del propio Lotman, íntimamente relacionado con el de la semiosfera, resultarán enormemente útiles en el estudio de territorios irreconciliables[14]. Valiéndose en gran medida de materiales literarios que permiten el análisis de realidades socioculturales más complejas, Lotman convertía la literatura en lengua rusa en mucho más que un legado literario, interpretando el contenido de los dispositivos textuales de los que parte como verdaderos contenedores de ideología y como testigos parlantes de las relaciones que se establecen entre el ser humano y el entorno que lo rodea. En un ejercicio de apropiación, y con permiso —esperamos— del investigador ruso, aplicaremos aquí su noción del «espacio de lo seguro» en estricta clave política, hablando de este «espacio de lo seguro» casi como semiosfera nacional que separa a la comunidad holística franquista de su enemigo, concebido a un mismo tiempo como otro cultural y como alteridad biológica. Lotman definía esta frontera entre nuestro espacio y el de los otros en los siguientes términos:

> Uno de los mecanismos primarios de individualización semiótica es la frontera, que puede ser definida como el límite exterior, como linde planteado en primera persona. Este espacio [interior] es «nuestro», es «mío», «seguro», está «armoniosamente organizado», etc. Por contraste, su espacio es «otro», «hostil», «peligroso», «caótico» [...] esta frontera puede separar a los vivos de los muertos, a los pueblos sedentarios de los nómadas, o a la ciudad de las llanuras; puede ser una frontera estatal, o social, nacional, confesional, o cualquier otro tipo de frontera[15].

Las similitudes entre uno de los ejemplos traídos a colación por el propio investigador ruso —el relato político y maniqueo, malintencionado, de un cronista procedente del Rus de Kiev en el siglo XI sobre los pueblos paganos, adver-

[14] Yurij Lotman, *Universe of the Mind, op. cit.*, y *Die Innenwelt des Denkens. Eine semiotische Theorie der Kultur,* Berlín, Suhrkamp, 2010. Manejaré en estas páginas indistintamente la versión alemana, de la que parto: *Die Innenwelt des Denkens;* del mismo autor, *Cultura y explosión. Lo previsible y lo imprevisible en los procesos de cambio social,* Barcelona, Gedisa, 1999; así como la versión inglesa de la primera aquí citada, *Universe of the Mind.*

[15] Lotman, *Universe of the Mind, op. cit.*, pág. 131. La traducción es mía.

sarios políticos y culturales de la federación de principados ubicada en la actual Ucrania del que se vale Lotman— y aquellos a los que nos dedicaremos en este texto, de producción española, son notables y ejemplifican con claridad que las narraciones de lo inaceptable, de aquello que se encuentra fuera de los confines de lo propio y de «lo seguro», parten habitualmente de lugares comunes y se construyen como leyendas que repiten lo repetido, como verdaderos «mitos trucados» (por manipulados, por recuperados, por torticeramente importados) susceptibles de aplicarse en cualquier contexto[16]. Trascienden, además, la propia limitación del formato y encuentran sin dificultad zonas porosas entre la imagen y el texto —entre Lotman y sus cronistas literarios y Warburg y las ménades danzantes de los relieves griegos que a este fascinaron—, demostrando con ello que las zonas estancas no existen, en particular en el siempre resbaladizo y siempre inclinado al bricolaje, al reaprovechamiento, mundo de la cultura y de las culturas políticas.

Esta reiteración en las características de lo otro como especular a partir de rasgos patológicos específicos *retornados,* lejos de ser interpretada como torpeza del emisor del discurso, debe entenderse, en este sentido, como elemento que vendría a confirmar la maldad definitiva, completa y carente de poros del adversario. Veamos en todo caso la crónica que cita Lotman:

> Los drevlianos vivían como animales, como ganado; se mataban entre sí, se alimentaban de comida sucia o en mal estado; no respetaban las leyes del matrimonio, sino que se limitaban a raptar a las muchachas en las riberas de los ríos [...] vivían en el bosque como bestias salvajes, comiendo porquería, y empleaban un lenguaje soez ante sus mayores y las mujeres. Ajenos a las costumbres matrimoniales, organizaban juegos entre pueblos cercanos, reuniéndose en ellos para entonar toda clase de cantos demoniacos[17].

Aquellos que moran fuera del «espacio de lo seguro» son catalogados como reverso, como «otros que definen», que habría dicho Ruth Wodak en un contexto más cercano al que hoy aquí nos ocupa, el del antisemitismo contemporáneo y el del fascismo continental germano[18]; son presentados como imagen especular, ca-

---

[16] Haremos uso habitual a lo largo de este texto de la noción de mito trucado como la emplease Dumézil al referirse a la reiteración, reaparición y reutilización de relatos ficcionados, mitológicos y legendarios en espacios culturales y tiempos diferentes; véanse, en este sentido, Georges Dumézil, *Mythe et épopée I. L'idéologie des trois fonctions dans les épopées des peuples indo-européens,* París, Gallimard, 1968, pág. 234; René Girard, *El chivo expiatorio,* Barcelona, Anagrama, 1986, pág. 91.

[17] Yurij Lotman, *Universe of the Mind, op. cit.,* pág. 131; la traducción es mía.

[18] Ruth Wodak, «The Radical Right and Antisemitism», en Jens Rydgren (ed.), *The Oxford Handbook of the Radical Right,* Oxford, Oxford Handbooks Online, 2018, pág. 2.

racterizados sistemáticamente a partir de la «abolición» o ausencia de diferencias entre ellos y los animales[19]. Jordanus Catalani ofrecía un relato sobre la India que coincide con el recogido por Lotman y refleja las características de criatura *infra terram* del otro: «En esta parte de la India, y en la India Menor, hay hombres que habitan lejos del mar, bajo tierra y en los bosques; tienen un aspecto totalmente infernal; no comen, no beben, no se visten...»[20]. La obsesión por los hábitos alimenticios que recoge el semiotista de la cultura impregna en gran medida el relato de Jordanus en diferentes pasajes y en distintas publicaciones del misionero —y afecta por igual a indios, a persas, a tártaros. Y con ello confirma la aparición sintomática de una serie de lugares comunes que caracterizan por igual relatos políticos y literatura de viajes —política también, en gran medida, en tanto en cuanto *otrifica* sistemáticamente al otro y requiere del monstruo como parte indispensable de su propia estructura— y revela inevitablemente la trampa trucada, el artificio[21].

Monstruos, moorlands, *humedales y epiplasmas*

Aunque volveremos sobre los desdichados drevlianos como imagen especular paradigmática más adelante —el lector quizás imaginará el destino que esperaba a este pequeño pueblo en los márgenes de los dominios del zar, vistas las descripciones que se hacían de él; la violencia verbal siempre precede a otro tipo de hostilidades—, al hablar de nuestros propios «otros» resulta aquí irresistible hacer al menos mención de la dualidad en la alteridad que plantea el relato del cronista, a partir de la superposición de otredades culturales que supone aquella costumbre, casi con seguridad fantasiosa o exagerada, del rapto en las riberas.

Dual, como decimos, al plantear una superposición coherente entre la otredad de la costumbre marital —antimarital, en este caso, si nos ceñimos al discurso del cronista rescatado por Lotman— y la frontera geográfica en un sentido estricto, trasladando además el espacio del crimen cultural, del rapto que sustituye al cortejo y a sus normas, al espacio perimetral de la ribera, hábitat de la plaga; espacio de gestación de la enfermedad, linde natural y primera frontera habitual entre tribus y clanes. La insistente relación *sobreviviente* establecida por las dere-

---

[19] Empleo aquí la noción de abolición de diferencias entre los otros y las bestias —estrategia necesaria en cualquier proceso de otrerización— que desarrollase René Girard; véase René Girard, *El chivo expiatorio, op. cit.*, pág. 68.

[20] Jordanus Catalani, *De Majori India,* citado en Claude Kappler, *Monstruos, demonios y maravillas a fines de la Edad Media,* Madrid, Akal, 1986, pág. 137.

[21] En relación con el relato sobre persas y tártaros, véase Jordanus Catalani, *Mirabilia descripta: The Wonders of the East,* Londres, Hakluyt Society, 1863, pág. 10.

chas entre lo «otro», lo insalubre, lo húmedo y lo barroso que se desprende del discurso del fascismo clásico y que advirtieron algunas publicaciones y estudios como el interesantísimo ensayo que le dedica Litell en *Le sec et l'humide*[22] refleja una cercanía demasiado consistente como para ser casual con discursos precedentes y con el terror patológico a las plagas, al contagio —figurado, ideológico, o político en el caso contemporáneo; real y estricto en su acepción primitiva—, asociado a los hábitats naturales de la enfermedad desde el Neolítico. Los humedales, las marismas, los lindes acuáticos, las riberas y los *moorlands* —tierras de moros, literalmente; tierras de *otros,* tierras inhóspitas— son espacios de gestación y reproducción de plagas, de agentes patológicos, de los enemigos transmisores de todo mal y de los verdaderos protagonistas de nuestros rituales precristianos de las carnestolendas a lo largo de todo el viejo continente: los mosquitos, los tábanos y otros insectos invasores[23].

Nuestra compleja relación desde la ciudad —la metrópoli, el espacio seguro en general; el espacio coherente, dotado tradicionalmente de márgenes defensivos o simbólicos; el espacio seco, en último término— con los lindes, las periferias marítimas y fluviales —el espacio húmedo, hostil y difícilmente gobernable— puede haberse simplificado con el aumento del conocimiento y la llegada progresiva de métodos que nos protegen de lo otro; de todo aquello que nos espera, dispuesto a herirnos, más allá de nuestros enclaves protegidos. La importancia de un discurso antiquísimo articulado mediante lógicas que pueden resumirse en la dualidad inamovible de «exterior peligroso / interior seguro» y su relación directa con el linde acuático, con lo fangoso, con lo pantanoso, con lo blando, en último término —detalle importantísimo, como iremos viendo—, como malvado, posee sin embargo una vigencia incuestionable que contemporáneos de Warburg como Burckhardt habrían llamado «restos vivientes» *(lebensfähige Reste,* en su original alemán), remanentes de un tiempo en que maldad, enfermedad, periferia, insalubridad y viscosidad pantanosa iban de la mano.

Eric Santner, en una revisión de la *Tesis sobre la filosofía de la historia* de Benjamin, abordaba lo «sintomático» verdaderamente como resto, como «algo que está ahí, que insiste en nuestras vidas [...] los síntomas son en cierto modo los archivos virtuales de vacíos —o tal vez sea mejor decir de defensas contra vacíos—

---

[22] Me refiero a Jonathan Litell, *Le sec et l'humide: Une brève incursion en territoire fasciste,* París, Gallimard, 2008.

[23] Volveremos sobre el trabajo de Urbeltz en las próximas páginas. Si al lector le resulta sorprendente la transición algo ajetreada entre los drevlianos, los mosquitos y los otros guerracivilistas, recomendamos la lectura del trabajo de Juan Antonio Urbeltz, auténtico especialista en supervivencias como las hubiese entendido Warburg, y sus interesantísimos comentarios en torno a la postvida de determinados rituales en los que se agazapa, como explica el folclorista, la figura del mosquito como enemigo temido de todas las sociedades agrícolas del Neolítico.

que persisten en la experiencia histórica»[24]. De nuevo, y especialmente si atendemos a la formulación tal y como la realizase Santner, la relación entre lo sintomático y lo retornado, por fantasmal, parece insinuarse —parece reaparecer, valga la redundancia— tras las palabras del pensador estadounidense a partir del énfasis en la *insistencia* y en la *persistencia.*

Warburg, Lotman, lo monstruoso y lo perimetral y húmedo se reencuentran, en este sentido, en quizá el que fue uno de los carteles propagandísticos más famosos de aquella Primera Guerra Mundial que prepararía el terreno para lo que iba a ser la guerra de las imágenes que supuso la segunda gran guerra de 1939-1945 y su antesala coherente —primer episodio de un mismo conflicto, en realidad— de nuestra Guerra Civil. El cartel al que me refiero no sorprenderá a nuestros lectores: *Destroy this Mad Brute* (1917), empleado por los aliados durante el conflicto y convertido, como digo, en uno de los carteles de guerra más populares, copiados y reproducidos de aquel conflicto y de nuestro siglo XX en general, incidía precisamente en la misma característica del enemigo de periferia húmeda —maravillosa coincidencia— que rapta a nuestras mujeres y que se relaciona, inevitablemente, con el linde acuático del que surge. Aquel bruto enloquecido, gorila enchepado de dimensiones inabarcables del cartel aliado —al que solo se podía reconocer como criatura humanoide o semihumano por llevar un casco prusiano— era, como los drevlianos de Lotman, anticultura en estado puro; habitaba «fuera» del espacio apto. Capturaba, con su invasión intolerable desde el linde acuático —en este caso, el límite húmedo entre el viejo y el nuevo continente, claro—, lo más valioso para los estadounidenses: su cultura, sus palabras y sus mujeres. Que aquel *monstrum* acechase desde la frontera coherente de los límites geográficos de Estados Unidos, sus fronteras oceánicas, atlánticas, va mucho más allá, a nuestro juicio, del pretendido rigor geográfico del cartelista, H. R. Hopps. El cartel que movilizaría a los estadounidenses (versión posterior de uno británico, en realidad) a defenderse de los monstruos geopolíticos de aquel momento podría haber optado por una composición distinta, ubicando al gran simio en el centro reconocible de alguna de sus metrópolis modernas.

Recurrió, sin embargo, a un esquema sobreviviente al más puro estilo Warburg en el que la maldad era pura alteridad atávica; en el que la amenaza se relacionaba con el terror primigenio —terror de monstruo de humedal pantanoso, de parásito destructor— del que nos habla Urbeltz o el propio testimonio traído a colación por Lotman. El gran simio de nuestro cartel, desligado aquí de los rascacielos norteamericanos que sí conocería después King Kong —lucha evidente, la del mono fílmico y los edificios modernos, entre la «cultura» y la barbarie—, sur-

[24] Eric Santner, «Miracles happen: Benjamin, Rosenzweig, and the limits of Enlightment», citado en Slavoj Žižek, *Bienvenidos al desierto de lo real,* Madrid, Akal, 2005, pág. 22.

gía de las aguas sin que nadie llegara a secuestrarlo. Nos arriesgamos a intuir que tanto el ruso Yurij Lotman como nuestro brillante intelectual hamburgués habrían disfrutado, de dialogar más sus disciplinas, de la cercanía nada casual de estos ejemplos literarios y artísticos —drevlianos, monos gigantescos, remanentes insectiles, héroes *que no han pasado,* «rojos que son moros», como veremos— separados radicalmente por el espacio y el tiempo. Warburg, tan genial como académicamente precavido, ya avisaba a sus lectores con unas palabras de las que no podemos evitar hacernos eco a fin de sortear posibles confusiones para con el recorrido sobreviviente que proponemos en las páginas que a esta siguen:

> No quiero que se encuentre en esta búsqueda comparativa —decía el alemán— el más mínimo rasgo de blasfemia científica. Las imágenes y las palabras aquí presentadas están destinadas a ayudar a las generaciones posteriores en su búsqueda de claridad y de superar la trágica disputa entre el pensamiento mágico instintivo y la lógica discursiva. Esta es la confesión de un esquizofrénico (incurable), entregada a los archivos de los psiquiatras[25].

Restos o no, como habría dicho Burckhardt antes que Warburg y mucho antes que nosotros, el acuerdo quizás no plenamente consciente entre especialistas separados por lo geográfico y temporal cristaliza definitivamente en la idea de que hay elementos culturales profundamente oscuros, por perimetrales y negados, que se resisten a morir. La labor que aquí se aborda es, como la del propio Warburg y la de su *Kulturwissenschaft* en general, una labor de espeleología arqueológica, de zapa cultural, de persecución casi, en la que el resto oscuro, el «resto menor»[26], pero, en consecuencia, el resto definitorio y sobreviviente, constituye ese síntoma que siempre escapa y que en su supervivencia articula la esencia de lo malvado también en nuestra Guerra Civil.

Una labor, también, y como anunciaba el casi siempre genial y habitualmente profético Ernesto Giménez Caballero —activo constructor de muchos de los relatos de lo «otro» que aquí abordamos como relatos supervivientes—, que se parece, como recogiese el propio título de su libro, *Yo, inspector de alcantarillas (epiplasmas),* a la labor del recuperador de naufragios: de nuevo, restos que se resisten a desaparecer definitivamente; destinados a ser observados y estudiados por aquel, decía Caballero, que tiene «andadura fantasmal *[¡sublime coincidencia!]* de medusas de plomo». Gecé, que daría en los años treinta voz y palabra a un fascismo plenamente ibérico, ya veía en 1928 la importancia, como aquí nosotros, del

---

[25] Ludwig Binswanger y Aby Warburg, *La curación infinita. Historia clínica de Aby Warburg,* Buenos Aires, Adriana Hidalgo, 2005, pág. 101.

[26] Como se destaca, de hecho, en Georges Didi-Huberman, *Falenas. Ensayos sobre la aparición 2,* Santander, Contracampo Shangrila, 2015.

conflicto entre las zonas perimetrales, hábitats del limo, los naufragios —de nuevo, restos parlantes por antonomasia— y los márgenes de lo civilizado y lo humano. Inspector antes que nosotros, iniciaba en su libro un anunciado viaje vertical a las profundidades que le acercaba a los lindes barrosos antes de llevarle definitivamente a las orillas de un fascismo —literario, retórico— del que debe ser considerado primera espada de pleno derecho: «El reino de los epiplasmas: la alucinante comarca de las atarjeas: donde vertían las ciudades [...] sus últimas sustancias disueltas en fango. Me arrodillé en la linde del reino, como ante una Creación del Mundo, al revés...».

Reflexionar sobre lo retornado y sobre la «supervivencia cultural de lo más oscuro, de lo más rechazado, de lo más tenaz, de lo más muerto», que indicaba Didi-Huberman, requiere en verdad una vista hacia el pasado marcada por la intrepidez curiosa del que fue su maestro *de facto,* Aby Warburg, en la que, como aquí planteamos, la continuidad o, mejor dicho, el resurgimiento inesperado de atavismos culturales que relacionan espacios perimetrales, costumbres opuestas, materialidades blandas y hombres «otros» adquiere definitivamente sentido.

El trabajo de Juan Antonio Urbeltz, traído a colación de manera recurrente en estas páginas, es también a nuestro juicio el de un warburgiano por intuición: quizás también por fuentes comunes, pues tanto el navarro como el alemán se sirvieron del trabajo de Edward B. Tylor, antropólogo británico auténtico responsable de la noción de *survival,* que el propio Warburg se apropiaría y convertiría en su más compleja y susceptible de adquirir nuevos significados *nachleben* —lo que aquí traducíamos como postvida o, simplemente, como supervivencia— y que Urbeltz califica mediante el mismo término, el de supervivencia, hablando de «bagajes vivos y contradictorios»[27], de pervivencia de arquetipos sobrevivientes[28], también, que efectivamente trascienden la temporalidad natural y los obstáculos de la historia para reaparecer bajo formas nuevas o agazapadas tras persistentes metáforas. Lo sobreviviente y lo contradictorio, como dice Urbeltz, se convierte en efecto en la esencia, en la auténtica *Lebensenergie* tanto de los monstruos superados y contemporáneos que aquí abordamos como de los propios rituales mágicos que los rodean.

A lo largo de estas páginas trataremos de desenredar el complejo entramado de supervivencias fantasmales que relacionan, en absoluta coherencia y como auténtico paradigma del mito trucado —como habría dicho Dumézil en su *Mythe et épopée*—, a los martirizados drevlianos, a los «otros» imaginados por el aparato político, artístico y literario de la intelectualidad franquista y a la alteridad más

---

[27] Juan Antonio Urbeltz, *Danzas morris, origen y metáfora,* Pamplona, Pamiela, 2007, pág. 14.

[28] Juan Antonio Urbeltz, *Los bailes de espadas y sus símbolos. Ciénagas, insectos y moros,* Pamplona, Pamiela, 2000. Me refiero en particular a la pág. 378, aunque en realidad toda la reflexión que le dedica a la figura del «moro» premahometano resulta aquí de interés.

atávica que da forma, como refleja el propio Urbeltz, a tantos rituales de protección contra el mal en su sentido más absoluto y originario: los mosquitos y otras plagas; inesperados compañeros de viaje de presencia sorprendente en este texto, estos últimos, de aparición absolutamente justificada en un recorrido —el que aquí planteamos— que trata de profundizar en las muy cavernosas galerías de los terrores atávicos, protagonistas habituales de nuestros discursos de alteridad más contemporáneos.

En el caso de la Guerra Civil que nos ocupa, y como reflejan de hecho algunos de los ejemplos que aquí recogeremos, profusos en disfemismos que hablan de «fieras» y «jabalíes», esta fórmula especular de construcción de lo otro se repite también en la literatura política española con objetivos equivalentes. Se genera, así, a partir del disfemismo y de la presentación monstruosa del enemigo político, un relato en el que de nuevo, como advirtiera el intelectual francés —pienso en Dumézil y en su trabajo sobre el mito que esconde otro mito—, la narración fantasiosa de un acontecimiento de significancia mítica para un pueblo oculta, en realidad, los remanentes prohibidos, transformados, modificados, de otro evento legendario que lo precede.

El pasado, el resto malvado *reapariciente,* el residuo flotante —casi a modo de basura espacial que vaga eternamente, esperando a colisionar contra algo, otorgándole sentido— visitaba así la España de 1936-1939 generando una especie de «tiempo inverso» como el que describe Fernández Mallo, en el que el pasado *mostraba* el presente[29]. La llegada calamitosa, retornada, de otro enemigo mortal —a veces insectil, a veces imaginado; siempre, en todo caso, depredador insaciable, habitante del linde y de los límites del ágora, real o figurada— permitía, a partir de su mera presencia, dar sentido a todo el discurso de lo propio. El truco, el trampantojo, el terror primitivo, la acumulación combinativa, el puzle y el *fake* constituirían de esta manera, como en tantos otros casos, el relato monstruoso[30].

La definición de monstruo que aquí nos interesa trasciende su sentido tradicional, aquel que pudiéramos encontrar en el DRAE, y se adentra en la función del *monstrum* como artefacto didáctico, como habitante de los márgenes de lo permitido y como elemento delimitador, acercándose al sentido de su origen en latín. *Monstrum,* en la lengua de los romanos, etimológicamente vinculado a *moneo* y *monere,* hacía alusión a la capacidad del monstruo de mostrar, de poner en

---

[29] Agustín Fernández Mallo, *Teoría general de la basura. (Cultura, apropiación, complejidad),* Barcelona, Galaxia Gutenberg, 2018, pág. 16.

[30] Fernández Mallo habla, de hecho, de fragmentos de otros, de extrapolaciones; de puzles, específicamente, creaciones combinativas que permiten la construcción fantasiosa de la alteridad a partir del resto, que genera una ilusión ficticia de lo diferente, en Agustín Fernández Mallo, *Teoría general de la basura..., op. cit.,* págs. 11-12.

evidencia, de construir, como dice Ingebretsen al respecto, «showings and tellings»[31]. Un «decir» y «mostrar», por seguir con Ingebretsen, que trasciende el pensamiento latino, reaparece claramente formulado en tal modo en el discurso medieval, articula la percepción renacentista, convencida de que los monstruos son «signos interpretables y desvelables»[32]; imbuye la lógica imperial española y el pensamiento europeo bien entrado el siglo XVI, y sigue *de facto* constituyendo el núcleo central de tantas culturas políticas. Colón resumiría de hecho la capacidad parlante de la criatura contra natura —en sentido estricto y figurado— en una misiva a los Reyes Católicos que refleja con claridad la supervivencia efectiva de una percepción que insistía en la capacidad confirmada de los seres monstruosos y maravillosos de mostrar y revelar verdaderamente la voluntad divina: «No solamente el Espíritu Santo revela las cosas futuras a las criaturas dotadas de razón, sino también, cuando le place por medio de ciertos signos del cielo, del aire o de los animales. Tal ha sido el caso del buey que hablaba en Roma, en tiempos de Julio César, y podrían aducirse otros muchos ejemplos...».

El humanista alsaciano Sébastien Brant, con relación a un nacimiento monstruoso ocurrido en la ciudad alemana de Worms, era igual o aún más tajante que el *descubridor* italiano: Dios extrañamente abandonaba con facilidad la norma de las cosas —decía el alemán— a no ser que quisiera anunciar algo oculto y de la mayor importancia[33].

La criatura otra es, por encima de todo, criatura híbrida, dispositivo *mostrante,* artefacto parlante, poseedora de cuerpo y naturaleza incoherente y representante de una contradicción interna que se manifiesta, como en otros casos de relatos de lo monstruoso, al mismo tiempo en sus características morales y físicas[34]. La representación tipificada del *monstrum* articulado por el nacionalismo golpista trasciende, en ejercicio de absoluta coherencia propagandística, el espacio de la

---

[31] Eduard Ingebretsen, *At Stake: Monsters and the Rhetoric of Fear in Public Culture,* Chicago, University of Chicago Press, 2001, pág. 1.

[32] Parto aquí de algunas apreciaciones ofrecidas en el trabajo de Serge Gruzinski, concretamente en «Crear y concebir lo híbrido», que el lector encontrará en Serge Gruzinski, *El pensamiento mestizo,* Barcelona, Paidós, 2000, pág. 187.

[33] Reproduzco aquí la cita completa en su original alemán: «Got ordentlich gesetzet hat all ding sin wesen. Zil und statt un der natur ein lauff verlan und den dem besten nach vollenden der gütig schöpffer tüt nit wenden leichtlich. Den selben last er still es sen dann das er wirken will etwas vast gross verborgen datt», citado en Paul Heitz, *Flugblätter des Sebastian Brant mit 25 Abbildungen,* Estrasburgo, Jahresgaben für elsässische Literatur, 1915.

[34] Me refiero, de nuevo, al trabajo de Jeffrey Jerome Cohen y de Harvey Greenberg. Véase Harvey Greenberg, «Reimagining the Gargoyle: Psychoanalytic Notes on Alien», en Constance Penley, Elisabeth Lyon, Lynn Spiegel y Janet Bergstrom (eds.), *Close Encounters: Film, Feminism and Science Fiction,* Minneapolis (MN), University of Minnesota Press, 1996, pág. 94; Jeffrey Jerome Cohen, *Monster Theory..., op. cit.,* pág. 8.

literatura y del discurso político y permea en clave equivalente las imágenes y representaciones plásticas del otro producidas desde el aparato franquista, sobre las que volveremos en los siguientes capítulos.

Si bien es cierto que el monstruo, como artefacto con capacidad de mostrar, desempeña un papel decisivo en todos los ámbitos culturales como definidor de la semiosfera de lo propio y de lo ajeno, algunas comunidades políticas parecen conceder un protagonismo mayor a la definición del otro como parte de su ejercicio de delimitación de lo aceptable y lo prohibido. Este es el caso de nuestro objeto de estudio: el aparato propagandístico franquista, también a través de la literatura y los artículos de prensa firmados por muchos de sus intelectuales, realizó particulares esfuerzos en la producción de «propaganda negativa», al menos en comparación con su homólogo republicano, más centrado en este caso en la reivindicación de las virtudes y la identidad propia que en la deshumanización y delimitación precisa del contrario[35]. El resultado de tal ejercicio de definición de las fronteras entre lo ajeno y lo propio daría lugar a la bien conocida dicotomía de España y anti-España, que, lejos de ser solo un ideal político, ideológico y de afán imperial, definía también los límites entre lo humano-aceptado y lo rechazado-monstruoso.

El otro, diferente o contra natura en un sentido portentoso o terrorífico, cumple la estricta tarea de explicarnos no solo los límites de lo normal sino los límites de nosotros mismos como individuos y como integrantes de un grupo; marca, también, los confines de la comunidad, sea esta percibida como comunidad cultural o *in-group* político de carácter holístico. En un sentido amplio, acota los umbrales de diferentes formas de «espacios de lo seguro» y la frontera entre la comunidad, política o de otra entidad diferente, y aquello que habita en sus márgenes.

El monstruo del que nos ocupamos, por tanto, supera el sentido habitual de lo simplemente terrorífico y se adentra también en aquel mucho más sugerente de lo prohibido, de lo política e ideológicamente inaceptable, de lo híbrido, de lo incomprensible, de lo contra natura y lo culturalmente desaconsejable. Es a un mismo tiempo criatura de carácter terroso y musgoso —como sugieren los relatos divisionarios de Léon Degrelle o Gómez Tello a los que haremos alusión más adelante—, habitante de los límites de la semiosfera, morador de los márgenes, enemigo político, enemigo de clase, parásito y devorador cultural insaciable.

Es, también, morador de libro de viajes, de crónica de Indias —como explicaremos más adelante—, elemento quizás más claramente perceptible en los dis-

---

[35] Hugo García, «Des cris de couleur: la propagande graphique dans la Guerre Civile», en Jordi Canal y Vincent Duclert (eds.), *La Guerre d'Espagne. Un conflit qui a façonné l'Europe,* París, Armand Colin, 2016, págs. 216-230.

positivos textuales, no solo en la literatura —plagada de las criaturas con las que se encontraban y a las que descubrían el viajero, el misionero y el peregrino en su tránsito a las zonas más allá de los lindes seguros— sino quizás más ostensiblemente en la ya mencionada *Historia de la Cruzada*. El relato de este gran proyecto propagandístico franquista *redescubre* la península a medida que la conquista, generando un cierto ejercicio reflejo respecto a los otros desvelamientos, a los otros viajes de aventureros. En ella, la tierra arrebatada a los leales se convierte a veces en espacio tan redescubierto, en curiosidad pintoresca y fascinante, como el propio nuevo continente. Comparte, además, con el continente americano el hecho de no haber sido tampoco descubierto de verdad, sino simplemente tomado por la fuerza de las armas y explicado con el desinterés dogmático del vencedor, rellenado con figuras preexistentes, manifiestamente importadas de bestiarios y muestrarios monstruosos europeos, haciendo impensable, como en todos los ejercicios de violencia imperialista, una «etnografía a la inversa» que expusiese al agresor desde la perspectiva del sometido. Así, la lógica imperial ibérica y europea que sirvió para explicar a los demás —pienso en Pedro Mártir de Anglería, pero también en el cronista Gonzalo Fernández de Oviedo, en Jordanus Catalani, en el ficticio Mandeville (cronista a pesar de todo) y, antes que ellos, en tantos otros viajeros-constructores de categorías— sirve aquí de nuevo, provista de repositorios monstruosos y maravillosos heredados, para explicar a los nuevos *otros* de la contienda de 1936-1939.

Capítulo primero

Lo oscuro que no muere: barro, *monstra*, hombres de asfalto. Lo blando, lo curvo y los ruiseñores

Incoherencia *alla riversa:* Felipe y otros incompetentes

El monstruo imaginado desde el relato *nacional* en la Guerra Civil y en la posguerra es también criatura que escapa a las categorías —«habitante de los cruces de caminos», nos dice también Cohen, en una hermosa metáfora que condensa su carácter como criatura incoherente, moradora de encrucijadas y lindes—[1], en tanto en cuanto puede ser al mismo tiempo organizado en exceso, inhumano por desmedidamente metódico, caótico e incapaz; débil y dotado de una fuerza que lo acerca a las bestias. Calculador de una forma aparentemente incompatible con la incapacidad intelectual; simultáneamente caracterizado como caricatura ridícula, susceptible de no ser tomada en serio, como bobo inútil; primitivo y escasamente evolucionado, el *monstrum* rojo en su sentido amplio es paradigma de lo no tradicional y asociado a la tecnología fría y la ciencia sin alma del «paraíso soviético», como manifestaban los versos de Pemán en su *Poema de la Bestia y el Ángel,* poemario al que dedicaremos —dados su importancia política y el carácter paradigmático de su discurso de otrerización monstruosa— particular atención en este texto. El rojo, *monstrum* uno y múltiple, es también al mismo tiempo individuo y masa, dotado desde el discurso literario franquista —completamente compatible con el desplegado desde las imágenes producidas por los rebeldes— de la precisión que otorga el mote y de la multiplicidad ininteligible del grupo en el que se integra y del que, como «masa de caza» a lo Elias Canetti, es incapaz de desprenderse[2].

---

[1] Jeffrey Jerome Cohen, *Monster Theory..., op. cit.,* pág. 6.

[2] Hago aquí uso de la noción de masa de caza o *Jagdmeute,* en su original alemán, que acuñase Canetti en su famoso *Masa y poder;* véase, en este sentido, Elias Canetti, *Masa y poder,* Madrid, Alianza Editorial, 2012.

Versos como los que aquí recogemos de Neville, que el lector encontrará en su muy conocido *Frente de Madrid,* dan buena fe de ello. Felipe el ametrallador es la criatura imaginada por el franquismo —y en el ejemplo que nos ocupa, por el propio Neville— que debía, en este caso, condensar y *mostrar* en el sentido más puramente latino de la palabra la diferencia insalvable, en términos de talento militar, cumplimiento con la virilidad virtuosa y contención heroica, entre el soldado «nacional» de gesto exacto y el incompetente armado, convertido aquí a partir del mito facilón de Felipe en paradigma de la resistencia republicana: «Felipe era un ametrallador rojo que tiraba desde el Puente de los Franceses; pero cuando estaba él podía pasar el convoy sin temor. Tiraba mucho, eso sí; pero apuntaba al agua del río, que se ponía a hervir como cuando empieza a llover en verano. Era su manera de servir a la Causa de España»[3].

En este sentido, dibujos como los de Tono [1] dialogan, en particular a partir de su estilo simpático, de garabato, perfectamente con el texto de Neville, adquiriendo ambos, por equivalencia, mayor solidez y coherencia dentro de todo un aparato de construcción monstruosa en el que deben ubicarse. Los milicianos barbudos, a medio camino entre el *sketch* descontextualizado del pirata, del bandolero y del mendigo que pululan por este horizonte infantil —espacio en dos dimensiones, artificialmente pueril—, son los equivalentes inevitables de los «Felipes» literarios. El llamado entrecomillado irónico que aparecía de manera habitual en los textos del fascismo internacional como recurso ridiculizador (los oficiales rojos siempre eran «oficiales», y los médicos judíos, «médicos», poniendo en duda la capacidad profesional y la autoridad moral de unos y otros) toma forma aquí a partir de un estilo reconocible, el de Tono, que infantiliza como Neville al combatiente leal y lo convierte en el eterno Sancho Panza del relato nacional.

En el compañero subsidiario, si se quiere, y en el actor secundario sin el que la figura del héroe —independientemente de la propia sátira que introduce Cervantes y del sentido común que caracteriza a Sancho en la novela cervantina— no puede completarse sin la presencia especular de su ayudante menos agraciado. Así, los milicianos y los pilotos republicanos de la ilustración de 1937 a la que aquí me refiero —monigotes con sable y overol; muñequitos de dos dimensiones, figuritas torpes, casi entrañables— convierten al piloto profesional de los leales en sátira andante. Sus aviones, siguiendo con la lógica del entrecomillado ridiculizante a la que me refería, se convierten, a partir de la pincelada divertida y naíf de Tono, en auténticos «aviones», habitantes de parvulario y de ópera bufa. El mundo pueril de la zona roja aquí representada cristaliza también en la estructura infantil del hangar; en la nube de estatismo casi *uncanny* que levita sin flotar tras los soldados; en el aeroplano mal fabricado, casi, que difícilmente volará, que dificultosamente

---

[3] Edgar Neville, *Frente de Madrid,* Madrid, Espasa Calpe, 1941, pág. 21.

1. Tono, «Aviación Roja», *La Ametralladora. Semanario de los soldados,* agosto de 1937.

realizará la labor que de él se espera. Los lectores de *La Ametralladora,* soldados en su mayoría, suponemos, aunque no solo —los semanarios circularían, como es lógico, también en la retaguardia de los golpistas—, recibían a partir de este tipo de materiales dosis prolongadas de retórica *felipista* —de mitos y propaganda sobre los Felipes y sus chanzas de soldado inútil, quiero decir— que, si bien quizás eran solo parcialmente asimiladas, con seguridad reforzaban una imagen del otro como *idiot savant* de la que sería difícil abstraerse.

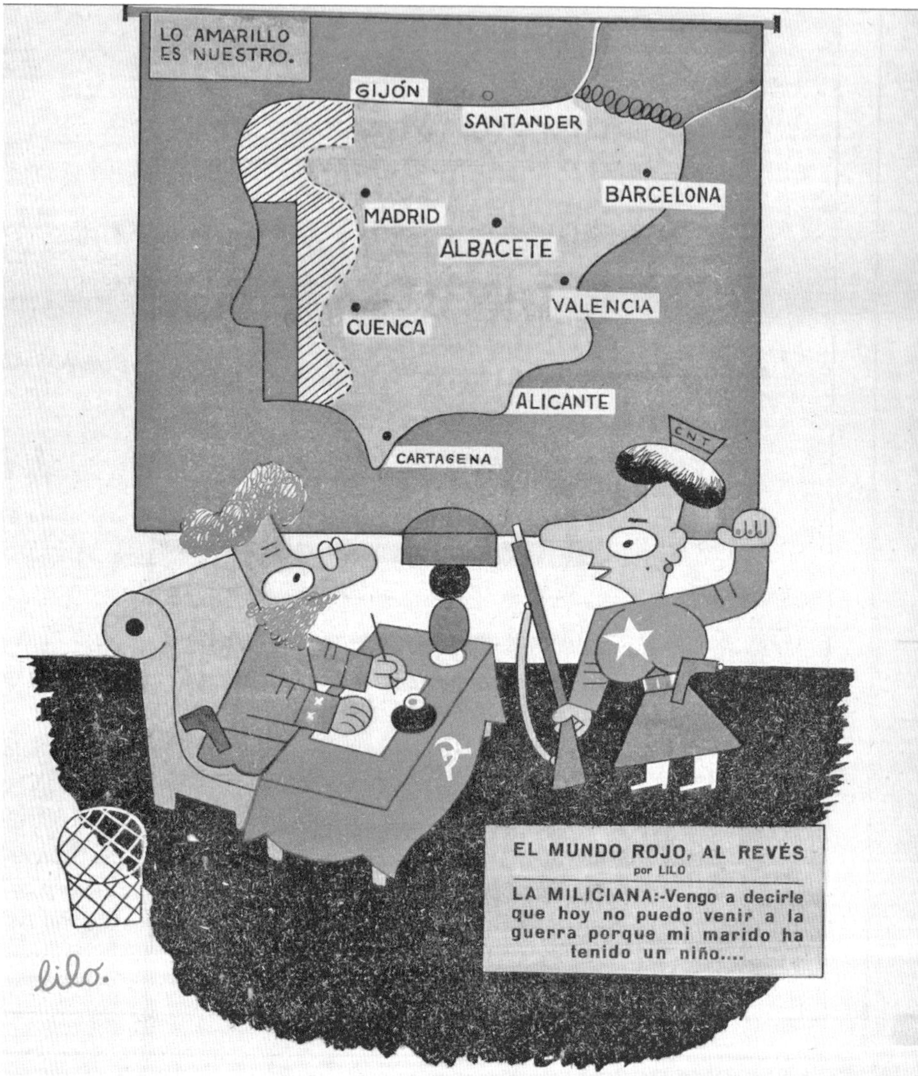

2. Lilo, «El mundo rojo, al revés», *La Ametralladora. Semanario de los soldados,* núm. 26, 25 de julio de 1937.

La alteridad *alla riversa,* a la que me referiré a continuación, es de hecho enunciada literalmente en otras ilustraciones de artistas, como Lilo —seudónimo en realidad de Miguel Mihura—, que trabajaron con un estilo parecido al de este. También publicada en *La Ametralladora* [2], el «mundo al revés» de los rojos que dibuja Lilo toma forma en la biología misma: es la miliciana, en la portada de la revista para los combatientes, la que comunica a su superior que no podrá acudir a la batalla porque «su marido ha tenido un niño». El mapa de operaciones que funciona como telón de fondo de la disparatada conversación entre la soldado y el —suponemos— comisario político refleja, de nuevo, un mundo al revés en el que la geografía ibérica es invertida, y en el que las ciudades se sitúan de manera sistemática en puntos del mapa de España que no les corresponden. Si bien no hay que presuponer directamente al dibujante una percepción consciente de la relación innegable entre cartografía y poder como la hayan enunciado algunos estudios contemporáneos[4], sí parece evidente que la insinuación, más o menos seria, más o menos bufa, que se desprende de este mundo al revés afecta directamente a la constitución peninsular como un espacio otro. El mundo de los rojos, parece querernos decir Lilo —bromas sobre la incompetencia roja aparte—, es de verdad planeta otro y península sui géneris, y amenaza con convertirse en *real* en caso de victoria de los leales.

Por supuesto, la escena busca por encima de todo, al menos en apariencia y como aquellas realizadas por Tono para el mismo semanario ilustrado, la sonrisa cómplice de los lectores; pretende, también —y aquí desaparece la simple sátira y comienza aquello que debemos tomar realmente en serio—, consolidar un discurso sobre lo perimetral, lo anverso, lo antinatural y lo degenerado que, como comentábamos, se encontraba en el centro de la cosmovisión política del franquismo. La fantasía de la «España del revés» o del hombre que da a luz por su compañera halla inspiración, en este sentido, en la tradición longeva de los *Mondo alla riversa,* las imaginativas ilustraciones del siglo XVI, los mundos al revés, que se encuentran con facilidad en la tradición pictórica española, francesa, italiana y centroeuropea en general.

Dispositivos, aquellos *Mondo alla riversa*, que al mismo tiempo *advierten* y *divierten,* como lo hicieran las ilustraciones políticas de Tono y Lilo; que sirven como entretenimiento simpático, en su representación de lo imposible y lo fantasioso, pero que se desarrollan ante el espectador y los grandes públicos que los consumen como recordatorio en absoluto exento de un dogmatismo ideológico con fines políticos claros. Artefactos parlantes, por cierto, en los que la mujer armada y al mando y los animales atormentando y dominando a los hombres —curioso binomio, el de la revuelta simultánea de los animales y las mujeres— son protagonistas habituales. A su manera, la propia producción artística y literaria del franquismo —no solo esta, por supuesto; los lugares comunes reaparecen en múltiples culturas políticas— se haría eco de este tipo de divertidas advertencias: «jabalíes», «orangutanes» y mujeres con fusiles poblarían revistas ilustradas y ficciones literarias, recuperando un terror a la pérdida del poder patriarcal que, como decimos, tenía muy poco de nuevo y partía de unos mitos trucados fácilmente identificables. En el caso italiano al que nos referimos [3-4], la inversión de jerarquías y la alteración del orden natural entre presas y cazadores a las que me referiré más adelante resultan evidentes tanto en la figura de la mujer dominante

[4] David Turnbull, *Masons, Tricksters and Cartographers. Comparative Studies in the Sociology of Scientific and Indigenous Knowledge,* Londres, Routledge, 2003, págs. 92 y ss.

3. Giulio Sanuto (atribuido), *Cosi va il mondo alla riversa,*
ca. 1540-1580, grabado, 39,5 × 50,3 cm.

4. Giulio Sanuto (atribuido),
Cosi va il mondo alla riversa (detalle),
ca. 1540-1580, grabado,
39,5 × 50,3 cm.

5. Niccolo Nelli, *Il mondo alla riversa* (detalle), grabado, 38,3 × 48,8 cm, The Elisha Whittelsey Collection, The Elisha Whittelsey Fund, 1959.

como en la representación de los lebreles acosados por cervatillos y faisanes. La ilustración franquista, lejos de inventarse desde cero, partía y se nutría de la repetición de una serie de temores culturales que eran protagonistas de sátiras y advertencias desde varios siglos atrás mediante formas y formatos diferentes.

La cercanía, en este sentido, no solo en términos compositivos sino muestrarios, entre el *mondo alla riversa* [5] que aquí hemos visto y el que presentaba en clave satírica la revista humorística y política *¡La Karaba! Semanario humorístico hiperclorhídrico y antimarxista,* en 1936 [6], merece algunos comentarios. Como digo, hay una equivalencia en términos de ordenación de elementos que resulta innegable, a partir de la construcción del espacio a modo de panorama cerrado por dos lomas simétricas; habitado por una serie de personajes que desarrollan su acción en un horizonte aplanado. Lo verdaderamente interesante, sin embargo, y más allá de las equivalencias en la articulación del propio dispositivo, es la aparición de una serie de síntomas que conforman el *Mahnung,* la advertencia *alla riversa.* Humanos y animales conviven y se intercambian roles: las habituales lógicas de alterización, cuya repetición articula el núcleo de tantos discursos sobre los otros, quedan aquí condensadas en la alimentación degenerada del miliciano, que abreva con el caballo; en la constitución, también, de un denominado «vatallón *[sic]* la Pasionaria», compuesto exclusivamente por cerdos; en la figura del combatiente que desempeña en la farsa de co-

6 y 7. Ito, «Vista de un frente rojo», *¡La Karaba! Semanario humorístico hiperclorhídrico y antimarxista* (cubierta completa y detalle), Valladolid, 17 de octubre de 1936.

rrida taurina, escenificada por dos soldados, el papel del semental bovino. Todos estos elementos que *siguen siendo* —por cuanto forman parte de un discurso muestrario en el que desempeñan una función narrativa plenamente activa— conviven, interesantemente, con otros que *están* pero que han perdido su cometido como lo encontráramos en el ejemplo del grabado atribuido a Sanuto: me refiero, en este caso, a los dos animales, lebrel y ave de corral [7], que en tantos otros «mundos al revés» siguen conformando un discurso de inversión —puesto que es el ave la que persigue al perro de caza, como veíamos en el ejemplo italiano— pero que aquí simplemente *figuran,* hacen aparición muda como parte de un discurso sobreviviente, desprovistos del contenido de advertencia y como parte de toda una narración de la que ya se han desligado en realidad. Quedan, así, como auténticos remanentes de naufragio, apéndices ya inservibles todavía vinculados a la fuerza gravitatoria de un *resto viviente* que sigue sin embargo plenamente operativo a partir de los demás elementos que componen el mundo invertido de Ito. La cultura, como la propia biología, como la evolución en las especies, respeta a veces elementos que *no deberían* estar —habida cuenta de que ya son simples atavismos inútiles, detritus vestigiales— con ejemplo claro en los dos animalitos que aquí pululan entre el resto de seres mostrantes: deberían estar *contando algo* como el resto de participantes de un *mondo alla riversa* clásico; como el resto de participantes, también, del contemporáneo *mondo* de *¡La Karaba!,* pero no lo hacen. De nuevo Fernández Mallo, en una formulación perfectamente compatible con aquella del apéndice que planteó Jung, nos recuerda que hay *residuos,* en particular los vinculados a lo sagrado, a lo ritual, que no pueden ser jamás borrados; que no hay método o estratagema que pueda hacerlos desaparecer. Y más aún: que en particular en el ámbito de las artes, estos residuos que son apéndices *persisten* con mayor fuerza[5].

Todos los elementos que dan forma a esta simpática cartografía de la ineptitud, de lo caótico, de lo indeseable y de lo imposible que presenta a sus lectores en clave bufa *¡La Karaba!* están pensados para recorrerse con la curiosidad, creemos, de cualquier otro *mondo alla riversa* ofrecido antes a la mirada indagadora de aquellos que descubrían —en el detalle divertido por grotesco— la advertencia grave, ausente ya de todo contenido satírico: el peligro, de clase y de género, también, que desvelaban en último término los materiales que reverberan y sobreviven agazapados tras la ilustración de Ito, que ya advertían sobre la rebelión de los miserables y de los sometidos. Que ya ponían sobre aviso, en definitiva, del «caos por venir» que supondría la posibilidad —muy real— del fin de toda una serie de privilegios y lógicas de dominación androcéntrica que perfectamente encajan con los terrores de clase de nuestra Guerra Civil.

---

[5] Agustín Fernández Mallo, *Teoría general de la basura..., op. cit.*, pág. 336.

La diferencia, si se quiere, entre la mayoría de los materiales claramente enunciados como inquietantes figuraciones del mundo al revés en los que «los sirvientes se transforman en señores», en los que herreros acaban martirizados y herrados por los caballos y en los que los «cocineros son cocinados»[6] y la ilustración de *¡La Karaba!* que aquí nos ocupa es aquella de la alusión explícita —presente en el ejemplo ibérico— a la solución del problema que supone la alteración de roles y categorías.

El martirio y la ejecución sin contemplaciones, por supuesto, de estas extrañas criaturas sacrificiales —rol como chivo expiatorio que no deja de acentuarse por el hecho de que sean humanos transformados *de facto* en animales a partir de su comportamiento— son el destino inevitable reservado a los transgresores del orden establecido, perfectamente enunciado en *¡La Karaba!* La escena que presenciamos, al margen del trazo simpático de Ito, e independientemente de lo pintoresco de estos milicianos que corretean desnudos, que tocan la flauta sobre cañones que apuntan a ninguna parte, que se emborrachan, que juegan a los toros, no es sino antesala inconfundible de una masacre que está a punto de producirse. El frente rojo, territorio de caos —supuesto—, espacio sin orden cosmológico[7], espacio de desorden que se manifiesta en todas sus posibles formas, está a punto de ser reconfigurado a partir de la acción del holocausto colectivo que ejecutarán, de manera simbólica, las dos figuras del falangista y del requeté que coronan la composición. Está a punto de ser ritualmente *reiniciado* —no como una computadora contemporánea, sino como resultado de un rito atávico— a partir del ejercicio de ejecución del chivo, claro, que precede siempre a todos los actos de recomienzo; que salva siempre a los desdichados de los malvados[8].

A la vista de los elementos aquí analizados, no parece aventurado afirmar que *¡La Karaba!* ofrecía, de manera inequívoca, solución antiquísima a un problema que afecta por igual al centro de la sociedad postrepublicana y al propio frente militar aquí representado, en el que chocan las fuerzas leales y nacionalistas: en nombre de un fin superior —evitar drásticamente la eliminación de la ausencia de diferencias que articula en realidad el discurso de advertencia de los *mondi alla riversa* que aquí reverberan—, el ejecutor acabará con el orden contra natura que desembocaría, de no resolverse de manera drástica y violenta, en «crisis sacrificial»:

---

[6] Pienso, a modo de ejemplo entre tantos, en algunos populares grabados británicos de Topsy-Turvy, que aquí no reproducimos, en los que se van tratando de manera individual todos estos ejercicios de inversión de roles de poder, en definitiva, que terminan en el escarnio de los de arriba —humanos, poderosos— por los de abajo; véase, en este sentido, Signor Topsy-Turvy, *Wonderful Magic Lantern; or, The World Turned Upside Down. Illustrated with Twenty-four Engravings,* Londres, Tabart, 1810.

[7] Mircea Eliade, *El mito del eterno retorno. Arquetipos y repetición,* Madrid, Alianza Editorial, 1984, pág. 19.

[8] De nuevo, parto de reflexiones del investigador rumano; véase Mircea Eliade, «Regeneración por retorno al tiempo original», en *Lo sagrado y lo profano,* Barcelona, Paidós, 1998, págs. 61 y ss.

en escalada de violencia «sin orden» y sin objetivo definido[9]. Este es en realidad el temor de dificultoso rastreo que articula, como explica Girard, todos los terrores fundamentados específicamente en la falta de diferencia, verdadero hilo conductor —independientemente de las lógicas de inversión visiblemente presentes— de los mundos al revés de nuestra historia del arte: de producirse el cataclismo, los siervos *serían como* los amos; los animales *serían como* los hombres, las mujeres *serían como* los varones. Los cazadores *serían iguales* a los cazados. Así, la escena que aquí contemplamos es, como en los mitos de los Ases y los Curetes que analiza Girard[10], reflejo oculto del acto primitivo del linchamiento sacrificial de unos que supondrá, a partir de la violencia sistemática, «ordenada» —en tanto en cuanto sirve y se basa en una serie de lógicas rituales que la legitiman—, la salvación simbólica y efectiva de la mayoría. Está sutilmente pero inequívocamente *dotada de homicidio colectivo*[11], oculto como en otras variaciones míticas —el mito escandinavo de Baldr que menciona el francés; el mito helénico de Zeus y los Curetes— mediante múltiples recursos.

La solución, en todos estos casos, es la misma: representar el ejercicio del asesinato y del holocausto redentor sin representarlo, recurriendo a formulaciones *no primarias* del mito homicida original que esconden la verdadera naturaleza de la escena que se plasma, cuyos restos vivientes reaparecen para ocultarse de nuevo inmediatamente en la simpática viñeta de *¡La Karaba!*[12]. El dispositivo que aquí analizamos posee, por tanto, la dualidad fascinante de ser *remanente de mundo al revés* —con sus elementos activos y desactivados; convertidos casi en basura espacial a la deriva, sujeta sin embargo a un movimiento orbital que los mantiene arraigados en contra de su voluntad— y *resto no primario* de una matanza colectiva en la que, como nos dijera Girard, el mito se encuentra en una fase evolutiva en la que se han tratado de borrar «las huellas de las huellas», deformándolo sin remedio. El mismo «pudor» que en la Grecia clásica indujo poco a poco a esconder el carácter criminal

---

[9] Me baso en gran medida en la definición de crisis sacrificial que ofrece Girard; véase, en este sentido, «La crisis sacrificial», en René Girard, *La violencia y lo sagrado,* Barcelona, Anagrama, 1983, págs. 46 y ss.

[10] Me refiero a dos mitos que esconden, como en el caso que aquí analizamos, el asesinato colectivo y el linchamiento: el asesinato de Baldr, primero atacado por los Ases y finalmente muerto a manos de su hermano ciego, Höhr, que es embaucado por Loki. El segundo ejemplo empleado por Girard corresponde al más conocido mito del nacimiento de Zeus, al que los Curetes protegen de su padre homicida rodeándolo y haciendo chocar sus armas, en una escena que como mito no primario esconde en realidad un remanente —como explica elocuentemente el francés— de un mitologema precedente que sí representa sin tapujos el asesinato ritual.

[11] De nuevo, Girard arroja luz sobre la problemática ocultadora de los mitos y sus múltiples variaciones; véase René Girard, *El chivo expiatorio, op. cit.,* pág. 92.

[12] Volveremos sobre el mito de Baldr en nuestras reflexiones sobre miniaturización y asesinato, que el lector encontrará en el capítulo que dedicamos a la figura del *trickster* en este mismo volumen.

y homicida de los integrantes del panteón helénico —modelo a seguir, al fin y al cabo, entre los griegos mortales— lleva a ocultar una vez más a través de materiales metafóricos y eufemísticos —como la propia LTI franquista, por otro lado— la ejecución *real* del asesinato; de la persecución política, de la violación como arma de guerra, también, en un ejercicio en el que la división entre «crímenes de los titanes» —nuestros milicianos modernos, todavía caníbales, todavía asesinos, todavía primitivos— y «crímenes de los héroes» se materializa, una vez más, para siempre.

El propio trazo de muchas de las ilustraciones que aquí tratamos dedicadas a la representación de los leales, en particular aquellos de *La Ametralladora,* tiene en su bidimensionalidad primitivista algo de crítica antivanguardista, pues caracteriza a los propios «otros» a partir de la misma materialidad *entartet* (degenerada, recordemos, según el término despectivo del nazismo) que se adjudicaba a los artistas de la vanguardia desde el fascismo. Así, los propios leales acabarán, en la ilustración de los Tono y Lilo, constituyéndose a partir de la estética artística que se relaciona con ellos —la de la modernidad de las vanguardias—, generando de este modo una alteridad «al revés» que lo impregna todo. En este sentido, *La Ametralladora* patrocinó desde sus ilustraciones un elemento que aquí nos interesa —y al que nos referiremos en relación con la literatura más adelante—, aquel de la construcción del «otro» como perteneciente a un estado de madurez inferior que los estudios poscoloniales de primer orden han asociado al discurso de Occidente respecto al Sur global. La ilustración al servicio de la causa rebelde *colonializó* (hablaremos, de hecho, de *indianización* en las próximas páginas) al enemigo político, en tanto en cuanto se valió de un recurso —el de su construcción como niño, como *idiot savant* que necesita una tutela, que reclama una mano de hierro— habitual en las potencias coloniales para con sus colonias o excolonias.

Es, en estos casos, la propia pincelada de los artistas la que configura la diferencia entre adultos y niños *de facto,* enfatizando la diferencia —ideológica, intelectual, política— que surge del estilo artístico dispar escogido por los artistas para representar a unos y a otros: los milicianos de Tono y Lilo contrastan estilísticamente, de esta manera, con las representaciones más tradicionales, más clásicas, que otros pintores como Teodoro Delgado realizan en este caso de los combatientes franquistas para este y otros semanarios ilustrados. La ilustración, igual que la producción literaria contemporánea de esta, dejaba claro que la frontera de lo permitido y lo posible afectaba de distinta manera a rebeldes y leales, dando lugar a representaciones, a estilos artísticos y literarios que iban, como digo, de lo naíf a lo escabroso. Los rivales imaginados de Edmundo, el *flecha* adolescente, se convierten en manos de Aróztegui en auténticos garabatos de Felipe anónimos, de nuevo torpes incompletos y pueriles; patizambos y tuertos, primitivos como los retratados burlonamente por la propaganda fílmica alemana a principios de la contienda. Lejos de errar el disparo, como los soldados descritos en la ficción literaria de Neville a la que nos hemos referido, detrás de estos otros «milicianos niños» asoma el paradigma del hombre a medias, del impotente sexual, como los llamaba habitualmente Queipo de Llano; del contrario que es a partes iguales pirata y bandolero, más que rival político, y por tanto criatura despolitizada, desprovista de motivos, caracterizada exclusivamente por el mal primigenio del que ejerce el terror por el placer de hacerlo.

La incapacidad del combatiente y su común representación a partir del «chascarrillo» y a partir del alias, lejos de ser aspectos única y exclusivamente asociables a la ilustración o a las novelas de guerra, parecían perpetuarse en algunas de las más conocidas y relativamente tardías. Así, *San Camilo, 1936* de Cela cuenta quizás con uno de los ejemplos más radicales, prolongando el mito del ametrallador incompetente o del aviador pueril a partir de la figura doblemente especular del miliciano homosexual «Matiitas», al que el escritor falangista caracterizaba, en un pasaje de mal gusto y escaso valor literario en el que el soldado malherido agoniza en la cama de un hospital tras haber empleado su arma de la manera más inesperada posible. La vinculación que establece el mote, además, con la genealogía de los criminales, de los llamados «apaches» particularmente —más que la de los rivales políticos, claro—, sitúa el mito del miliciano incapaz en la línea sucesoria y en la imprevista constelación de los asesinos, de los rufianes, de los delincuentes locales, de los matones sin programa político. Son herederos, incluso los de las novelas tardías, del pánico antiapache de principios del siglo XX, que veía en aquellos otros «que a veces parecían obreros» (fantástico comentario, el del cronista) la auténtica imagen de la maldad congénita[13]. El uso del mote, decían los medios, caracterizaba a estos hombres, a los que tampoco se deseaba otorgar una identidad más allá de la que pudiera alimentar su imagen monstruosa, lejana. Veamos, en todo caso, el texto de Cela: «Matiitas está desnudo sobre la cama y muriéndose, tiene la boca del fusil metida en el culo, se conoce que accionó el gatillo con el pie, la bala le salió por la barriga, echa sangre por la barriga y por el culo y del sexo le cuelga un triste moco de semen...»[14].

«Matiitas», en verdad, es digno representante de un paradigma sobreviviente, aquel, de nuevo, de los *mondi alla riversa,* convertido aquí también en imagen de lo contra natura en clave fantasiosa a partir en este caso no de la representación visual, sino de la narración literaria. El soldado, superando el propio mito monstruoso de Felipe, aúna incapacidad militar y pulsión sexual especular en un relato que culmina de manera apoteósica con la declaración repugnante del escritor: «¡Hay que ser maricón para matarse de un tiro en el culo! [...] ¡hay que ser demasiado maricón, tiene gracia la cosa! Esto de hacer coincidir el orgasmo y la muerte

---

[13] Me baso en la crónica que hace de los apaches de la ciudad condal Juan Vallmitjana en *Criminalidad típica local,* Barcelona, Tip. L'Avenç, 1910, citado en Servando Rocha, *Criminal. Ángeles bellos, bárbaros tatuados. El tatuaje en España (1888-1993),* Madrid, La Felguera, 2022, pág. 112.

[14] Camilo José Cela, *San Camilo, 1936,* Barcelona, Plaza & Janés, 1989 [1969], pág. 267.

8. Anónimo, *Salterio de Rutland*, 28,5 cm × 20,5 cm, *ca.* 1260.

es propio de poetas»[15]. Lejos de justificarse exclusivamente como una concesión soez de Cela, la relación entre el otro, la alteridad y la actividad premeditadamente ejecutada con el trasero tiene una tradición, como mínimo de carácter estrictamente reconocible en nuestra historia del arte, que es necesario no ignorar: ¿qué eran, sino otredad en estado puro, aquellas figuras de corporalidad imposible, mitad humanos, mitad animales, que tocaban trombones y otros instrumentos de viento precisamente con sus traseros? [**8**].

El mito de Matiitas, de nuevo, se despliega definitivamente como «mito trucado», como remanente politizado, convirtiendo al resistente republicano en figura marginal de comportamiento imposible, en advertencia en su sentido más medieval; en *marginalia*[16], margen en este caso no de la ortodoxia —también política, también en clave de *Mahnung* cultural— que pretendían recordar los códices ilustrados a través de sus monstruos particulares, sino de la «normalidad» totalitaria que quería construir la España que se alzaba en armas.

Tras el exabrupto homofóbico del escritor hay, creemos de manera más inconsciente que explícitamente buscada —aquí reside, de hecho, lo interesante de muchos de estos remanentes culturales; su tenaz supervivencia trasciende habi-

---

[15] *Ibíd.*

[16] El lector encontrará un análisis en mayor profundidad del carácter superviviente de determinados arquetipos de lo otro en los siguientes capítulos, donde relacionaremos, en este caso, la representación de la alteridad espectacular de los *marginalia* —entre otros dispositivos artísticos— con el *imago* de lo «otro» construido desde las artes plásticas del franquismo.

tualmente la voluntad de los emisores que los recuperan—, un «resto superviviente» del que Cela no es plenamente consciente: su fuerza reaparece, en este caso, sin que el escritor conozca necesariamente la tradición pictórica de los «mundos al revés» o de los códices medievales que los preceden, reproduciendo, mediante el mito de Matiitas, el mismo ejercicio de profilaxis milagrosa *a través* del monstruo y a partir de la exposición de su incoherencia contra natura que permitieron, desde las imágenes, los propios *marginalia*.

Aquel «al revés» del incompetente, del *idiot savant* al que no puede tomarse realmente en serio, adquiría protagonismo en la ilustración de guerra en revistas como *Pelayos* o *Flecha* a manos de algunos importantes dibujantes que recurrían a figuraciones de jinetes y milicianos de caballería que montaban sus corceles —burros, en este caso— del revés. Aquel «¡Ánimo, Facundo!» del combatiente analfabeto que pintaba Aróztegui para *Flecha* en 1937 o que representase As en «Un miliciano rojo de caballería» tiene mucho de *marginalia* burlón, de retrato ridículo de un enemigo que *muestra,* en este caso, no solo los límites de la virtud o la capacidad militar, sino aquellos de la propia madurez intelectual: víctimas de su propia estupidez o capturados y hechos presos por niños aventureros, los soldados montados al servicio de la revolución o del gobierno leal son presa fácil de aquellos briboncillos «robanidos» —calificativo que emplea, de hecho, Giménez Caballero para describir la infancia aventurera del *Duce*— que caracterizasen las gestas infantiles y las travesuras valientes de *Flechas y Pelayos*.

Caen, en casos como el de la ilustración de As que reproducimos, en manos de los requetés tras estrellarse aparatosamente contra arbolitos pelados [**9**]; son, por igual, sujeto de burla y de curiosidad de animales y lugareños. Fanfarrones travestidos, cometen el crimen imperdonable de desfilar grotescamente con armas y honores que no les corresponden —espadas de caballería; corceles de primera— en paisajes bucólicos que, de nuevo, parecen castigar la temeridad del loco no con el palazo del molino de viento, como en la ficción de Cervantes, sino con el simple encontronazo aún menos honorable con la tapia, el arbolito, o con la tenacidad resistente de su compañero equino. Milicianos como estos recuperan el síntoma sobreviviente del que se cree caballero sin serlo, del Quijote cervantino, del pueblerino que se pensó hidalgo, para situarlo en la contienda contemporánea de la lucha de clases y en la contrarrevolución del fascismo que no perdonó, por encima de todo, la osadía de tantos «lecheros con pistolera» que, como este remanente ilustrado a medio camino entre el pirata, el loco y el bandolero, desearon para sí y para los suyos un futuro sin patrones ni señores.

En la ilustración que a continuación reproducimos [**10**], el mismo ilustrador recurriría, de hecho, a planteamientos compositivos e ideológicos que, como en los muestrarios propagandísticos de Tono o Lilo, enfatizaban el carácter antinaturalmente estático —hay algo antihogareño, puramente *unheimlich,* en clave estrictamente freudiana— de unos milicianos que casi parecen burlonamente se-

9. As, «Un miliciano de caballería», *Pelayos. Semanario infantil*, núm. 41, 3 de octubre de 1937. Detalle de la portada.

cuestrados de una pintura metafísica «otra», peligrosamente distante como fuera aquella de Giorgio de Chirico. Si bien de trazo completamente diferente al del maestro italiano —no planteamos aquí en modo alguno una comparación en términos formales—, los combatientes petrificados de As parecen congelarse para siempre en horizontes de planitud imposible, acumulados para la eternidad al servicio de los futuros vencedores como simples muestrarios dóciles. Como lo hicieran las banderitas y columnas de humo en el horizonte (pienso en las locomotoras de De Chirico, protagonistas inquietantes de muchos de sus lienzos), los voluntarios leales y los brigadistas que retrató As en el fragmento de la portada que aquí recogemos se distribuyen en su ilustración como perfiles recortados.

En cierto modo, el carácter acumulable —casi portátil— de estas figuras funciona como antítesis coherente de todos aquellos «recortables» de requetés, legionarios y falangistas (estos recortables en el sentido estricto de la palabra) que la propaganda franquista y la propia *Pelayos* pondría a disposición de los grandes públicos. Acumular al otro y acumular(se) a sí mismo —atesorar la diversidad

10. As, sin título, *La Ametralladora. Semanario de los soldados,* núm. 48, 26 de diciembre de 1937.

pintoresca del militar, del boina roja, del camisa azul— permitía, de esta manera, la construcción de un catálogo político y politizado de normalidad y disidencia que comenzaba en la reproducción de arquetipos coleccionables. Dispuestos como muñequitos sobre un frente que no es tal —elemento que queda visiblemente reforzado por la presencia infantil de milicianos a ambos lados de la trinchera, detalle impensable en un ejercicio militar de defensa que no haya sido convertido en simple ejercicio irónico *alla* Klemperer—, estos combatientes voluntarios tienen, en su quietud imposible, de nuevo algo de taxonomía; algo de colección para mayor deleite de los observadores, que, como figuritas de Carl von Linneo —pienso en los taxones de plantas, de mariposas, de orugas y otros seres vivos que realizase el naturalista sueco—, quedaran dispuestas sobre una suerte de espacio bidimensional que las explicase y las organizase jerárquicamente.

El estatismo permanente de las reconocibles pañoletas de estos milicianos ondea además congelado sin oscilar en realidad como lo hicieran los pendones triangulares que poblasen tantos cuadros del italiano, reforzando con su calma improbable la sensación de paisaje de quietud hostil y de eternidad en verdad siniestra que tuvieron muchos de sus lienzos. Muñecos desubicados, los brigadistas caminantes de As se convierten así —con permiso de De Chirico, esperamos— en inesperados posibles habitantes de un *Piazza d'Italia* o del *Misterio y melancolía de una calle*. Están donde no deben, como la muchacha que juega con el aro en la pintura de De Chirico aquí mencionada, y evidencian, con su presencia anómala, la naturaleza contra natura del escenario que se contempla y de aquellos que lo habitan. Se convierten, en ejercicio de diálogo curioso, de diálogo inesperado, en los opositores ideales de otros habitantes de horizontes enigmáticos como los que realizó para *Vértice* uno de sus mejores artistas, el andaluz José Caballero. Amigo de Lorca, protegido de Dionisio Ridruejo —por aquel entonces responsable de Propaganda y una de las mentes más brillantes tras la primorosa revista falangista—, que lo reclamaría para el cuidado proyecto que supuso *Vértice,* el estatismo vanguardista de Caballero no tardaría en despertar, de hecho, la furia de algunos que, como Gecé, lo acusarían en plena guerra de seguir pintando «como los rojos». Porque a los rojos «había que vencerlos también en el arte. En todas sus martingalas, maneras, estilos, métricas, colores, fauna plástica y lírica...»[17].

Quizás demasiado fragmentados, seguro excesivamente distantes —poco *exaltados* y *fanáticos,* que habría dicho Ernesto Giménez Caballero, entusiasta defensor de estas palabras—, los héroes pintados por José Caballero para *Vértice* distaban demasiado poco, en su constitución y en su presentación fragmentada [11], de los supuestos villanos. El ensimismamiento *zackig* —por *afilado* y *resuelto;* me

[17] El propio pintor hará referencia a este episodio. En José Caballero, *La aventura de la creación. Escritos,* Madrid, Síntesis, 2014, pág. 19.

11. José Caballero, *El exvoto de un soldado* (detalle), grafito, acuarela y tinta sobre papel, 31,3 × 24,2 cm, 1938, MNCARS.

detendré en este término y en su importancia más adelante[18]— de los soldados nacionales que representasen otros artistas presentes también en *Vértice,* como Sáenz de Tejada, Teodoro Delgado o Escassi, resultaba ideológica, estilística y estratégicamente más conveniente en su diferencia con el enemigo que el del pintor andaluz. Pintar a los otros significaba también representar la importantísima diferencia entre lo completo y lo quebrado, entre lo barroco —por español, por propio— y lo foráneo[19]; entre lo *perdido* de los rojos y el patriotismo *ensimismado* de

[18] Lo *zackig* («afilado», «puntiagudo», pero también «airoso», «firme») fue paradigma de la virtud nacionalsocialista, como apuntaba el ya clásico y de obligada consulta LTI de Klemperer; véase Viktor Klemperer, *LTI. Notizbuch eines Philologen,* Stuttgart, Reclam, 1947. Puede extenderse, en términos estéticos e ideológicos, al resto de fascismos contemporáneos del alemán, en tanto en cuanto todos promocionaban un determinado tipo de masculinidad resuelta, irreflexiva por valerosa, irracionalmente entregada, resolutiva y violenta.

[19] Pienso en este caso en la estética antivanguardista, barroca a veces, sinuosa, manierista, que desarrolló Tejada tras abandonar el estilo que caracterizó algunos de sus trabajos, a nuestro juicio más interesantes, de la década de 1920.

los soldados propios[20]. Las ilustraciones de Caballero para *Vértice,* estilísticamente equivalentes al *Exvoto de un soldado* que aquí reproducimos, ocuparon algunas de las portadas de la revista falangista reforzando el carácter manifiestamente elitista de la publicación, pero ejerciendo quizá un contraste demasiado evidente con la fotografía del interior, que firmaron algunos de los mejores fotógrafos y propagandistas como José Compte. Los contrapicados y fuertes claroscuros dramáticos de Compte sí manifestaban con claridad la esencia resuelta y completa de los héroes, aviadores, soldados y marinos dramáticamente inmortalizados en un estilo que los acercaba inevitablemente a los atletas vencedores de la mejor escultura del nacionalsocialismo —pienso en Arno Breker, entre otros— o del cine de Leni Riefenstahl, autora de los conocidos proyectos fílmico-propagandísticos de *Olympia* y *El triunfo de la voluntad.* Los combatientes retratados en *Vértice,* ametralladores navales, ases del aire, eran *de facto* los opositores lógicos a los Felipes y a los Facundos con los que hemos abierto estas reflexiones; *afilados* y listos para la acción más que pasivamente estáticos, encarnaban el ideal de una pulsión, de una energía masculina y violentamente resuelta, que estaba a punto de desencadenarse. José Caballero demostró ser, en este sentido, peor estratega (y mejor artista, o al menos más independiente) que aquellos que como Tejada renunciaron a su estilo más vanguardista —más interesante artísticamente, en realidad, si contemplamos su trabajo de preguerra— para servir mejor a la causa «nacional».

El ensimismamiento iluminado de los soldados de Tejada caracterizaría de diferentes maneras la condición ideal del combatiente rebelde como presente-ausente no solo en un sentido puramente joseantoniano —recordemos que el *ausente* era precisamente el calificativo que se dedicaba al mártir falangista—, sino también en otro que aquí nos interesa. *Estar sin llegar a estar* parecía ser, como veremos más adelante al centrarnos específicamente en la construcción artística y literaria de los héroes —ejecutores fríos, herramientas impasibles—, una característica habitual del mártir «nacional» por antonomasia como opuesto especular al incompetente, al mal jinete, al ametrallador de la ficción de Neville —de nuevo, nuestro torpe Felipe—, que parecía *no estar ni cuando estaba.* La melancolía enigmática, la mirada vaciada de los tímidos soldados de Caballero estaban así demasiado cerca no de la torpeza del monigote de Lilo y As, pero sí de un vanguardismo incompatible con la agenda político-propagandística del franquismo, más interesado en la construcción de arquetipos germánicos —de estilo Riefenstahl, como Compte— o de héroes con ADN barroco, los pesados atlantes de Tejada.

[20] La mirada lejana —no por perdida, sino por anclada en un tiempo y un lugar otros— que tienen en la pintura y la ilustración de Tejada los combatientes requetés y falangistas ocupará algunas reflexiones que dejamos, en este caso, para el espacio que dedicaremos a los opositores a los monstruos, los héroes construidos por el aparato de propaganda del franquismo.

Los «Matiitas», «Felipes», «Pacos», «Menazas» y «Claveles» de la literatura[21], los «Facundos» de la ilustración de Aróztegui anteriormente mencionada, criaturas imaginadas en paralelo por la literatura y las artes plásticas, otorgaban además un carácter concreto al enemigo múltiple a partir del anecdotario de la figura específica; posibilitaban, como decíamos, la consecución de un odio marcado por el desprecio de clase en el que la némesis de las culturas políticas de la revolución reaccionaria del franquismo es a un mismo tiempo masa informe —deforme, sebosa y afeminada, que decía Pujol— y figura concreta. Esta multiplicidad constituye una característica recurrente que parece no encontrar incompatibilidad alguna —al contrario— con la propia incoherencia interna del monstruo en su sentido más clásico.

El resto ibérico: el republicano como indianizado

Determinados rasgos presentes en la construcción del *imago* del otro en la Guerra Civil y en su producción literaria tienen precedentes claros en el contexto hispánico. La misma insistencia en la construcción antagonista de lo opuesto que aparece en los fragmentos recogidos por Lotman para el caso ruso, en particular en aquello que se refiere al trato entre hombres y mujeres —elemento no ajeno al propio discurso de lo «otro» en la literatura golpista—, cobraba un protagonismo particular en nuestras crónicas de Indias. Las diferencias en las relaciones entre ambos sexos eran habitualmente razón suficiente, o al menos de enorme peso, para convertir al *contender* cultural en unidad de destrucción, aunque, como veremos, otros factores condicionarán esta reconstrucción del otro como elemento especular. Las crónicas de Indias de Oviedo y Valdés o de Díaz del Castillo han de ubicarse, como las de los drevlianos que cita Lotman y las de la Guerra Civil, en un escenario de «fase ofensiva» en el que la definición radical del enemigo cultural es necesaria y precede[22], en los tres casos, a su persecución sin contemplaciones:

> Todo cuanto tenían, eso que era de cualquier género que fuese, era común y de todos, excepto las mujeres, que estas eran distintas, e cada uno tenía consigo las que quería; e por cualquier voluntad del hombre o de la mujer se apartaban,

---

[21] Menazas, caído republicano, se menciona despectivamente en la novela de Concha Espina *Princesas del martirio:* «Se distingue también en la persecución una pobre bestia que no se llama nada más que Milagros, y se dice viuda reciente de un tal "Menazas", caído en el ataque a la Cruz Roja del Puerto»; véase Concha Espina, *Princesas del martirio,* Barcelona, Armiño, 1940, pág. 72. Clavel, por su parte, figura entre los personajes imaginados por Borrás en su célebre *Checas de Madrid,* Madrid, Bullón, 1963 [1940].

[22] Liviu Papadima, «Sprache und Diktatur», en Günter Holtus, Michael Metzeltin y Christian Schmitt (eds.), *Lexikon der Romanistischen Linguistik (LRL),* vol. I.2, Tübingen, Niemeyer, 2001, pág. 512.

e se concedían a otro hombre, sin que por eso oviese celos ni rencillas. Aquesta gente fue la más salvaje que hasta agora se ha visto en las Indias[23].

Eran los más dellos sométicos, en especial los que vivían en las costas y tierra caliente, en tanta manera, que andaban vestidos en hábito de mujeres muchachos a ganar en aquel diabólico y abominable oficio [...]. Pues tener excesos carnales hijos con madres, y hermanos con hermanas, y tíos con sobrinas, halláronse muchos que tenían este vicio desta torpedad[24].

La insistencia en lo culturalmente prohibido y en lo especular que caracteriza las crónicas de Indias y el relato de los drevlianos al que hacíamos referencia —habitantes foráneos a un mismo tiempo ajenos a la semiosfera desde un punto de vista geográfico y cultural— parte de la exposición sistemática de su esencia contra natura. Fernández de Oviedo y Valdés figura, no en vano, como uno de los cronistas que identificase Gruzinski como más claramente marcados por una pulsión no curiosa, intelectual o etnográfica, sino directamente estereotipada. El investigador francés, gran especialista en la Conquista y sus espectros, alinea al cronista español con aquellos que simplemente se contentaron con «cascadas de rasgos acumulados» —hermosa metáfora— que, lejos de ahondar en la legítima diferencia y en la complejidad del otro, lo condenaban ya eternamente a la categoría de maldito reiterativo. En este sentido, es imposible no detectar en las palabras de Díaz del Castillo rasgos de culpabilidad edípica, tragedia que podemos considerar una de las fuentes originales —aquí, cascada primigenia, acuífero de rasgos culpables por antonomasia, si seguimos con la terminología desplegada por el francés— de las palabras que otro gran maestro de la tragedia, Eurípides, pone en boca de la despechada Hermíone: «Toda la raza de los bárbaros está hecha igual. El padre se acuesta con la hija, el hijo con la madre, la hermana con el hermano. Los más próximos también se matan entre sí sin que ninguna ley lo prohíba...».

Así, los otros ingieren aquello que nosotros rechazamos, habitan espacios inhabitables, se asemejan más a bestias salvajes en su comportamiento que a seres humanos; no respetan nuestras costumbres, tampoco en sus formas de comunicación con sus mayores y con sus mujeres; practican, como recoge el testimonio de Díaz del Castillo, una forma de travestismo pretendidamente relacionada con sus hábitos sexuales otros, que en este caso encontrará, como veremos, equivalencia en la producción visual franquista —en especial en las

---

[23] Gonzalo Fernández de Oviedo y Valdés, *Historia General y Natural de las Indias,* Madrid, Real Academia de la Historia, 1851, pág. 90.

[24] Bernal Díaz del Castillo, *Historia verdadera de la conquista de la Nueva España,* Madrid, Historia 16, 1984 [1568], pág. 456.

muy conocidas ilustraciones de Sáenz de Tejada—, donde el ritual de apropiación e inversión tanto de clase como de género desempeña un papel fundamental en la construcción violenta de la alteridad republicana. La aparición común del arquetipo «milicianos vestidos de mujer», «milicianas vestidas de hombre», «milicianas vestidas de señorita» o «milicias con casullas y otros ropajes religiosos», categorías de representación relativamente frecuentes en la pintura del quizás más conocido pintor e ilustrador del franquismo, Tejada, insiste simbólicamente en el mismo fenómeno de transgresión y travestismo —en este caso, marcado también como decía por un matiz de clase— reflejado en las propias crónicas de Indias.

El «común y de todos» que menciona Oviedo y Valdés y el paradigma —quizás casual; más probablemente pura supervivencia desordenada de elementos «otros»— de aquella relación implícita entre lo somético, lo perimetral y lo acuático que refleja por su parte Díaz del Castillo encuentran equivalencia visual en la producción pictórica del artista navarro. Precisamente en una de sus obras magnas, la ya mencionada *Historia de la Cruzada Española,* en la que travestismo, promiscuidad contra natura, desorden y apropiación generan una imagen sólida y carente de poros de un enemigo al que se desea devolver no al linde fangoso —aunque a veces también, como veremos en algunos relatos literarios—, pero sí al espacio al que supuestamente pertenece, el arrabal marginado y la casucha de hojalata, lejos de las alamedas y de los púlpitos[25].

El *mito de la línea*[26], la fe de la línea de la que nos habla en su genial ensayo Fernández Mallo reaparece apenas insinuado detrás de las ilustraciones del navarro a partir de un linde que no solo se desplaza hacia delante (como dice Mallo, avanzando, propagando, conquistando) sino que de hecho puede *atravesarse,* también en dirección contraria: la entrada del monstruo en nuestro espacio queda perfectamente reflejada en estas ilustraciones —¡entre tantas!— en las que el verdadero motor discursivo es el terror atávico a la criatura acuática que penetra, que nos arrebata lo que es nuestro. Urbeltz, de nuevo gran acumulador de datos, nos recordaba que detrás de las bestias calamitosas se esconden otras. Tras estos milicianos de Tejada, al mismo tiempo energía sexual sin control y criaturas cambiantes, poliformes, disfrazadas, se agazapan por igual los indios de Oviedo y Valdés, los sacrílegos del Antiguo Testamento y, tras ellos, entre el andamiaje demasiado tupido de la psique occidental, los ladrones y destructores de cosechas. Plagas y parásitos que siguen alimentando, impasibles ante los milenios, el imaginario de lo otro y de lo invasor por mucho que avance la historia de los pueblos.

---

25 El lector encontrará una reflexión en torno a estos espacios en las siguientes páginas.

26 Fernández Mallo, *Teoría general de la basura..., op. cit.,* pág. 40.

12. Carlos Sáenz de Tejada, «Saqueo del cuartel de caballería», *Historia de la Cruzada Española,* vol. 5, tomo XII, 1942.

13. Carlos Sáenz de Tejada, «Saqueo del cuartel de caballería» (detalle), *Historia de la Cruzada Española,* vol. 5, tomo XII, 1942.

En esta obra del pintor navarro [12] pueden reconocerse determinados arquetipos supervivientes, engramas, recuerdos plasmados sobre el lienzo, como digo, de la locura fanática del infiel que relacionan a los protagonistas con determinadas representaciones del «populacho enfervorecido» en clave eminentemente religiosa, vinculable a la tradición cristiana del lunático equivocado: los milicianos del «Saqueo del cuartel de caballería», del que me interesa especialmente un detalle, el de los músicos esquizofrénicos [13], incorporan la gesticulación excéntrica y expresiva de pinturas que bien pudo contemplar el propio Tejada en las colecciones del Prado. Pienso, entre otras, en las crucifixiones y en los vía crucis de autores como Quinten Massijs, pero también en otras pinturas del Bosco de temática martirial equivalente, planteada aquí por supuesto en clave contemporánea y contextualizada no en el acontecimiento bíblico de la crucifixión, sino en el suceso histórico de los saqueos de iglesias y los pillajes adjudicados comúnmente a los milicianos y a las fuerzas anarquistas. La locura de los voluntarios leales es una locura otra, en tanto en cuanto no procede ya exclusivamente de la impiedad religiosa sino también de una infidelidad y alteridad ideológicas y genéticas que se traducen en un comportamiento esencialmente especular y anormal como el de los personajes retratados por los expresivos maestros flamencos en su pintura religiosa. Son «herederos del mal» como los héroes franquistas serán herederos de una suerte de virtud hispánica; están marcados por el estigma del equivocado que los cronistas detectaron también en las comunidades indígenas, «cultural y tradicionalmente» abocadas a las prácticas malditas[27], en un ejercicio que Gruzinski tilda también de *sobreviviente*[28]. La sombra de Warburg se antoja tan larga y longeva como la propia maldad de los que no tienen alternativa a los caminos equivocados.

Lo interesante de este recuerdo de lo maldito, de lo criminal, de lo anormal, de lo contrario a lo piadoso y a lo virtuoso es que no se manifiesta exclusivamente en términos compositivos, a partir de ese apelotonamiento de los otros que reverbera por igual en la *Chanson de Roland* y en los relatos de Borrás. En la pintura de Tejada asoma sin duda una historia de supervivencia de una determinada *mimik* —que dijera Didi-Huberman y, antes que él, Warburg— de lo malvado, de lo equivocado, de lo criminal, de lo apelotonado y abigarrado —de lo múltiple, de lo mezclado, de lo turbulento—, de lo infiel en el peor sentido de la palabra. Hay una narración que parece decirnos, sutilmente, subliminalmente, pero rotundamente, que estos milicianos equivocados, traidores, apátridas de la anti-España son poseedores de la misma esencia criminal, irracional, destructora, de aquellos que crucificaron a Cristo.

Lunáticos, falsos soldados, anormales psíquicos, moradores de márgenes de lo humano, merecen la misma piedad que los que nos arrebataron al hijo de Dios, y como delincuentes sacrílegos y como asesinos —más que como rivales políticos de un mismo pueblo, no lo olvidemos— es como deben ser tratados. Este es, en último término, el contenido mnemónico y simbólico de una obra, aquella de Tejada, que acarrea la misma voluntad dogmática y *muestraria* que la pintura de Massijs.

La deshumanización de los rasgos responde a criterios estéticos basados en el terror primigenio y más atávico, el terror de la depredación —sobre el que hablaremos en profundidad más adelante— por el cual nuestros demonios clásicos y medievales (aunque no solo) suelen tomar habitualmente los rasgos de los animales o los insectos adoptando, literalmente, las facciones de aquellos que nos daban caza[29]. Esto no explica, en sí mismo, nada más que el proceso psicológico de construcción de lo demoniaco y lo malvado, pero ayuda a explicar un síntoma cultural que es precisamente el que llevó a determinados pioneros del estudio de la expresión humana a asociar caracteres y aspectos humanos a los de animales. Charles

---

[27] Gonzalo de Balsalobre, «Relación auténtica de las idolatrías, supersticiones y vanas observaciones de los indios del Obispado de Oaxaca», en *Tratado de las idolatrías, supersticiones, dioses, ritos, hechicerías y otras costumbres gentílicas de las razas aborígenes de México,* México D. F., Ediciones Fuente Cultural, 1953 [1656], págs. 337-390; aquí, pág. 351.

[28] Carmen Bernard y Serge Gruzinski, *De la idolatría. Una arqueología de las ciencias religiosas,* México D. F., Fondo de Cultura Económica, 1992, págs. 141-142.

[29] Barbara Ehrenreich, *Ritos de sangre. Orígenes e historia de las pasiones de la guerra,* Madrid, Espasa Calpe, 2000, pág. 97.

14. Hieronymus Bosch, *Tríptico del Jardín de las delicias* (detalle), 1490-1500, grisalla, óleo sobre tabla, Museo del Prado.

le Brun, el pintor y teórico del arte del periodo barroco que veía, también, *lebensfähige Reste* de lobos y leones en supuestos arquetipos de expresión y apariencia humanas —elemento que le permitía construir una relación entre el carácter y el aspecto—, es quizá el más famoso de ellos. Los malvados de Tejada, en su expresividad extrema, parecen recoger el guante ya longevo en la tradición artística y fotográfica que relaciona sutilmente a los locos villanos de Massijs con las fotografías de criminales de Cesare Lombroso.

La importancia simbólica, además, de los instrumentos musicales presentes en la pintura de Tejada, su ubicación inequívoca dentro de una tradición moralizante que permanece en la pintura, tampoco puede pasarse por alto. De nuevo, la tradición pictórica de la que ni Tejada ni ningún artista puede en realidad desligarse posee múltiples ejemplos en los que el instrumento musical va unido a todo un mensaje moralizante, a un mensaje de advertencia. La relación sutil entre el ritual de la expulsión del sobrante —a los márgenes de los códices, como aquellos traseros trompeteros; al infierno del Bosco, a la periferia sacrílega del anticristo y del hereje, como en tantos vía crucis— y el instrumento de viento queda insinuada como en ninguna otra obra maestra en el *Tríptico del Jardín de las delicias* [14], que sin duda un artista formado como Sáenz de Tejada conocería y podría contemplar en persona. No es ningún secreto, en todo caso, y menos para cualquier artista que conozca la tradición pictórica que le precede, la asociación que se estableció tradicionalmente, en un discurso de taxonomía musical que por supuesto es muy anterior a Tejada, entre los instrumentos de viento y el demonio[30].

Contemporáneos de Massijs o del Bosco, como el compositor y taxonomista musical alemán Sebastian Virdung o españoles como Ramos de Pareja, realizarían clasificaciones que reflejaban el pensamiento musical de la época de los pintores flamencos que aquí nos ocupan. La asociación que algunos de estos taxonomistas establecían entre el islam y determinadas familias musicales —viento y percusión, en este caso— refuerza la asociación implícita, sutil pero incuestionable, entre nuestro «otro» de naturaleza mutable (el incombustible *moro* a veces insectil, siempre cambiante), la sonoridad ventosa y el margen.

El mal posee así una sonoridad específica de la que no puede ser desligado, a la que de hecho el Bosco pondría en su lienzo notas concretas. Me refiero, en este caso, a la partitura que aparece, como quizás recuerden los lectores, grabada en uno de los traseros presentes en el infierno del pintor flamenco, que aquí reproducimos. De nuevo, y en su representación sistemática del caos desordenado, de los instrumentos de viento escatológicamente insertados en los traseros de los condenados, la propia obra parece beber a partes iguales de la imagen superviviente del *marginalia* medieval precedente, al que ya he dedicado algunas líneas, y de las taxonomías contemporáneas del maestro flamenco. La música de este infierno suena a parte de un discurso que otorga una esencia absolutamente coherente a lo especular y a lo prohibido; suena a desorden, a fiesta macabra. En clave contemporánea y en nuestro ejemplo ibérico, suena a «bacanal de Pacos», suponemos, al menos en el caso de Tejada. Suena, seguro, en el ejemplo precedente del Bosco, a música infernal de *marginalia,* a música anal.

Retumba y reverbera, como mínimo, como pura transgresión del orden establecido; suena a *riversa:* anuncia, con su tonalidad frenética, el advenimiento de algo que no debería producirse. Profetiza la llegada calamitosa de una suerte de *mundo al revés,* como manifestaban los materiales muy populares en diferentes ámbitos geográficos europeos a los que ya nos hemos referido anteriormente. Es posible que Tejada, seguro conocedor de las excelentes colecciones pictóricas —flamencas, en particular, pero no solo— del Museo el Prado, prescindiese de los traseros trompetistas que sí tienen cabida en el horror grotesco de la pintura moralizante de Hieronymus Bosch. En el trabajo del pintor navarro palpita sin embargo una misma advertencia superviviente y una exhibición monstruosa de los

[30] Véase, en este sentido, Margaret Kartomi, *On Concepts and Classifications of Musical Instruments,* Chicago, University of Chicago Press, 1990.

caminos equivocados del hombre, dotada aquí de su propia sonoridad que el espectador no puede sino imaginar; espectáculo de la turba musical y peligrosa del que no prescindieron ni las bandas de locos que plasmó también Goya en sus pinturas negras. Remolinos de lunáticos descontrolados como los de Tejada, los de la *Romería de San Isidro* del maestro aragonés marchaban sin rumbo y sin contención como las humanidades «de pífano» —estas de mono azul— a las que temía y contra las que clamaba, desde la literatura contemporánea, Giménez Caballero.

En este sentido, los textos indianos como los arriba reproducidos suponen un ejemplo paradigmático y un precedente ibérico de los elementos que componen la narración politizada de lo monstruoso y la reconstrucción del *Kulturzerstörer* como depredador cultural, como diferencia de carne y hueso, diferencia en estado puro; como elemento, además, que espera esencial y literalmente a ser leído e interpretado[31]. El hierofante de aquel monstruo no era otro en este caso que el propio «yo» franquista —el «nosotros» de García Serrano en *La fiel infantería* con el que abríamos este capítulo—, que, mediante la descodificación exitosa de las características de su opuesto especular, se preparaba definitivamente para la articulación de la esencia propia. La cercanía entre las crónicas indianas —en realidad, entre estas y cualquier otra narración colonialista o imperialista— y el propio *Feindbildkonstruktivismus*[32] de la Guerra Civil adquiere, además, mayor sentido si tenemos en consideración aquello que nos recordasen tanto Gilroy como Achille Mbembe, que veían precedentes a determinadas lógicas de esterilización, exterminio, persecución y bestialización de los treinta y los cuarenta en el *modus operandi* de los pueblos colonizadores sobre los pueblos colonizados.

El relato guerracivilista ibérico sería, en este sentido, el «mito trucado» esperable en una nación que, como consecuencia de las tensiones políticas y de clase, trasladaba la imagen de la alteridad —propia, nacional, precedente; conveniente, puesto que no debe ser importada— gestada en ultramar a sus propias fronteras interiores; *indianizaba* al resistente y al republicano; construía, a partir del remanente lógico, si continuamos con la propuesta interpretativa del investigador camerunés, un «otro» de nuevo cuño a partir del «resto viviente» de la experiencia colonial española. Ejercicio relativamente sencillo, además, si tenemos en cuenta que en ambos casos (en el mal llamado Nuevo Mundo y en la contienda ibérica) se estaban enfrentando «alteridades equivocadas», sujetos carentes de fe cristiana

---

[31] Jeffrey Jerome Cohen, *Monster Theory..., op. cit.*, pág. 4.

[32] Empleamos aquí un término de origen alemán, de traducción dificultosa al castellano: *Feindbildkonstruktivismus,* esto es, las dinámicas de construcción de imágenes de lo otro; las estrategias o dinámicas de construcción de imágenes del enemigo; véase, en este sentido, Reinhard Olschanski, *Der Wille zum Feind. Über populistische Rhetorik,* Paderborn, Wilhelm Fink, 2017.

—bien porque atesoraban otras, como es el caso de los pueblos originarios, bien por simple ateísmo revolucionario, como es el caso de los enemigos políticos del golpe de Estado—, sujetos a los que se podía, a partes iguales, destruir, transformar y convertir.

Según el propio Mbembe, la Segunda Guerra Mundial —juicio que puede, en realidad, extenderse como mínimo a la Guerra Civil, auténtica antesala del conflicto europeo de 1939-1945— permitía una transposición de las lógicas de pueblos civilizados y pueblos salvajes (y por lo tanto, también de criaturas monstruosas) al propio continente europeo de las que no puede desligarse, en ningún caso, la contienda ibérica[33]. En cierto sentido, la propia experiencia africanista de muchos de los generales de primera línea que apoyaron y patrocinaron el golpe permitía, asimismo, la *colonialización* del otro: aquello que había servido para reprimir, atemorizar y derrotar en la colonia se trasladaba ahora, en un escenario político diferente, al contexto de una Guerra Civil. La mentalidad africanista, o africanomilitarista, hacía posible la transposición de las lógicas primitivas de la colonia al siglo XX europeo. No en vano eran precisamente los militares destinados en territorios coloniales los que más habían gozado de una independencia respecto al poder civil y político que les había permitido, en cierto sentido, mantenerse anclados a otro tiempo[34]. Lógicas, por otra parte, que algunos como Foucault ya veían absolutamente presentes en las dinámicas de guerra cultural de las naciones europeas para con sus propias alteridades, como demostrarían perfectamente ejemplos como el de Lotman y sus drevlianos con el que hemos abierto algunas de estas reflexiones.

En este sentido, y en continuación con un ejercicio de inversión, transformación y supervivencia nada incompatible con la multiplicidad y superposición de imaginarios, revistas como la ya mencionada *Flecha* naturalizaban la alteridad del enemigo eterno —el moro, según la lógica tradicional española— en episodios de inversión curiosa como el aquí recogido [15]: transformado en el auténtico sustituto contemporáneo de Santiago Matamoros, el tabor moro que dibujaba Arózteguí retoma aquí la tradicional composición ecuestre del santo de la Reconquista por antonomasia para sobrevivir —sublime estratagema— en la imagen blanqueada (literal y políticamente; este tabor ha pasado por un auténtico *whitewashing* de lo más insólito) del soldado de caballería regular que dispara sobre un miliciano.

---

[33] Achille Mbembe, *Necropolítica,* Santa Cruz de Tenerife, Melusina, 2011, pág. 36.

[34] Sebastian Balfour es una autoridad confirmada en esta materia; véanse, en este sentido, trabajos como *Abrazo mortal: de la guerra colonial a la Guerra Civil en España y Marruecos (1909-1939),* Barcelona, Península, 2002, o «Spanish Military Cultures and the Moroccan Wars, 1909-36», *European History Quarterly,* vol. 30, 2000.

15. Aróztegui, sin título, *Flecha*, núm. 10, 27 de marzo de 1937.

Santo transformado asimismo con capa y a caballo, provisto de espada —sable moderno, más que mandoble del Medievo—, este nuevo Santiago era también moro cristianizado, alteridad domesticada, servidor fiel, si se quiere, convenientemente alineado con los intereses políticos del golpe y enfrentado aquí a un «otro» nacional al que se pretende, curiosamente, expulsar definitivamente de la comunidad política y cultural de los rebeldes precisamente a través de aquel tabor dignificado que se sacraliza bebiendo de una iconografía que sin duda no le pertenece. Así, el patrón de la catedral de Santiago y protector de la Reconquista con la que pretendió vincularse el propio franquismo se convierte en el resto viviente, que habrían dicho Burckhardt o Warburg, que articula la lógica de *continuum* y repetición del falangismo: nuestros enemigos bien podían haber cambiado, pero se mantenían en su esencia naturalmente imperturbables.

> No es mero azar que cuando se les compara físicamente con los nuestros, los jefes de la España roja sean una colección de monstruos obesos, adiposos, afeminados, psicológicamente deformes. Algunas veces pienso que si nuestra época tuviera la imaginación de los medioevales, podría representarse a Franco como a San Miguel...[35].

La explicación del monstruo, trucado y recuperado, requería la intervención de un especialista. El cirujano de hierro, figura imaginaria e imaginada por el pensamiento conservador de Joaquín Costa[36], no debía operar solo el cuerpo de la patria enferma, con el pulso del experto y del salvador autoritario; en ejercicio simbólico, quizás nunca explicitado pero ejercido *de facto,* el especialista en *disecciones patrias* de aquella revolución conservadora en la que confluían diferentes actores políticos de diverso sesgo ideológico —falangistas, tradicionalistas navarros, militares partidarios de un sistema republicano, militares monárquicos— debía en realidad operar también sobre el propio cuerpo de la bestia, exponiéndola y explicándola. El ejercicio que debía abordar aquel redentor que en 1902 estaba por llegar no era otro que el del experto en lecciones de anatomía y el del patriota taxidermista —volveremos sobre esta idea, que tomamos de Haraway, con mayor detenimiento—, auténtico responsable del disecado didáctico de la bestia de la anti-España, fuente de todo mal y territorio de aprendizaje por antonomasia.

Disecada o no, lo cierto es que aquella criatura, la de nuestra Guerra Civil, guardaba una coherencia total con otros *monstra* de la tradición literaria hispánica, resurgiendo casi como una fuente freática que se resiste a agotarse y cumpliendo lo que Cohen denominó la «segunda tesis» de su teoría monstruosa, que anunciábamos antes: el monstruo siempre escapa[37]. O, dicho de otro modo, y en clave estrictamente de postvida, como aquí nos interesa, el monstruo siempre vuelve, dotado habitualmente a un mismo tiempo de características retornadas que lo

---

[35] Juan Pujol, «Cruzados», *Domingo,* 21 de febrero de 1937.

[36] Me refiero, en este caso, a aquel recogido en publicaciones de Costa como *Reconstrucción y europeización de España. Programa para un partido nacional* (1902), que constituyó —como el pensamiento del intelectual conservador en general— un punto de partida y una referencia política de enorme peso para la intelectualidad contrarrevolucionaria española de los años veinte y treinta. En esta publicación aparecía la después recuperada idea del «cirujano de hierro» a la que hacemos alusión en estas páginas.

[37] *Ídem.*

asocian a un mal atávico pero también de otras nuevas que confirman, en su carácter eternamente mutable, la maldad de aquello que no puede acotarse[38]. En su contextualización específica en espacios ideológicos como el que nos ocupa, la tesis de Cohen recibe una ampliación perfectamente compatible con el retorno de lo monstruoso, aquella del retorno de su enemigo predilecto y contrario inevitable, el héroe representante de la comunidad nacional y de su palingenesia colectiva.

Juan Pujol, en el artículo periodístico con el que se abre este apartado, lo expuso a sus lectores de *Domingo* de manera absolutamente clara: de poseer nuestra época la imaginación del Medievo, Franco sería en efecto san Miguel, y sus enemigos, cómo no, la versión contemporánea del monstruo policéfalo retornado: «un dragón con pezuñas de cerdo y siete cabezas —las de los siete pecados capitales— que fueran las de Azaña, Casares, Indalecio Prieto, Ossorio y Gallardo, Álvarez del Vayo, la Nelken, Marcelino Domingo, y una lengua de víbora que bien podría ser la de Doña Dolores Ibárruri»[39]. En verdad, una lectura de los artículos del propio autor, así como de la mayoría de la literatura política de los treinta y cuarenta, confirma si no siempre la existencia de «imaginación» —por continuar con la palabra empleada por Pujol— asociable al talento literario, seguro la permanencia de un determinado imaginario que, como el de la propia Edad Media, recuperaba *restos* de descodificación sencilla para explicar su noción de maldad contemporánea.

Aquello no era, como anunciaba de hecho en un ejercicio afirmativo para nosotros dotado de múltiples significados, «mero azar» en modo alguno: lo reaparecido de los malvados y los salvadores de este relato, caballeros y monstruos, se perfila como auténtico contrario especular a lo aleatorio —al azar mismo, por supuesto—, convirtiendo la monstruosidad mórbida de los leales y la santidad salvadora de los rebeldes en auténtica continuidad coherente de una serie de precedentes imaginados a los que pretende vincularse la guerra de 1936-1939. Pujol imaginaba y pretendía que imaginásemos, en realidad, la Guerra Civil como una continuación de las Cruzadas, y el papel del propio Franco como el de un arcángel salvador. Lejos de ser una simple invocación propagandística, lo cierto es que Pujol no podía evitar construir el mito político de Prieto, Azaña, Nelken y compañía sin renunciar —seguro premeditada e impremeditadamente, en una proporción que desconocemos— a una serie de remanentes mítico-literarios. En verdad, la imaginación que parecía reclamar sin hacerlo del todo Juan Pujol era tan rica y tan pobre como la de la Edad Media —tómese esta afirmación con cautela—, toda vez que era, en efecto, *tan imaginativa* en su representación del bien y

---

[38] Harvey Greenberg, «Reimagining the Gargoyle...», art. cit., pág. 95.

[39] Juan Pujol, «Cruzados», art. cit.

del mal —puesto que efectivamente imaginaba, construía, ensoñaba; lo hacía con audacia creativa, ritual, evocativa— y *tan poco imaginativa* en sus formas de escenificación visual y retórica de lo malvado y lo inverso como lo había sido el propio Medievo, susceptible como los años treinta y nuestra propia contemporaneidad de representar lo «otro» sencillamente a partir de restos.

El catálogo de enemigos adiposos que dibujaba As [**16**] representaba como pocos el ejercicio del ritual de expulsión del que no puede prescindir ninguna cultura —tampoco la cultura política del franquismo— y en el que el enemigo, todavía bestia cuadrúpeda, abandona simbólicamente el espacio protegido. Roberto Calasso lo resumía a partir de una reflexión que hacemos nuestra, recordándonos que «cualquier orden, biológico y social, está basado en una expulsión, en una cantidad de energía quemada [...] una cultura que supiera subsistir sin basarse en la diferencia, y por tanto sin fundarse, sería una cultura indiferenciable del movimiento de un árbol»[40].

De nuevo, detrás de la ilustración de As (sobre la que volveremos, analizando otros elementos de la misma) reverbera en verdad un tipo de imaginación —de construcción ritual, más bien— puramente medieval, confirmando con ello que Juan Pujol ciertamente se equivocaba y que la distancia entre las lógicas simbólicas de la Edad Media y aquellas de 1936 era menor de lo que el periodista podía imaginar. Mitad animales, mitad humanos, los políticos retratados por el ilustrador en *Pelayos* se encontraban todavía —o de nuevo, demostrando que la historia de la cultura no entiende de lógicas temporales naturales, como afirmó Warburg— a medio camino entre la figura sacrificial humana y el chivo expiatorio animal cuyo martirio ha venido tradicionalmente a sustituir la inmolación de individuos. El resto viviente que aflora tímidamente entre las grietas de la historia, representada aquí en el binomio texto-imagen absolutamente coherente de Pujol y de As, no es otro que el del retorno de la violencia mimética, el del esquema primitivo de la inmolación que se agazapa en realidad, como dijera Von Balthasar, detrás de todo ritual cultural, religioso o político.

Otras ilustraciones del mismo autor [**17**] van aún más allá e insinúan, a partir de la insistencia en la figura cuadrúpeda, la persistencia de otro remanente, manifestado aquí en la insistente presencia de la caricatura reconocida y reconocible del judío de rasgos distintivos que interpela al lector de *Pelayos* en plena Guerra Civil.

La transformación de uno de los *pharmakós* occidentales por antonomasia, el chivo expiatorio del askenazi de rostro inconfundible, en juguetito —aquí en ridículo tiovivo—, lejos de asociarse única y exclusivamente con una corriente pictórica, la de las revistas ilustradas alemanas que convivían con *Pelayos* y que los

---

[40] Roberto Calasso, citado en Alejandro Llano, *Deseo, violencia, sacrificio. El secreto del mito según René Girard,* Pamplona, Astrolabio, 2004, pág. 82.

16. As, «¡Sus! A las alimañas masónicas...» (detalle), *Pelayos. Semanario infantil,* núm. 35, 22 de agosto de 1937.

17. As, sin título (detalle), *Pelayos. Semanario infantil,* núm. 40, San Sebastián, 26 de septiembre de 1937.

autores de estas ilustraciones de autoría española probablemente conocían, puede rastrearse mucho más atrás como parte de la lógica sacrificial antisemita del pensamiento occidental. El judío europeo, a veces condensado en la figura del malvado Fagin, otras en el arquetipo del prestamista avaricioso, había experimentado desde hace siglos una transformación coherente equivalente a la que ya mencionamos en relación con los milicianos «coleccionables» de la ilustración franquista. Convertidos en tapones de corcho [**18**], en mangos de bastones y paraguas, en posavasos y muñequitos de porcelana, en cromos y protagonistas de postales; en coleccionables, en definitiva, susceptibles de ser acumulados como puro divertimento triunfal de los *gentiles*. Mucho antes de que acabase la guerra, el aparato de propaganda franquista y, lo que es más importante, su discurso cultural, ajeno a la deriva y a los cambios relativamente frecuentes al frente de los diferentes organismos de propaganda por los que pasaron desde Millán-Astray hasta Giménez Caballero, Antonio Tovar o Ridruejo, ya asentaban las bases sutilmente, inequívocamente, de lo que era, como tantas veces antes en otros enfrentamientos político-culturales, la lógica interna de la psique golpista: derrotar al otro también era *poseerlo,* musealizarlo, también —en el sentido que emplease Haraway para con los pueblos originarios americanos en manos del conquistador blanco— trasladarlo al espacio del enemigo «disecado» y de la taxidermia política al que nos referiremos más adelante.

18. Anónimo, tapón de botella que representa la efigie de un judío, *ca.* 1800-1899, 8,4 cm × 3,81 cm, Austria, United States Holocaust Memorial Museum Collection, donado por la familia Katz.

De nuevo es el «residuo», que diría Dumézil, uniéndose con su propio término a la ya muy abultada procesión de «restos, supervivencias y postvidas», aquello que articula al otro, coherente en su maldad, en su deformidad física e intelectual, en una clave que el investigador francés encontraba en el discurso de los romanos y de los pueblos de Irlanda[41]. Los primeros estaban convencidos de que todo lo malo se asociaba al legado, a la lacra residual de los Sabinos, anverso de los romanos; los segundos veían en la degeneración malvada un «resto conservado» —¡cómo no!— muy vivo que caracterizaba, en absoluta coherencia repetitiva, a degenerados, villanos y fanfarrones:

> Todo hombre blanco de piel, intrépido, todo hombre de morenos cabellos,
> Todo hombre bravo, enardecido por el combate, valeroso de verdad, recatado
> Desciende de los hijos de Míl, el muy célebre.
>
> Todo buen pastor de la llanura, todo artista músico, armonioso,
> Todos los que practican secreta nigromancia,
> Pertenecen al pueblo de los Tuatha Dé Danann.

---

[41] Me refiero a su capítulo «La uniformidad de los romanos», presente en el ya citado *Mito y epopeya,* que en este caso hemos consultado no solo en francés sino también en su edición en castellano. Para su edición española, véase Georges Dumézil, *Mito y epopeya,* Barcelona, Seix Barral, 1977, págs. 414 y ss.

Todo hombre fanrarrón, maligno,
Ladrón, mentiroso, pobre diablo,
Son los *restos conservados* hasta nuestros días de tres pueblos,
Los Gaileoin, los Fir Bolg y los Fir Domnann[42].

Semejantes narraciones, que aquí recuperamos y entrelazamos con las que emplea Lotman y con las que constituyen nuestro material de trabajo, de origen ibérico, otorgan sentido y matices a la noción de postvida de Warburg, parecen legitimarla; en el caso de la Guerra Civil, es la propia construcción mitológica del «yo» la que afianza el discurso de lo perenne y de lo fantasmal al que se refieren el investigador alemán y sus continuadores en la búsqueda del «síntoma» iconográfico que se repite.

Así, al monstruo que resurge con formas nuevas —«los rojos de hoy son los moros destructores de ayer»[43], como rezaba el eslogan carlista— se une el héroe que resucita, imagen de arquetipos perennes de lo heroico y lo propio, frente a renovados paradigmas de lo ajeno. «Esos hombres *no han pasado*»[44], como declaraba por su parte Ximénez de Sandoval, y la propia alusión al despertar de un letargo sugiere, leída en clave warburgiana, una continuidad clara de la figura del héroe salvador y de sus características que contextualiza la del eterno *monstrum* retornado, en su caso paradigma del cambio permanente:

> Cuando la historia despierta de su letargo en Iberia una vez cada siglo, se advierte que esos hombres *no han pasado*. Los que fueron al morir a fundirse en la estirpe de la tierra, vuelven a resucitar en ella. Y la piel de toro —igual que hace cincuenta mil años— está ahí, bajo nuestros pies, que a veces vacilan en el rumbo porque los corazones han perdido de vista la verdad de sí mismos[45].

Lo que en 1944 Ximénez de Sandoval anunciaba como certeza —«esos hombres *no han pasado*»— se presentaba de forma elocuentemente retórica en 1942 y en términos similares por Gaspar Gómez de la Serna: los misterios de la historia solo los conocía Dios, pero aquellos hombres «de gesto insolente y antiguo» eran historia en sí misma, historia sobreviviente; representantes de un síntoma —el de la hispanidad heroica, parece decirnos De la Serna— cuya existencia y supervi-

---

[42] Citado en la edición española, en este caso, de *Mito y epopeya* de Dumézil. El énfasis en cursiva es mío.

[43] Como podía leerse en *Pensamiento Navarro,* 1 de marzo de 1937, citado en Xosé Manoel Núñez Seixas, *¡Fuera el invasor! Nacionalismos y movilización bélica durante la Guerra Civil española (1936-1939),* Madrid, Marcial Pons, 2006, pág. 266.

[44] El énfasis, en este caso, es del propio Sandoval.

[45] Federico Ximénez de Sandoval, *La piel de toro. Cumbres y simas de la historia de España,* Barcelona, Juventud, 1944, pág. 9.

vencia a lo largo de los siglos resultaban, para el escritor, incuestionables. Aquellos héroes insolentes volvían y poblaban la literatura hagiográfica del franquismo, su aparato visual, del que no puede desligarse, dando definitivamente sentido a la contienda:

> Yo no sé si la historia se repite, porque esto, en último término, solo lo sabe Dios; pero la voluntad de hacer historia, sí. La voluntad, que es cosa de hombres, suceso de la historia y materia del imperio [...] miradles bien, porque traen escrito un gesto que vale por la mejor página del mejor libro de Historia española. El gesto insolente y antiguo de una España altiva y segura[46].

Vistas las reflexiones del escritor, no exentas de una voluntad idealizadora con fines políticos claros, cabría preguntarse si De la Serna planteaba, reconociendo *de facto* su existencia superviviente en aquellos versos, algo parecido al *mimik* warburgiano, a la mímica reconocible y a los *Pathosformeln* o formas de expresión dramática que obsesionaban al investigador alemán[47]. Presentes en este caso en el paradigma inconfundible del héroe hispánico por antonomasia, el «gesto exacto» vendría así a convertirse en testigo incuestionable de las características inmutables —y por tanto reconocibles, legitimadoras, supervivientes— del salvador patrio, opuesto lógico al monstruo que retorna y encuentra su lugar de aparición tanto en las fuentes literarias que aquí estudiamos como en las manifestaciones artísticas que las acompañaron.

Musgoso, suprimible: acuáticos, carnívoros y curvos

> Le mató la caspa y la cochambre y las gafas de carey del Ateneo. Le mató el maestrillo y la casa de huéspedes. Le mató la España envidiosa y pseudointelectual, hecha de bestia y de Freud a partes iguales. Nadie que haya conocido a José Antonio puede perdonar[48].

El 20 de noviembre de 1936, José Antonio Primo de Rivera, poeta y dandi, señorito por antonomasia, moría en el penal de Alicante fusilado por las milicias populares; paradigma de la dialéctica de puños y pistolas de la Falange, imagen viva, por encima de todo, de un arquetipo de hombre al mismo tiempo violento y escuetamente sofisticado —esencia resumida en el lamento de un compañero que de él decía «lo mismo coge un matiz de Rabindranath Tagore que le pega un

---

[46] Gaspar Gómez de la Serna, «Retorno de los héroes», *Legiones y Falanges,* mayo-junio de 1942.

[47] Georges Didi-Huberman, *La imagen superviviente, op. cit.,* pág. 33.

[48] Jacinto Miquelarena, «José Antonio hombre», *ABC,* 20 de noviembre de 1938.

tiro al lucero del alba»—, el llamado a partir de entonces «Ausente» no moría, como parecía querer decir Miquelarena en el segundo aniversario de su muerte, ni a causa de las heridas de bala ni frente a los muros de la cárcel alicantina.

A José Antonio, icono en vida y en muerte, lo había matado en la ficción patética de Miquelarena aquella bestia de la anti-España, a medio camino entre lo científico y lo mediocre. Detrás del alegato encendido del escritor hay mucho más que una cabriola retórica, vehementemente propagandística; la muerte «por caspa y por cochambre», la muerte casi por exposición prolongada y convivencia insoportable con el «maestrillo» republicano, constituía, en efecto, el sacrificio inevitable del mejor de los nuestros —según la óptica golpista, por supuesto— en un ejercicio de martirio escueto en el que la *ausencia* de José Antonio *mostraba,* definitivamente, el carácter de lo que estaba en juego: la supervivencia triunfal de los que «no habían pasado» o el triunfo de otros retornados, los monstruos mediocres. En cierto modo, en la religión política del fascismo español, la muerte del «Ausente» se transformaba en su particular sacrificio *único, infinito,* como habría formulado Spengler, destinado a convertirse con su rememoración e imitación en el único ejercicio de «muerte del mejor»[49].

Según este discurso, que admite de hecho múltiples lecturas, el enfrentamiento directo se producía contra aquel que era, como nos habría recordado Cohen, habitante de los márgenes, crisis de categorías; posibilitador de lo imposible. En un ejercicio de exaltación viril que recuerda a tantos otros, el fundador de la Falange daba sentido a su existencia no a partir del acto casual del nacimiento[50], sino a partir del acontecimiento *buscado* de la muerte: como otros que no habían pasado, José Antonio cobraba definitivamente sentido a partir del enfrentamiento con la bestia —esta ficcionada, y no real, como las que emplease Haraway en su ensayo sobre Theodore Roosevelt, aventurero blanco en África, del que aquí partimos—, cumpliendo con ello el ritual de paso de tantas masculinidades violentas.

Exponerse al monstruo, *caer,* eventualmente, presa de su voracidad incontenible, como hiciera el fundador de la Falange, se convertía en el ritual de sacrificio que, transformado en rito, estaba destinado a ser repetido por su comunidad po-

---

[49] Hablando del catolicismo germanonórdico, Spengler ve en el acto del misterio de la eucaristía el sacrificio llamado a sustituir a tantos otros: «Frente a los sacrificios antiguos, ofrecidos a cada deidad en su templo propio, aparece aquí el sacrificio único, infinito, repetido a diario y por doquiera [...] la catedral, cuyo altar mayor rodea y encierra el misterio, es su expresión en Piedra»; en Oswald Spengler, *La decadencia de Occidente I,* Madrid, Austral, 1998, pág. 337. Volveré sobre este libro más adelante, alternando ediciones en lengua española y en alemán.

[50] Parto, en este caso, de algunas reflexiones de Simone de Beauvoir y de Donna Haraway, emitidas en relación con consideraciones más generales sobre las dinámicas rituales del patriarcado y su relación con la cultura martirial; véase Donna Haraway, *El patriarcado del osito Teddy. Taxidermia en el Jardín del Edén,* Barcelona, Sans Soleil, 2015, pág. 38.

19. José Alcaide, «Polito y Paco el Minero», núm. 1, «Detectives», *La Bruja del Castillo,* San Sebastián, Editorial Española, 1939.

lítica mediante acciones tan dispares y tan camufladas como aquellas que protagonizaban, para el público infantil, las aventuras de jóvenes *flechas* e imberbes *pelayos* que, como Polito[51], se enfrentaban a la adversidad insoportable del devorador —suponemos, en realidad, enemigo político, claro— en un ejercicio, como decía Girard, de constante atracción y rechazo. El esquema repetido de mito (José Antonio), sacrificio (su martirio) y rito (la repetición de este *ma non troppo)* que articula ficciones como la del joven héroe Polito [**19**] constituye en realidad toda la lógica cultural del héroe y la comunidad y su relación con lo ajeno y lo peligroso. Polito, descendiendo conscientemente a la profundidad acuática y desconocida donde mora el peligro, es una de tantas manifestaciones de un mismo *resto* cultural que lleva a emular el sacrificio del héroe o del elegido «como la primera vez, pero no demasiado»[52].

El descenso del muchacho aventurero que imita al primero de todos los héroes inmolados del santoral laico del fascismo traspasa además, en esta ilustración, el linde cultural articulado de nuevo en clave arriba/abajo, oscuro/iluminado, seco/húmedo para encontrarse nuevamente frente a un contrario que viene de lejos: Bourdieu identifica estos ejes diferenciadores (seco y húmedo) como el centro indiscutible de su esquema sinóptico de las oposiciones pertinentes, absolutamente relacionado con la visión androcéntrica del mundo. El resto de palabras clave que lo acompañan, estrictos opuestos —arriba/abajo, dentro/fuera, cerrado/abierto—, se convierten casi en compañeros subsidiarios de la división primaria entre lo seco y lo húmedo[53]. En una dirección parecida, Cassirer identifica toda la

---

[51] Creado por el historietista José Alcaide inicialmente para la revista *Pelayos* en 1937.

[52] Alejandro Llano, *Deseo, violencia, sacrificio..., op. cit.,* pág. 83.

[53] Pierre Bourdieu, *La dominación masculina,* Barcelona, Anagrama, 2000, págs. 22-23.

ordenación espacial mitológica en clave de luz y oscuridad —categorías quizás más evidentes, más conscientes; más claramente consolidadas de forma asumida dentro de la cultura popular, si se quiere—, siendo esta en último término la oposición que articula integralmente el universo simbólico de las religiones —y las culturas— más desarrolladas[54].

La historieta de Polito se revela ante el espectador desprevenido como un auténtico ejercicio de *patchwork mítico-cultural* cargado de restos sobrevivientes que debemos tomarnos, pese a su contexto casi lúdico y a lo desenfadado de su trazo, enormemente en serio: el lector reconocerá quizás sin dificultad en el rival resbaladizo de *Pelayos* el remanente inequívoco del monstruo marino de las cartas navales y mapas medievales y renacentistas, los muy conocidos *Hortus Sanitatis* de Johannes de Cuba y la *Carta Marina* de Olaus Magnus, que representaban, junto a otros catálogos ilustrados, a criaturas híbridas que acechaban desde los márgenes acuosos del mundo conocido. La propia bidimensionalidad arcaica del pez de las profundidades que recibe a Polito en sus dominios recoge la estética plana de las ediciones de los siglos XV y XVI de la *Geografía* de Ptolomeo, plagada de criaturas fantasiosas.

La distancia, en términos de lógicas rituales, entre el mal condensado en el «maestrillo de escuela» y «hecho de bestia y de Freud» —contemporáneo, real; tangible— y el pez rescatado del libro ilustrado y del mapa renacentista de nuestro ejemplo de *Pelayos* es menor de lo que podría parecer. Calasso lo expresó en *Las bodas de Cadmo y Harmonía* en una hermosa reflexión que suena en verdad a supervivencia warburgiana, a la que ya hacíamos referencia en las primeras páginas:

> Las figuras del mito —nos recuerda el italiano— viven muchas vidas y muchas muertes, a diferencia de los personajes de la novela, vinculados en cada ocasión a un único gesto. Pero en cada una de estas vidas y de estas muertes están presentes todas las demás, y *resuenan* [maravilloso resumen, el de Calasso]. Podemos decir que hemos cruzado el umbral del mito solo cuando advertimos una repentina coherencia entre incompatibles...[55].

En cierto modo, en el cómic infantil hay una suerte de resonancia cartográfica, por cuanto hay efectivamente un hábitat inferior ocupado por criaturas que se antojan antiquísimas y un descenso que puede ser también «linde traspasado» que lleva al héroe propio —constructor activo de cartografías, de mapas por los que orientarse, de taxonomías políticas— simbólicamente al espacio de los otros

---

[54] Ernst Cassirer, *Filosofía de las formas simbólicas II. El pensamiento mítico,* México D. F., Fondo de Cultura Económica, 1972, pág. 131.

[55] Roberto Calasso, *Las bodas de Cadmo y Harmonía,* Barcelona, Anagrama, 1990, pág. 28; la cursiva es mía.

donde se producen el descubrimiento y la confrontación mortífera. La cultura franquista, como las que produjeron las cartas de aquella «revolución cartográfica» del siglo XVII, también generaba mapas con sus propios lindes en los que monstruos y valientes quedaban distribuidos con una lógica que apenas reluce majestuosamente con la presencia nada casual de este resbaladizo enemigo de llanura abisal al que se enfrenta nuestro Polito[56].

El retornado, el fantasma monstruoso que había matado a José Antonio, o que había venido a reemplazarlo peligrosamente, como apunta Jorge Luis Marzo en relación con la función del *phántasma* platónico —fantasma que aquí sí interpretamos como anverso puramente malvado, según la óptica falangista—, *sustituía,* sin pretender en este ejercicio de reemplazo violento realizar mímesis ninguna[57]. Este mal absoluto, condensado en el texto con el que abrimos este apartado en el espacio contenedor de la casa de huéspedes —antítesis imaginada de los «muros de yeso y cipreses» a los que haré alusión más adelante— y en la figura especular del maestrillo casposo, por seguir con el lenguaje particular desplegado por Miquelarena, vendría en efecto —y aquí reside el quid del terror reaccionario que articuló la revolución conservadora que desembocó en el golpe de Estado— a *ponerse en el lugar* de los hombres válidos, cristalizados en este caso en la figura de José Antonio. Su muerte constituía por lo tanto algo mucho más dramático y aterrador que el fusilamiento martirial, pues suponía en sí misma el *Mahnung*[58], la advertencia horripilante que «muestra» y transforma la muerte del joven aristócrata, convertido así en víctima de una *mediocritas* en armas que acechaba, por extensión, a todos los buenos españoles.

Paco y las perras troyanas: cazadores, carnívoros, antropofagia

El terror a la sustitución, a la hegemonía del segundón que ocupa y fagocita, que devora, en último término, el espacio y la de los que son *mejores* traslada definitivamente el terror primitivo a ser devorado a la primera línea política; invierte el «acto transgresor» de convertirse en depredador —en este caso, depredador de clase— y posibilita el retorno a la categoría de presa, reaviva la época del «hombre cazado»[59]. Barbara Ehrenreich nos recuerda, elocuentemente, que muchos de

---

[56] David Turnbull, *Masons, Tricksters..., op. cit.*, págs. 91 y ss.

[57] Jorge Luis Marzo, *La competencia de lo falso. Una historia del fake,* Madrid, Cátedra, 2018, págs. 38 y ss.

[58] Empleo aquí la formulación alemana *Mahnung* por su relación etimológica con las voces *monstrum, moneo* y *monere,* relacionadas entre sí en la lengua latina, que derivan en las alemanas actuales *mahnen* y *monieren,* «advertir», «recordar», «reclamar».

[59] Pienso, en este caso, en el interesante diálogo que se establece entre «el estómago de la bestia», que puede encontrarse en *Ser o no ser (un cuerpo),* de Santiago Alba Rico (Barcelona, Seix

20. Anónimo, «La caza del fascista volátil», en Tomás Borrás, *Madrid, teñido de rojo,* Madrid, Artes Gráficas Municipales, 1962, pág. 128.

los mitos culturales que celebraban la victoria del hombre —en masculino, por supuesto— sobre las bestias, y que recogían simbólica y festivamente la transición de presa a depredador, recurrían a menudo a una escenificación que enfrentaba a un héroe masculino con una criatura dotada de características femeninas. Tomás Borrás llegó a llamarlas «cazadoras de fascistas volátiles», por cierto en una fecha tan tardía como 1962 —momento en que se publicó su *Madrid, teñido de rojo,* donde se recoge esta imagen [**20**] y el mencionado calificativo—, haciendo evidente que para algunos sectores reaccionarios el discurso que ya desarrollase en novelas de inmediata posguerra, como *Checas de Madrid,* estaba lejos de diluirse en las aguas tranquilas del olvido y seguía caracterizando una narrativa todavía muy viva en los años sesenta.

No es casual, en este sentido, que gran parte del terror a la inversión de valores, roles y fuerzas del discurso del fascismo español —junto a otros precedentes y contemporáneos, naturalmente— imaginase también con pavor, siguiendo esta lógica de la inversión y del retorno primitivo a la categoría de cazados, a bestias que tenían, independientemente de su condición de mujeres u hombres, características femeninas, «rostro de mujer», en palabras de la norteamericana.

Barral, 2017), y *Ritos de sangre..., op. cit.,* particularmente «rebelión contra la bestia», de Barbara Ehrenreich.

Siguiendo a la propia Ehrenreich, en un discurso al que aquí no deseamos en todo caso dar excesivo protagonismo —con el fin de no desviarnos de nuestro material de análisis en este momento, los dispositivos artísticos y literarios—, no es casual que la imagen de la mujer en fase ofensiva —armada, empoderada, poderosa, independiente—, unida al acontecimiento de los saqueos a iglesias, que culminaban de hecho en muchos casos con la exposición de los cadáveres en sus entradas, pudiera despertar un terror primitivo —el terror atávico a ser cazado como lo emplea la investigadora— de enorme potencia movilizadora en una guerra moderna.

Monstruos femeninos o feminizados y cadáveres al descubierto guardan escasa relación, pero comparten, en una clave que ya pareció intuir para una reflexión mucho más general y sin foco ibérico la propia investigadora, un denominador común: el del retorno a un terror primitivo, previo al dominio del hombre sobre la naturaleza y elemento constituyente, como recuerda Ehrenreich, de las pasiones de la guerra antiguas y contemporáneas. El origen mismo del enterramiento no es otro que el de privar a las bestias del alimento que proveen nuestros cuerpos: «Los héroes de la *Ilíada* no solo temen la muerte porque esta reduzca al hombre a la condición de objeto, como afirma Simone Weil; también la temen porque puede reducirles a la condición de alimento». Los héroes griegos de la *Ilíada* son amenazados por los troyanos, de hecho y particularmente, con una muerte sin sepultura y pasto de sus «perras», como si la condición de hembra del depredador cánido, rival superado, supusiera en sí misma un agravio mayor.

Si la criatura carnívora que se alimenta de carne humana, que nos supera y nos devora, en el sentido cultural y estricto, supone una imagen de potencia insustituible que parecemos haber heredado, presente aún en la psique contemporánea, mayor es el pánico que genera su versión femenina, a medio camino en el caso guerracivilista entre el ladrón de tumbas y el depredador monstruoso. La imagen de las milicianas y las revolucionarias, acusadas de antropofagia y saqueo *post mortem,* supone, de esta manera, el gran mito trucado tanto de la literatura como de las artes plásticas del franquismo de guerra y posguerra.

La lectura de algunos textos de Tomás Borrás, de nuevo uno de los principales exponentes literarios de la estética de la crueldad en la literatura fascista que perfectamente puede relacionarse con la ilustración que aquí reproducimos, vaticinaba la llegada de unos adversarios de hambre carnívora incontenible en *La pared de tela de araña* (1924), ambientada en Marruecos. Novela de discurso ambivalente como el propio *kern* ideológico del fascismo —al que espanta el barbarismo violento de los otros pero que sublima el propio—, el texto de Borrás se adelanta al mito trucado de los comerciantes de carne de cura y otros traficantes de plasma y carne humana, puesto que los ubica prematuramente en el norte de África, con un lenguaje que se desarrollará definitivamente en la guerra y la posguerra pero que aparece ya en su novela, de mediados de los años veinte. En este caso, los depredadores lejanos son los rifeños, de los que escribe: «Le devoraron la carne, la lana, los huesos, los intestinos, sin dejar de bailar [...] sangre, en los belfos, en la mirada, en el rostro, en las manos, en las camisas, sangre... [...] otros comían con delectación paja. Otros hacían bolas de lodo e inmundicia, deglutiéndolas. Otros escupían baba espumosa. Otros buscaban algo tan monstruoso que no existía»[60].

La escritura elíptica, la narración acelerada del escritor que estaba aún por convertirse en uno de los falangistas más fervorosos de la corte literaria que tendería puentes entre vanguardia y fascismo encuentra ya en estos otros de hambre insaciable un germen para sus milicianos devoradores de cadáveres, demostrando que la versión literaria y artística, política también, del enemigo equivocado estaba de hecho cuajándose en la pluma de algunos autores de primera línea ya una década antes de la guerra. El horror a las masas que devoran nacía, por supuesto, de un terror de clase, pero también de unos remanentes discursivos que asomaban, reverberando y resonando *alla* Calasso en la prosa de Borrás mucho antes de que existieran los «pacos», los «dinamiteros chatos» y el resto de criaturas. Creemos que a Lotman, acumulador de fragmentos literarios transformados por él en testimonios culturales de primer orden —o reconocidos como tales, más bien—, no le habría resultado difícil ver la cercanía evidente que conecta lo lejano.

Los precedentes a los que inevitablemente retornaba la prosa de Borrás y la de otros relatos de la Guerra Civil en torno a lo otro y lo carnívoro son abundantes. Marco Polo contaba entre sus relatos de viajes con historias de devoradores de hombres, que parecían en realidad situarse todas en cualquier latitud al oriente de Catay[61]; el explorador italiano Antonio de Pigafetta hace referencia a otros que en este contexto nos resultan mucho más atractivos y que merecen en sí mismos un análisis algo más profundo. El aristócrata aventurero reflejaría en sus escritos encuentros con hombres velludos de las Molucas, habitantes de los lindes de los ríos —maravilloso matiz el de la cercanía entre la bestia predadora y el linde acuático, de nuevo—, «excelentes arqueros», que cuando «cogen al enemigo se lo comen el corazón crudo, con zumo de naranja o de limón»[62]. Lo que podría parecer a primera vista inventiva curiosa del geógrafo italiano podría no ser tal —pienso en el detalle pintoresco que resalta la presencia del cítrico, por supuesto—, dado el carácter polífago de algunos tábanos con particular predilección por los frutos ácidos. El detalle frutal vistoso, susceptible como digo de ser tomado en serio

---

60 Tomás Borrás, *La pared de tela de araña,* Madrid, Marineda, 1924, págs. 11-12.

61 A esta inclinación del viajero por categorizar como caníbales a tantos pueblos, sin distinción alguna, se refiere Alberto Cardín en *Dialéctica y canibalismo,* Barcelona, Anagrama, 1994, pág. 80; véase, en el caso de los relatos de Marco Polo, *El libro de Marco Polo anotado por Cristóbal Colón,* Madrid, Alianza Editorial, 1987, págs. 135, 140-141.

62 Antonio de Pigafetta, citado en Claude Kappler, *Monstruos, demonios y maravillas a fines de la Edad Media, op. cit.*, pág. 180.

como auténtico indicador insectil en sí mismo, no hace sino añadir valor a la presencia de importancia indiscutible de los repositorios *resonantes* y, de nuevo, operativamente subterráneos —como diría Gruzinski— de lo húmedo y lo antropófago. Elementos inevitablemente vinculados además a la imagen de la saeta y del proyectil de zumbido reconocible en general que Urbeltz ya había relacionado elocuentemente con nuestros vampiros y devoradores neolíticos —los mosquitos y demás plagas ávidas de plasma— que reaparecen aquí de nuevo escondidos tras otros chupasangres de forma humana[63]. Bartolomé de las Casas había visto en los hechiceros y curanderos del Brasil a rivales transformistas «chupadores», como eran denominados los chamanes de los pueblos originarios que los jesuitas consideraban, probablemente con tino, sus «mayores contrarios»[64]. La capacidad que poseían estos, según el propio relato de los misioneros, de transformarse en tigres y de sustituir *de facto* a la criatura patógena —al mosquito y a la criatura portadora de enfermedad— convertía a estos otros en sujetos chupasangre y en permanentes cambiantes en continua metamorfosis amenazante como los transformados de Gecé.

Los norteafricanos de la novela temprana de Borrás tienen, en cualquier caso, en verdad mucho de drevlianos y sajones, de helusios y oxiones[65], de andrófagos de los relatos de Herodoto[66]; de isleños de Java y Molucas, de «indios sométicos», que habría dicho en sus crónicas Díaz del Castillo; de Canib o Cariba, monstruos «arriscados» como los aparecidos en los testimonios de Colón[67]. De maldad hú-

[63] Sin detenerme demasiado en este aspecto, el discurso tejido por Urbeltz en torno a la cercanía evidente entre proyectiles e insectos puede consultarse en su elocuente capítulo «Insectos, armas y augurios»: «Este valor de intercambio que se da entre flecha de ballesta y mosquito puede aplicarse al conocimiento simbólico de un santo militar como San Sebastián, abogado contra pestes y epidemias y apolo de dudosa masculinidad. Asaetado por orden de Diocleciano, su cuerpo recibió tal cantidad de flechazos [...] la agresión no acabó con su vida. El daño causado por las flechas es una metáfora del ataque de miles de mosquitos [...] tras el hecho extraordinario de la curación se oculta un simbolismo antiguo y popular heredado de la paganía y que la iglesia, posiblemente sin otra opción, se vio obligada a mantener»; en Juan Antonio Urbeltz, *Los bailes de espadas..., op. cit.*, pág. 226.

[64] Carmen Bernard y Serge Gruzinski, *De la idolatría..., op. cit.*, pág. 199.

[65] Me refiero a la descripción de helusios y oxiones que hace Tácito, que considera a los habitantes de las estepas escitas como los más bárbaros, cercanos en su aspecto a los animales, dotados de extremidades propias de bestias, y no de cuerpos enteramente humanos; en Tácito, *Germania,* Madrid, Editorial Hernando, 1950, pág. 142.

[66] En este último caso, el propio nombre concedido a este pueblo no es sino consecuencia de sus supuestas prácticas carnívoras, por encima de todo. Herodoto, *Histoires,* París, Le Découverte, 1985, pág. 195.

[67] Los apuntes del almirante sobre los Caribes son paradigmáticos. En su primer viaje, relatará a Santángel el encuentro con aquellos llamados Canib o Caribes, «no más disformes que los monstruos, salvo que tienen la costumbre de traer los cabellos largos como mugeres *[sic]*». Interesante apunte, por cierto, el del navegante italiano, que ve en esta práctica *poco masculina* una manifesta-

meda, también, susceptible de escurrirse, de avanzar como una plaga. La mezcla entre sangre, antropofagia —feminizada o no; otros casos que veremos más adelante en su *Madrid, teñido de rojo,* con la imagen llamativa de la vendedora de plasma— y humedal reverbera en la novela temprana de Borrás. Los rifeños del escritor son glotones y tragones natos como los sarracenos de la *Chanson de Roland,* a los que los soldados francos insultaban llamándoles precisamente eso, *glutun,* tragones y devoradores agrupados en el popular cantar también en masas como lo hicieran los insectos[68]. El historiador y teólogo toledano Juan de Mariana empleaba en el siglo XVII tópicos equivalentes al referirse a los enemigos de fe islámica que participaron en los enfrentamientos de Poitiers y hasta de las Navas de Tolosa[69], invadiendo con tópicos insectiles las crónicas bélicas que pueblan el imaginario ibérico, sus *Feinbilder* en general y aquellos asociados al *moro* en particular. Casos como el de Pedro Mártir y sus crónicas indianas o los aquí citados de Mariana ejemplifican hasta qué punto la historiografía ibérica —junto a tantas otras, puesto que estos repositorios son en gran medida deudores de unos terrores primarios que trascienden el escenario peninsular— y la cronística se han visto invadidas y articuladas por lógicas rituales y terrores cavernarios que comparten lugares comunes con tantos otros relatos en los que el canibalismo no es «antropofagia de penuria»[70], sino maldad pura[71], generando auténticas «trampas de imágenes» que desembocan casi naturalmente, casi inevitablemente, en el discurso de nuestro Borrás.

La escena caníbal que describíamos no transcurre en la novela de preguerra que aquí nos ocupa en un escenario acuático; la presencia, sin embargo, de toda una serie de alusiones al «lago hirviente», al «desbordamiento», a los «arroyuelos» y al «escurrir» del enemigo apelotonado sitúa inevitablemente la acción en un locus pantanoso que activa eficazmente toda una serie de significados subterráneos y enlaza con una genealogía literaria y mítica en la que lascivia, monstruosi-

---

ción evidente de que estos devoradores de hombres son, a partir de este detalle contra natura, *más* que monstruos; véase, en este sentido, las reflexiones que le dedica Alberto Cardín en *Dialéctica y canibalismo..., op. cit.,* págs. 89 y ss.

68 De nuevo, Urbeltz se revela como la gran autoridad en supervivencia insectil; véase, en este caso, el apartado que dedica a la imagen del moro como peste superviviente en «el moro en las etimologías de san Isidoro», que el lector encontrará en Juan Antonio Urbeltz y Mikel Urbeltz Arregi, *Crónlech vasco y zorro japonés. De Jorge Oteiza a Akira Kurosawa,* Alzuza, Fundación Jorge Oteiza, 2012, pág. 48.

69 Juan de Mariana, citado *ibíd.,* págs. 49-50.

70 Alberto Cardín, *Dialéctica y canibalismo..., op. cit.,* pág. 57.

71 La costumbre de comer carne humana podía venir, como recordaba Bartolomé de las Casas, bien por efecto de una conducta perversa y degenerada existente desde el nacimiento, bien por la exposición a una «depravada costumbre, comenzada desde la niñez, al criarse con personas malas»; en Bartolomé de las Casas, *Apologética de la historia,* Madrid, BAE, 1909, pág. 539.

dad antropófaga y humedal están permanentemente vinculados. Los enemigos de Borrás se revelan tan insectiles como tantos otros que los precedieron, ya sean sarracenos de cantar de gesta o criatura maravillosa: la descripción de las sirenas ofrecida por Brunetto Latini en el siglo XIII constataba una vez más la relación entre procreación, maldad femenina y linde acuático[72], y conservaba alusiones al carácter volante de estos monstruos, imaginándolos todavía como criaturas aladas: «Dice la historia que tienen alas y uñas como representación del amor, que vuela y hiere; y que habitan en el agua porque la lujuria nace de la humedad»[73]. El folclore griego llama *árabes* a las criaturas que habitan en pozos y humedales, tientan a los hombres con su canto —resto que los acerca a las sirenas, como es bien sabido, y a otros geniecillos acuáticos— para luego alimentarse de ellos[74]. La escena caníbal de Borrás no surge, en este sentido, de la simple imaginación del escritor, sino que se encuentra poblada de elementos sobrevivientes. Volvamos, en todo caso, con nuestro Borrás:

> Bailaron, se refregaron los unos con otros, lascivamente. Se burlaron de todo lo que no era suyo: ceremonias, tipos, indumentaria, lenguaje. Maldijeron. La plaza era como un gran lago hirviente, y las calles sus arroyuelos. Un reguero de máscaras desbordó la plaza y, canalizándose por la calle, fue escurriéndose hasta el barrio del zoco. Las gargantas, roncas, proferían gritos ultrahumanos; los hombres se acariciaban; los disfraces parecían cosas muertas. Tenían su tristeza, pegadas, amargadas a los locos que se mofaban de ellas[75].

En este sentido, episodios como aquel que recoge el mismo autor ya en su novela de 1940 —en el que un miliciano se disputa la carne de un cadáver con un perro— o las formulaciones «venden carne de sacerdote»[76], tal y como se afirmaba en la revista carlista *Pelayos,* no hacen sino incidir en el carácter inequívocamente

---

[72] Urbeltz apunta, en este sentido, la cercanía entre criaturas que habitan los lindes acuáticos y las fuentes, de aspecto femenino, *lamiñas, maris* y *mairuturris* —en este último caso, la cercanía a la voz *mairu* o «moro» es evidente. Barandiarán ya había llamado la atención sobre el topónimo Maimur'en-zubi, vocablo tras el que vibra simbólicamente la imagen del genio Mari, el insecto en su genérico en euskera *maimur* y la imagen del moro en *muru;* véanse, en este sentido, Juan Antonio Urbeltz, *Crónlech vasco..., op. cit.,* pág. 178, y José Miguel de Barandiarán, *Diccionario ilustrado de mitología vasca,* en *Obras Completas,* tomo I, Bilbao, La Gran Enciclopedia Vasca, 1972, pág. 168.

[73] Brunetto Latini, *Jeux et sapience du Moyen Âge,* París, Gallimard, Bibliothèque de la Pléiade, 1978, pág. 780.

[74] John Cuthbert Lawson, *Modern Greek Folklore and Ancient Greek Religion: A Study in Survivals,* LaVergne (TN), Kessinger Reprints, 2009, pág. 83.

[75] Tomás Borrás, *La pared de tela de araña..., op. cit.,* pág. 15.

[76] Revista *Pelayos,* 17 de enero de 1937. En este caso, y como refleja el título, corresponde a la revista requeté previa al decreto de unificación de abril de 1937. *Flechas y Pelayos,* ya como publicación infantil dirigida a jóvenes falangistas y requetés, comenzaría a publicarse en 1938.

Venden carne de sacerdote.—Entre las muchísimas fechorías que entonces cometieron los mineros, sobresalió la de asesinar a un sacerdote y exponer su carne en la tienda, como para venderla.

21. Aróztegui, «Venden carne de sacerdote», *Pelayos,* núm. 4, 17 de enero de 1937.

antropófago, depredador del enemigo, ubicando la ficción del discurso propagandístico del franquismo dentro de una tradición de maldad carnívora en la que adquiere definitivamente sentido.

El minero armado que reproduce la revista [**21**] —no caníbal, quizás, pero si descuartizador despiadado— se parece además por su perfil reconocible al dinamitero de boina calada y perfil chato al que nos referiremos más adelante. Al fin y al cabo, los rojos —y sus milicianas— asesinan «sin enterrar», como auténticos predadores atávicos, que decía Caballero, «caen los míos ante los faros de los coches requisados para el crimen y la orgía [...] ya no sabría encontrar la memoria de mi padre entre cascotes y fango...».

El discurso del escritor, que el lector encontrará tanto en sus *Exaltaciones sobre Madrid* como posteriormente recogido en su *Madrid nuestro,* convierte a la capital en auténtico cuerpo ritual; en espacio de martirio —del de la propia ciudad, también, para la que Caballero recomienda penitencia física— y, por encima de todo, en espacio de caza. El mito de la transformación carnívora aflora con claridad en el relato del madrileño, en este caso a partir de la pregunta retórica «¿Ya son otros?» que, efectivamente, evidencia la transición del portero de fincas al pistolero; del lechero alegre al lechero armado. Del sumiso al rival cazador, en definitiva.

Esta metamorfosis no deja de ser, en todo caso, remanente literario —mito desactivado que sigue teniendo sin embargo función subterránea— que afecta al individuo y que encuentra su repetición en el viaje *infra terram* de Gecé, tan en consonancia con relatos como aquel de Mandeville que decía de los habitantes de la isla de Tecorde: «Comen carne de culebras y sierpes, y por cuanto ellos comen tales viandas, e no fablan nada, mas silban unos en pos de otros, como sierpes»[77]. Esta percepción de la avidez devoradora del «otro», que en ocasiones es exclusivamente metafórica —puesto que no se basa siquiera en un consumo literal de carne humana, sino en una especie de parasitismo, casi, que busca extraer «fuerza vital»[78]—, es perfectamente compatible con una reformulación tardía como la que aquí nos encontramos, que transforma a los enemigos exclusivamente en *Kulturfresser* simbólicos, en devoradores de cultura *ávidos de* potencia vital, convirtiendo la amenaza antropófaga que generan en clave de clase: de esta manera, los proletarios y demás clases populares que salpican las descripciones tremendistas de Caballero no tendrían que leerse literalmente como devoradores —a veces sí, específicamente— sino como *contenders* ávidos de un *Lebensraum* que es espacio vital cultural arrebatado.

Mujeres y hombres armados, los de las ilustraciones de Tejada, que tampoco entierran [22], reproduciendo en su comportamiento el proceder troyano de profanación y escarnio. El mono azul «ya ensangrentado», si seguimos el discurso de Giménez Caballero que abajo recogemos, protagoniza con absoluta equivalencia ideológica la escena dibujada por Tejada en la que el terror de la depredación de los de abajo adquiere múltiples lecturas, pues el suyo es, en el acto de destrucción patrimonial y física, un ejercicio depredador que alcanza carne y cultura. A la iglesia que arde se une así, en absoluta lógica propagandística, el cuerpo del mártir vilmente arrojado a las llamas que no encuentra sepultura.

> *¿Dónde fue mi paisaje* de llanura isidreña y cuaternaria, con los pitos de trenes y tíos vivos? Y la estación echando humo, con obreros que, al pasar, me saludaban por creerme simplemente su paisano. ¡Pitillos y palabras y estrechones

---

[77] Jean de Mandeville, *Mandeville's Travels*, vol. II, Londres, Hakluyt Society, 1953, pág. 126.

[78] I. M. Lewis, *Religion in Context, Cults & Charisma*, Londres, Cambridge University Press, 1986, pág. 71.

22. Carlos Sáenz de Tejada, «Muerte de un cura», *Historia de la Cruzada Española,* tomo XXI, 1941.

de manos con chóferes, porteros, maquinistas! Y gente en mono azul —aún sin sangre, con manchas lubrificadas del trabajo—, ¿ya no están? ¿Ya son otros? *¿Quién puso cartuchera sobre el vientre del lechero, alegre, de mi desayuno?*[79].

El propio mito del «Paco» y del «paqueo», a decir verdad, no es otra cosa que una reactivación —veraz, por supuesto; el pistolerismo no es una ensoñación de las derechas, ni un patrimonio exclusivo de las izquierdas— del miedo horripilante a ser cazado, a la inversión de categorías que convierten al cazador en presa. Es esto, de hecho, lo que se desprende del relato tardío de Borrás al que ya hicimos alusión, *Madrid, teñido de rojo*. Enormemente consecuente en su representación sistemática del miliciano y del pueblo en general como devorador de hombres, recupera el terror descrito por Ehrenreich y el propio relato presente en la también novela de Borrás *Checas de Madrid,* en el que el denominador común es la fantasía terrorífica del *totum revolutum,* de la inversión de categorías. Tiene algo de crónica negra, de *canard,* en realidad, reproduciendo las lógicas y los restos arquetípicos, representaciones seriadas de villanos, maleantes y asesinos de aquellas historietas «inverosímiles y probablemente falsas» que circulaban en folletines en el siglo XVIII francés[80]. El protagonista de estas historietas, como el de los materiales que aquí manejamos, no es otro que el habitante de los bajos fondos, criminal o no, que aquí se transforma en «apache», en maleante de rasgos recuperados[81]. Domina, por encima de todo, el pánico al corbatero, a la mujer «otra», que por exceso o por defecto —demasiado maquillada; demasiado descuidada— articula un discurso de galería de los horrores que alcanza su cénit con la descripción muy a lo Tomás Borrás, por cierto, de la «tiorra» que vende sangre al peso. Auténtico vampiro contemporáneo en clave proletaria, la vendedora de plasma ambulante se mezcla así en el relato del escritor con el orientalismo excesivo, ridículo —de príncipe Danilo, regente laico; depredador sexual confirmado, hibridado aquí burlonamente con el mozo de guardarropía[82]—, de la oficialidad republicana:

---

[79] Ernesto Giménez Caballero, «Campamento. Exaltaciones sobre Madrid», *Jerarqvía. La revista negra de la Falange,* 2, 1937.

[80] Italo Calvino hace referencia a estas historietas en «Las maravillas de la crónica negra», donde explica el origen del término *canard:* los mozos que vendían estas historietas en folletines solían anunciar su presencia mediante una corneta o trompetilla que recordaba inevitablemente el sonido de un pato. En Italo Calvino, *Colección de arena,* Madrid, Alianza Editorial, 1987, pág. 53.

[81] Este tipo de sujetos criminales y bandoleros de periferia, apodados a veces «apaches», habían poblado ya las portadas de los semanarios ilustrados españoles, con ejemplo evidente en *Las Ocurrencias.* El lector encontrará algunas de sus paradigmáticas portadas reproducidas en VV.AA., *España salvaje. Los otros episodios nacionales,* Madrid, La Felguera, 2019.

[82] Con Danilo I, Montenegro se convirtió en un Estado seglar, cercano a un mismo tiempo a Rusia —al menos inicialmente— y a Francia. El príncipe fue asesinado, al parecer, como represalia a una violación que este habría cometido. La imagen autoritaria, laica y aparentemente de criminal

> Las aceras estaban atestadas de gente, los corbateros ambulantes seguían voceando su mercancía... No sé para qué, porque habíamos suprimido la corbata. Un tipo repugnante, con un pellejo de vino y un vaso grasiento, ofrecía un trago por quince céntimos; el pellejo se desinflaba a ojos vistos. Una mujer de pelo en pecho, con un cubo lleno de sangre, al parecer, y un cazo vendía a peseta el cazo. En las aceras, grupos de obreros militarizados, «tiorras» asquerosas, muchachas con el cabello revuelto, descuidadas, sucias. Otras, excesivamente maquilladas; un abigarramiento de uniformes, cada cual se vestía como le daba la gana; había oficiales que parecían príncipes Danilo de guardarropía; y estrellas, muchas estrellas. Todo el mundo estaba estrellado[83].

Infantiles, lejanos: republicanos chatos y drevlianos

A los bebedores de sangre y a los príncipes Danilos se unían, en un ejercicio de peregrinación silenciosa, otras criaturas. Las descripciones de Borrás ofrecieron, así, figuraciones que imaginaban, en ejercicio especular, a los baserritarras milenarios que abordamos en capítulos que a este suceden[84], hombres y mujeres de atavismo equivalente que parecían ser, de hecho, auténticos repositorios de lo antiguo. Su caracterización del dinamitero asturiano se distancia de otros relatos más torpes —no por menos radicales, sino por más atolondrados, por más desafortunados o por literariamente deficitarios— y genera una acumulación de términos evocadores que convierten al zapador en auténtica criatura de fantasía.

Parecería, como nos recordaba Paul Gilroy para un contexto bien diferente, aquel del colonialismo en el continente africano y el de la actitud del colono blanco con los habitantes del Sur global[85], que el dinamitero, y por extensión el republicano, se encontrase en una fase de madurez otra. Lejos de haber exclusivamente un juicio de valor en términos de superioridad cultural —o de clase, de presencia incuestionable—, la criatura especular es, también, representada en una clave infantil como la que percibiera Gilroy en el discurso occidental contemporáneo. Incapaces de alcanzar una plenitud que les resulta inaccesible, nuestros «otros» siempre son niños:

---

sexual encaja perfectamente en los clichés que escritores como Borrás deseaban adjudicar a la España republicana. Si bien es cierto que la asociación no resultaría obvia a muchos lectores, aquellos más ilustrados descodificarían sin dificultad la ingeniosa construcción del escritor, condensada en la figura imaginativa del «Danilo de guardarropía».

[83] Tomás Borrás, *Madrid, teñido de rojo,* Madrid, Artes Gráficas Municipales, 1962, pág. 46.

[84] Me refiero al que dedico al síntoma Starcatherus en este mismo volumen.

[85] Hago alusión, en este caso, a Paul Gilroy, *Después del imperio. Emigración, xenofobia y diversidad cultural,* Barcelona, Tusquets, 2000.

> El puño; gesto rechoncho de rapaz ancho, achatado. La boina sucia y la chaqueta de pana, y atándole el torso, en diagonal, la larga mecha negra; en la faja, dinamita, paquetes como tubos. Le obligaba a guiño asimétrico el pitillo, en el rincón del labio, ahumándose el ojo de párpado echado. Era melosidad, sencillez; se acercaba con afecto; le hacía infantil el bable; los diminutivos abrían su intimidad; trascendía a prados jugosos, neblinas, bucólicas de vaca ordeñada y hoguera con castañas en el llar...[86].

La insistencia en lo ancho, en lo vasto, en lo chato. La imagen evocadora de la larga mecha negra que parece rodear y acotar —suponemos, según el relato de Borrás— la extensa planicie torácica del dinamitero. La persistente evocación, como digo, de la comunicación otra del enemigo, acentuada y hecha efectiva en este caso a partir del recurso del bable que se adjudica al especialista en demoliciones. Las alusiones, malintencionadas en este caso —no así cuando se emplearon para describir a los héroes requetés del franquismo, vascos y navarros, procedentes de páramos arbóreos y lejanos de equivalentes características, claro—, a paisajes de neblina y hoguera remota convierten la descripción del voluntario asturiano en auténtica *Gestalt* maravillosa: la distancia entre este relato y las descripciones en clave *Moby Dick* de tantas criaturas que en su alteridad inmensa e inabarcable nos aterran y nos advierten es menor de lo que podría parecer. Como en la ficción de Melville, que nos habla de una ballena que se desplaza como una isla, que las supera a todas, que provocaba terror y arrancaba aplausos hasta de las propias olas, rendidas como los hombres ante la inmensidad abrumadora del cetáceo, el pesado soldado, mitad rapaz, achatado e inmenso, adquiere en la descripción de Borrás —hábil propagandista y en ocasiones mejor escritor— la potencia sublime del monstruo marino.

De esta manera, la literatura política y la ciencia orgánica —pseudociencia politizada, en realidad— se pusieron de acuerdo en la construcción de un discurso y de un diagnóstico tan trucado como los propios mitos literarios. El infantilismo meloso del soldado achatado de Borrás encuentra equivalencia coherente en dictámenes literariamente menos afortunados de Vallejo-Nájera: «Dadas sus características biológicas, el comunismo únicamente puede difundirse entre las razas degenerativas e incultas, que carecen de confianza en su destino, desposeídas de valores propios [...] considerando el comunismo en su aspecto étnico-cultural, es la vuelta a las civilizaciones primitivas y simplistas: al hombre salvaje»[87].

Los experimentos del médico, su voluntad de encontrar el «gen rojo», deben entenderse, en este sentido, no como obsesión particular del que fue definido como el Mengele español, sino como producto de una percepción generalizada

---

[86] Tomás Borrás, *Checas de Madrid, op. cit.*, pág. 129.

[87] Citado en Julio Rodríguez Puértolas, *Literatura fascista española,* vol. 1: *Historia,* Madrid, Akal, 1986, pág. 846.

del enemigo de clase y del enemigo político como verdadera némesis cultural y genética, elemento que lo legitima definitivamente como monstruo en el sentido de las acepciones que aquí nos interesan. La ideología del otro, en palabras de Vallejo-Nájera, requería la existencia biológica de hombres y mujeres *otros* —rapaces chatos de valle lejano, como aquel descrito por Borrás; criaturas ululantes, como las de Giménez Caballero; cuadrúpedos maravillosos, como los de As— más cercanos a las bestias salvajes y no al simple *contender* ideológico, concebidos como depredadores culturales de materia otra. Como dijera Girard en el caso de otras narraciones mitológicas[88], todo en el enemigo político del franquismo presente en sus dispositivos literarios y artísticos «reclama persecución»: la acumulación de «signos victimarios», en el relato del médico y en el resto de los que aquí lo acompañan, hace hincapié en el carácter degenerado del individuo receptor de ideologías revolucionarias comunistas, del carácter «étnico-cultural» otro de aquel que pueda ser víctima y recipiente de estas; en último término, la ideología contraria es concebida como retorno a formas salvajes superadas y encuentra fácil compatibilidad con tantos relatos de horror primitivo y formas de actuación caníbal presentes en la literatura tremendista de posguerra.

La insistencia en el carácter físico, étnico y genético «otro» del enemigo político encontraba, como no resulta sorprendente —particularmente en el caso del médico franquista—, enorme equivalencia en las crónicas de *Signal,* la revista ilustrada alemana de mayor difusión internacional en los años cuarenta. Síntomas que se repiten en los textos de Ximénez de Sandoval y ofrecen un relato enormemente coherente del enemigo. «Ojos pequeños», «ojos oscuros», «ojos fanáticos» y «rostros amarillentos» confirman la esencia lejana y monstruosa de los comunistas, transformados ya en supervillanos étnicos:

> Rostros pálidos y amarillentos, circundados por barbas negras e incultas, ojos oscuros, brillantes y fanáticos. Así estaban en la estrecha celda carcelaria [...] tres chequistas de la cárcel central de Riga, olvidados y abandonados cuando comenzó la desordenada fuga de los soviets en autos, carretas sobrecargadas y toda clase de vehículos[89].

> Es un individuo grande y pesado [...] sus ojos, pequeños y rasgados, florecen, muy hundidos, en una topografía fisionómica montañosa. Grandes pómulos salientes. La nariz grande y aplastada. El pelo, cayendo sobre la frente, abultado. Parece un eslavo. Mejor aún, un campesino medio oriental, de esos que en las fotografías de la propaganda soviética nos ofrecen en cada momento[90].

---

[88] René Girard, *El chivo expiatorio, op. cit.,* pág. 68.
[89] *Signal,* 1941.
[90] Federico Ximénez de Sandoval, *La piel de toro..., op. cit.,* pág. 261.

La distancia entre el objetivo político de los diagnósticos paracientíficos de Vallejo-Nájera, los juicios emitidos desde *Signal* sobre los pueblos eslavos y aquellos que hicieron los cronistas rusos sobre los drevlianos vistos anteriormente, y considerados por Lotman paradigmáticos de la construcción de la noción de frontera que analiza en su texto, es menor de lo que podría parecer. Los drevlianos, que habitaron entre Ucrania y Polonia durante los siglos VI-X, se opusieron, tanto mediante el uso de las armas como resistiéndose al pago de tributos, al dominio del Rus de Kiev. Eran percibidos como enemigos políticos y culturales; su resistencia al orden y al comportamiento que se esperaba de los «pueblos sometidos», independientemente de su carácter pagano, los convertía ya en susceptibles de ser reconstruidos retóricamente como monstruos. Fueron descritos en las crónicas como hombres salvajes y como moradores de los bosques, espacios de escasa habitabilidad destinados habitualmente —la cultura popular se encuentra bien nutrida de historias e historietas al respecto, también en el ámbito ibérico— a los expelidos de la sociedad, ladrones, malhechores, contrabandistas y a la «otredad» en general.

Así, parecían reunir, como puede verse en el fragmento que citábamos en las primeras páginas de este texto, muchas características que los convertían en imagen especular de lo normal. Literalmente, el nombre que se había dado a estos pueblos eslavos —no empleado por los drevlianos mismos— derivaba de la palabra «madera» o «árbol» (del ruso древо), y eran comúnmente calificados como habitantes de la foresta. Estos «hombres-árbol», «hombres del bosque», «hombres de madera» eran moradores, por tanto, o al menos según la denominación común que se les asignaba en la producción literaria y en las crónicas no sin voluntad política, de espacios no reservados a los «hombres», sino a los animales y a las bestias salvajes. Lo cierto es que los llamados «drevlianos» habitaban también núcleos urbanos y distaban mucho, en términos de comportamiento social, de habitabilidad y de composición matérica —si volvemos sobre la palabra «madera» que articula su nombre—, de aquello que relataban los cronistas de Rus. Más allá de su carácter estrictamente «otro», el hecho que explicaba su categorización como animales por los cronistas era, por una parte, su carácter pagano —la alteridad cultural, que los convierte en *difference made flesh*— y, por otra, y como anunciábamos ya, su actitud insumisa. La oposición bélica y la reticencia a pagar impuestos de los drevlianos, junto con los ejercicios de violencia retórica que suelen preceder, como recuerda Todorov, a otras formas de represión[91], desencadenarían posteriormente la masacre de su pueblo y la destrucción de sus ciudades y, con ello, el final de la oposición de los drevlianos.

---

[91] Tzvetan Todorov, *Memoria del mal, tentación del bien: indagación sobre el siglo* XX, Barcelona, Península, 2002, pág. 24.

23. Anónimo, *Wohnhole neben der Oper in Minsk,* fotografía reproducida en Reichspropagandaleitung der NSDAP (dir.), *Das Sowjetparadies. Ein Bericht in Wort und Bild, Berlin, Zentralverlag der NSDAP, 1942,* pág. 47.

De alguna manera, y como pretendiera construir en ejercicio equivalente el discurso nazi, culminando en la exposición itinerante *Das Sowjetparadies* de 1942 [**23**], la condición de «plaga», de habitante de los bosques y de espacios de lo terroso —más claramente enunciada en el proyecto expositivo alemán y en el relato literario del fascista valón Léon Degrelle también en relación con los soviéticos— parecía justificar en sí misma el trato bestial que se daría al enemigo. El proyecto expositivo e itinerante alemán, así como los dispositivos visuales que este produjo —toda la documentación visual, postales, pósteres, que permitirían *de facto* una reconstrucción del *homo sovieticus* como hombre de barro surgido y *hecho* de barro—, imaginaban en clave equivalente una alteridad natural (por inevitable y genéticamente ineludible) a la habitación y ocupación de los espacios otra. Los soviéticos eran, como los sarracenos y los turcos imaginados por el misionero y viajero Riccoldo da Monte Croce, que «habitan generalmente debajo de tierra, como topos. Salen de sus cuevas subterráneas como ratas...»[92], y la humanidad chabolesca de la literatura aristocrática del franquismo —pienso de nuevo en Foxá y sus masas grises, ascendentes, gesticulantes—, seres subterráneos que tan solo abandonaban la profundidad limosa para asaltarnos.

---

[92] «Homines quasi bestiales qui sunt Sarraceni, et habitant communiter sub terra ad modum talparum. Isti egrediuntur de cauernis terre quasi mures [...]. Isti sunt homines feroces et fortes et maxime mulieres eorum...», Riccoldo da Monte di Croce, citado en Marco Robecchi, «Entre humanité et bestialité: Riccold de Montecroix face à l'autre dans son voyage», *Questes: revue pluridisciplinaire d'études médiévales,* 35, 2017, págs. 65-80; aquí, pág. 70.

24. «La huida», *Vértice,* núm. XIX, febrero de 1939.

El proyecto expositivo alemán se constituía, como decimos, como diorama monumental, dispuesto a sanar al hombre occidental ario de carácter seco mediante su exposición mágica a la re-presentación congelada y artificiosa de lo terroso[93]. Fotografías como la anteriormente reproducida [23] recogían, en este sentido, algunos de los montajes realizados para esta exposición itinerante, generando así una documentación que se constituía en último término como libro —como informe, según su propio título original alemán, *Das Sowjetparadies. Ein Bericht in Wort und Bild*— que atestiguaba y *mostraba*, efectivamente, el carácter subterráneo, limoso, del nuevo habitante de la Unión Soviética. No mediante maniquíes ni cartón piedra, pero sí mediante fotografías escrupulosamente seleccionadas, revistas como *Vértice,* por su parte, pretendían demostrar pocos años antes el carácter nómada, por voluble, y primitivo, por improvisado y chabolístico, de un ejército ya casi derrotado: «caravana de gitanería, campamentos de Argelès y Bolou, donde se hacinan las huestes destrozadas del marxismo, entre alambres espinosos con guardia de senegaleses. Los soldados franceses vigilan la entrada de estos rebaños de hombres y bestias... esto era el ejército de la república»[94] [24]. Como lo hiciese el discurso contra los gitanos que sin duda supera en antigüedad a las palabras de *Vér-*

[93] Vuelvo aquí de nuevo a la brillante interpretación de Haraway sobre el Salón Africano del Museo de Historia Natural de Nueva York; véase, en este sentido, Donna Haraway, *El patriarcado del osito..., op. cit.,* págs. 44-45.

[94] Anónimo, «La huida», *Vértice,* San Sebastián, Jefatura Nacional de Prensa y Propaganda, febrero de 1939, pág. 18.

tice, los soldados republicanos parecían no tener alternativa natural al chabolismo, como los propios romanís, según las narraciones xenófobas que asocian determinadas lógicas habitacionales a un condicionamiento «natural» de los sinti y Roma.

La oposición entre materias diferentes dentro del discurso alemán —como digo, elemento que puede extenderse al fascismo en general— imaginaba, así, hombres de barro, «hombres de asfalto» y «humanidades de asfalto»: el *asphaltmensch* y la *asphaltmenschtum* se convertirían, en absoluta coherencia con la propia metáfora voluble del barro viscoso, en los enemigos imaginados del fascismo y en la antítesis lógica del hombre racialmente apto unido a la tierra, representante del discurso de *Blut und Boden.* La imaginación paranoica del totalitarismo alemán y la propia capacidad combinativa de la lengua germánica darían lugar, a partir del neologismo del «hombre de asfalto» —continuación curiosa de los drevlianos de madera, por cierto—, a otras creaciones fantasiosas: la «prensa de asfalto», la «democracia de asfalto», los «escritores de asfalto», la «cultura de asfalto»[95], disfemismos dirigidos a la presentación sistemática de una alteridad que resultaba producto coherente de una monstruosidad al mismo tiempo artificial, blanda, voluble y postindustrial, opuesta a la propia lógica de arcadia rural precapitalista que idealizaron los fascismos.

Elemento, aquel de lo barroso, como hemos visto, que confirmaba el supuesto retorno a formas primitivas que ya había reflejado la literatura franquista a través de ejemplos como los citados anteriormente, de Ximénez de Sandoval y compañía, fundamentando a partir de la leyenda negra y el cartón piedra la supuesta involución del adversario. El ficcionado futuro de la España marxista que reproduce Torrente Ballester en su *Javier Mariño. Historia de una conversión* es, efectivamente, no el programa político de un partido o un movimiento, sino en verdad una versión contemporánea, convertida aquí en especie de alegato de intención política, que se limita a explotar los terrores patriarcales de patrimonialización del cuerpo de las mujeres.

La mayor amenaza, elevada a programa, que se cierne sobre España no es ya la muerte de los burgueses, sino el uso que se da a hermanas e hijas; el rapto de muchachas en las riberas de las crónicas de Kiev se transforma aquí en simple saqueo y castigo de clase. El mito del secuestrador de mujeres —que articula de hecho gran parte del discurso de nuestras derechas *Alt-Right* actuales en clave

---

[95] *Asphaltpresse, Asphaltdemokratie, Asphaltliteraten* y *Asphaltkultur.* Cito en este caso solo algunos de los neologismos derivados de la voz alemana *Asphalt* surgidos durante los años 1933-1945. Independientemente del carácter antiurbanita que puede desprenderse a primera vista del uso negativo de la palabra «asfalto», su empleo, y en particular teniendo en cuenta el significado o rasgo semántico que se le otorgaba, habla de algo más que de una simple oposición entre el campo (racial, tradicional, precapitalista) y la urbe moderna. Refleja, como digo, una materialidad otra que es quizás más clara teniendo en cuenta su asociación habitual a hombres considerados como alteridad genética a lo ario, en particular a los judíos.

de mito trucado equivalente; pero no nos desviemos de nuestros años treinta— permite además la recuperación de una narración que entremezcla hegemonía política, cultural y derecho patrimonial patriarcal que nos lleva, como mínimo, hasta el Rapto de las Sabinas, mito fundacional de sobra conocido y cien veces repetido que relacionaba, como es sabido, las aspiraciones de expansión romanas con el acceso a las mujeres de los otros. «Degollaremos a los burgueses y nos acostaremos con sus hermosas hijas [...] se acabaron los trajes bien cortados, el orgullo y la comodidad [...] vuestras hermanas virtuosas darán sus cuerpos a los trabajadores, y una hermosa libertad sexual sustituirá a la hipocresía [...] acabaremos con la moral y con la buena educación»[96].

La descripción de Olanda Spencer de las mujeres republicanas en su novela de guerra *Prisionera del Soviet,* de 1938, se compone de elementos que la convierten en arquetipo digno de ser aquí reproducido por su cercanía a las pervivencias o «síntomas» de lo monstruoso que nos ocupan. El relato de la escritora, producto de su convivencia con mujeres milicianas presas en una cárcel de Madrid durante la Guerra Civil, se articula como discurso que, a partir del odio de clase, dibuja una narración monstruosa del enemigo político como antropófago, dotado también de otras normas como los propios drevlianos presentes en la reconstrucción literaria del cronista ruso. Asesinato, crimen familiar, crimen pasional y antropofagia se mezclan en una ficción de *totum revolutum* en la que comportamiento social, formas de expresión, uso de lenguaje, criminalidad y hábito alimenticio degenerado construyen una imagen precisa del enemigo político que bien podría haber figurado entre los ejemplos de Lotman, muy inclinado a emplear como hacemos aquí nosotros dispositivos textuales para abordar el estudio de contextos políticos y culturales que trascienden el ámbito puramente literario:

> Una era una miliciana y había matado a su coronel; otra, a su marido...; ¡hasta había quien era reo de canibalismo! Desveladas por nuestra llegada, y encontrándose con amigas y conocidas, empezaron a contarse su vida y milagros, todo a voces, con grandes risotadas, infinitas palabrotas y no pocas blasfemias, realzado por chistes dignos de quienes eran. Inmediatamente me tapé los oídos, y cuando, vencida por el sueño, aflojaba las manos, me despertaban los gritos y carcajadas de aquella chusma soez[97].

La insistencia en un uso diferente del lenguaje —característica presente en el alegato político-literario de García Serrano con el que abríamos este texto—, conce-

---

[96] Gonzalo Torrente Ballester, *Javier Mariño. Historia de una conversión,* Madrid, Editora Nacional, 1943, págs. 86-87.

[97] Margarita Olanda Spencer, *Prisionera del Soviet,* San Sebastián, Editorial Española, 1938, pág. 33.

bido como elemento definidor suficiente de una humanidad otra, se repite en otros ejemplos que, como el de Olanda Spencer, recalcan la calidad del enemigo político casi como habitante fantástico de *marginalia* mediante su uso incorrecto, soez o invertido de la lengua. Los ejemplos que aquí citamos de Ximénez de Sandoval y Barberán Castillo inciden en la presencia sistemática de la comunicación «tabernaria» y «soez». Torrente Ballester, mediante su personaje de ficción Javier Mariño, se refiere a los americanos a través de la voz de su protagonista, joven falangista, como «nación de salvajes que aprendieron a conducir el automóvil»[98] y como pueblo dotado de un lenguaje «entre brutal y nasal»[99], completando con ello el relato habitual que mezcla barbarismo, desprecio a la tecnología y comunicación «otra».

Este *Sprachverwendung* particular, este uso de la lengua esencialmente otro, estaba intrínsecamente relacionado con las supuestas desviaciones generales de sus hablantes. «Soez» y «estéril» (por vacío e inoperante) venían así a formar parte de unos arsenales léxicos destinados a construir también la imagen especular de un uso de la lengua, el de los *nacionales,* que como veremos más adelante «levantaba pueblos» y se consideraba tan germinal como el resto de elementos que componían la España insurrecta: «A la oquedad de la fraseología castelarina sustituiría el lenguaje tabernario, prostibulario y carcelario de los capitostes marxistas y a la esterilidad de los debates de un congreso de los diputados krausistas, el fuego y la pólvora de los sicarios de Lenin, beligerantes contra el alma española»[100]. O en el citado texto de Castillo: «Arrastraban por el cabello a cuatro mujeres: dos religiosas y dos señoritas. Procaces mozalbetes y mujeres impúdicas, rugiendo como las fieras, lanzando agudos gritos y soeces palabrotas»[101].

El trabajo de ilustradoras como Rosario de Velasco, quizá algo menos conocida que autores de primera línea como Tejada o Valverde, reproducía con trazo distinto una diferencia matérica y comunicativa a partir de la representación dispar de mujeres *azules* y rojas: las que realizó la autora para la conocida novela de Concha Espina *Princesas del martirio* representan como pocas, a partir de un estilo redondeado y quizá más naíf que el de los Valverde y Tejada, la diferencia geométrica entre heroínas y *equivocadas*. Así, las princesas martiriales que imagina Velasco y describe Concha Espina tienden a una esbeltez que sin ser rectilínea —hablaremos de la diferencia retórica entre recta y curva en las próximas páginas— insinúa efectivamente una rectitud manierista que las aleja de las morfologías chatas y pesadas de sus *monstra:* a los perfiles tersos de las tres religiosas que dibuja Velasco [25] se anteponen aquellos más escorzados, incompletos y pesados de las mujeres y hombres republicanos

---

98 Gonzalo Torrente Ballester, *Javier Mariño..., op. cit.*, pág. 153.

99 *Ibíd.*, págs. 339-340.

100 Felipe Ximénez de Sandoval, *La piel de toro..., op. cit.*, pág. 262.

101 Manuel Barberán Castillo, *Un héroe de diez años o ¡Arriba España!,* Vitoria, Obispado de Vitoria, 1938, pág. XXVI.

25. Rosario de Velasco, en Concha Espina, *Princesas del martirio,* Barcelona, Armiño, 1940.

que las rodean. Como en el trabajo de Tejada, más cercano formalmente a sus expresivos referentes —que nosotros intuimos pintores flamencos, por encima de todo—, el trazo fino de Rosario de Velasco coincide en lo compositivo, insinúa una humanidad lunática, febril y equivocada que se representa a medias, a veces como fragmentos de pequeñas cabezas pesadas y puños en alto —me refiero aquí a las figuras del fondo, que cierran la composición de tendencia ascendente— que enfatizan el carácter de turba desordenada, de márgenes indefinidos, que rodea siempre a unas figuras completas, carentes de ausencias como el propio Jesús, protagonista de los vía crucis convencionales a los que ya nos hemos referido anteriormente. Eugenio D'Ors veía en Velasco una suerte de confirmación de que la historia del arte podía tener por fin —en esto no le faltaba razón al intelectual catalán; fallaba, eso sí, en el diagnóstico, en el «porqué»— un nombre de mujer: «A este día nos pareció, de pronto, llegar cuando, con entrada de caballo siciliano, que no de cebra circense, se presentó Rosario de Velasco en los oficiales certámenes; y allí fue cosa no ya de coser y cantar, sino de llegar, ver y vencer, lo de ganarse todos los triunfos y arramblar con los mejores lauros»[102].

En este sentido, la presencia superviviente del «fragmento del otro» caracteriza por igual el trabajo de Tejada y Velasco, cercanos ambos a la tradición pictórica de las representaciones de Cristo camino al martirio, en la que el enemigo se antoja elemento fraccionado —a veces mano que accede violentamente a la composición, agarrando el cabello de Cristo, como en el vía crucis de Da Vinci; otras, cabeza desbocada y gesticulante, como en el Jan Sanders Van Hemessen, o bien sombra incomprensible, como en el que pintase Sebastiano del Piombo. Las turbas de estos pintores, como las de sus continuadores ibéricos, respiran el mismo odio irracional contra el «virtuoso» que se desprende del Libro de Job, el llamado «perfecto y recto» en el Antiguo Testamento. Girard le dedicó, no en vano, atención particular en su ensayo *La ruta antigua de los hombres perversos.* Job atraía, como nuestras más contemporáneas princesas del martirio, la mirada fragmentada y enloquecida del «otro», envidioso y múltiple:

> Mi enemigo ha clavado en mí sus ojos.
> Todos abren su boca contra mí,
> me afrentan y golpean las mejillas,
> juntos forman un bloque...[103].

Madrid de corte a checa, del aristócrata madrileño Agustín de Foxá, reproducía, en 1939, un relato del otro que incidía, a su vez, más en la diferencia de clase que en la alteridad genética, haciendo evidente que el *monstrum* que articuló la contrarreacción conservadora que culminó en la Guerra Civil era un monstruo que había traspasado de manera imperdonable el linde que se le tenía asignado más allá —de nuevo haciendo referencia a Lotman— del «espacio de lo seguro». Foxá, en términos equivalentes a Torrente Ballester —que hablaba de una «humanidad horteril y proletaria que lo *invadía* todo»[104]—, incide precisamente en una noción de linde y una noción de multitud y muchedumbre que permiten activar relatos de terror de significancias infinitamente más complejas que aquellas que otorga, de por sí, el clasismo aristocrático de ambos intelectuales.

Las categorías de arriba y abajo de las que habla el semiotista de la cultura, nuestro ya compañero habitual en este texto Yurij Lotman, jerarquías universales de bueno y malo, caracterizan un relato en el que el mal y la bestialidad abando-

---

[102] Eugenio D'Ors, «Presentación de Rosario de Velasco, Segundo Salón de los Once, Madrid, 1944», en Manuel Sánchez Camargo, *Historia de la Academia Breve de Crítica de Arte. Homenaje a Eugenio D'Ors,* Madrid, Langa, 1963, págs. 33-35.

[103] Job 16, 7-10, citado en Alejandro Llano, *Deseo, violencia, sacrificio..., op. cit.,* pág. 145.

[104] Gonzalo Torrente Ballester, *Javier Mariño..., op. cit.,* pág. 119.

nan el espacio inferior, el estrato al que pertenecen por naturaleza, e invaden, con su materia otra, el espacio de los que *son mejores*. No se encuentran, en todo caso, muy lejos de otros textos de Barberán Castillo (1938) en los que los «lobos de los arrabales» de Gómez de la Serna son, en su caso, «manadas de jabalíes»:

> La multitud invadía Madrid. Era una masa gris, sucia, gesticulante. Rostros y manos desconocidas, que subían como lobos de los arrabales, de las casuchas de hojalata ya en los muros de yeso y cipreses [...] mujerzuelas de Lavapiés y de Vallecas[105].

> No se veía otra cosa que pillaje, robo, embriaguez y grosería. Daba la impresión de que una manada de jabalíes andaba suelta por el pueblo [...] no pensaban más que en vivir como bestias. Los hombres y las mujeres estaban siempre borrachos y cometían toda clase de excesos que los niños imitaban[106].

Vistos en perspectiva, ambos ejemplos se ubican sin dificultad en la misma categoría de mitos trucados y de maldad casi «banal» a la que hiciera alusión Girard en su análisis de la mitología del homicidio colectivo[107]. Dialogan, en su carácter de mito repetido, de paradigma recurrente, como habría apuntado Warburg, con relatos como el del cronista Franco del siglo VIII, del que hace también mención el investigador ruso, en el que se describe a los sajones en unos términos que podrían aplicarse igual a los eslavos que a cualquier habitante y morador de los márgenes, sean estos los límites geográficos o imaginarios de la semiosfera. Su construcción como otredad totalizadora tiene casi carácter de *marginalia,* espacio correspondiente en los imaginativos códices medievales ya mencionados a la representación de los límites de lo permitido, lo grotesco, lo inaceptable, lo invertido. Veamos, en todo caso, el fragmento que recoge Lotman: «Fieros por naturaleza, adoradores del demonio, enemigos de nuestra fe, no respetan las leyes divinas ni humanas, y se permiten hacer aquello que resulta inaceptable»[108].

Aquel «fieros por naturaleza» vendría a confirmar, en clave equivalente a la de Vallejo-Nájera o a la de escritores cercanos al Movimiento pero sin necesidad de desplegar los argumentos paracientíficos de Nájera, el carácter diametral y naturalmente «otro» de los sajones, que no tenían, al menos según el discurso del cronista, alternativa natural a la bestialidad. Como sería habitual en otros relatos de lo monstruoso, al enemigo que «se permitía aquello que no estaba

---

[105] Agustín de Foxá, *Madrid de corte a checa,* Madrid, Planeta, 1993 [1939], pág. 39.

[106] Manuel Barberán Castillo, *Un héroe de diez años...,* pág. XXXIII.

[107] René Girard, *El chivo expiatorio, op. cit.,* pág. 91.

[108] Yurij Lotman, *Universe of the Mind, op. cit.,* pág. 132.

permitido»[109] se le trataría mediante procedimientos reservados a los monstruos, siendo la fuerza del ejercicio de su destrucción tan anómala y excesiva como la propia excepcionalidad de sus receptores.

«Maldita tú porque eres recta»: lo curvo, lo maligno

La elaboración retórica de una oposición entre lo firme —lo *zackig* y afilado, como veremos más adelante— de las espuelas y lo blando que supone el paradigma de lo viscoso y monstruoso que caracteriza al enemigo encuentra continuidad en el relato del fascismo e imagina humanidades de caracteres físicos opuestos. «Espuelas», «violentas torceduras», la oposición sistemática entre «rectitud y curva» construía en esencia una serie de arsenales léxicos de poderosa carga dramática en los que textos como los que aquí citaremos, de José María Pemán y Vicente Puente, entre otros, pueden ser tomados como paradigmáticos. La oposición evidente entre el arquetipo de lo recto y lo curvo como representantes antagónicos de virtud —masculina, viril— y decadencia —considerada afeminada, femenina, volátil, sinuosa— es clara y absolutamente coherente dentro de un movimiento político que reclamaba, como lo había hecho ya Joaquín Costa, el retorno necesario de «cirujanos de hierro» hipermasculinos que hicieran frente, con su potencia viril, a una supuesta decadencia nacional que era interpretada estrictamente como desviación hacia lo femenino o como evaporación paulatina del impulso *zackig* y afilado de los «hombres que no han pasado».

Curiosamente, la maldad peligrosa y ondulante que emanaba desde el interior de uno de los espacios del horror predilectos de la propaganda franquista —no sin motivos, seguramente—, las *chekas*, era esencialmente una maldad vanguardista en sus formas y, por encima de todo, una maldad curvilínea. Edgar Neville y Giorgio Ferroni, director italiano presente en la península, les dedicaron sendas películas que se podrían ver en la Barcelona «liberada». En la de este último, titulada *¡España, una grande, libre! Dalla barbaria rossa al trionfo della civiltà fascista* (1939), es precisamente la exposición del «buen hombre» —o de la víctima anónima del llamado «terror chekista»— a la maldad sinuosa de la curva y de la forma inhumana, deshumanizada, de la plástica vanguardista la que lleva a la perdición y locura del reo [**26**]. La coherencia discursiva que se advierte, en este sentido, entre el alegato literario de apoteosis bíblica de Pemán y el retrato claroscurista del director italiano ejemplifica como ninguna la existencia evidente entre vasos comunicantes en términos ideológicos que trascendían las fronteras reales e imaginadas de los países y de los soportes. Al hombre «apto» lo acechaba en verdad un peligro ondulante que tenía mucho de atávico —por primigenio, por bíblico, de

[109] *Ibíd.*

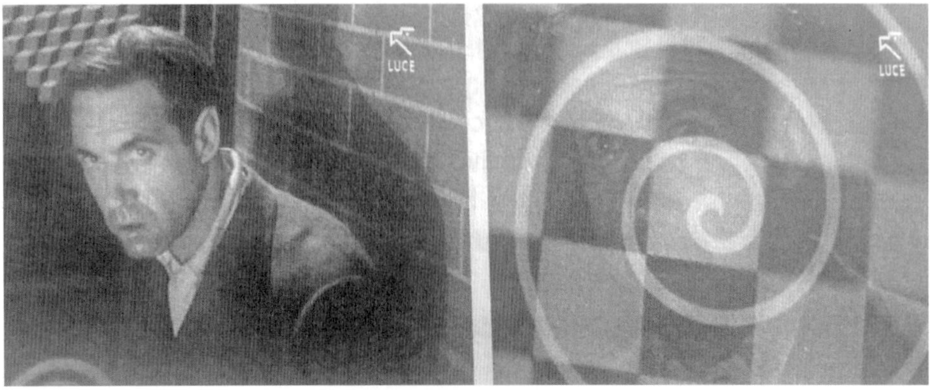

26. Giorgio Ferroni, *¡España, una grande, libre! Dalla barbaria rossa al trionfo della civiltà fascista* (1939), fotograma.

pecado original rememorado— y de contemporáneo, a través de la propia pulsión peligrosa de las odiadas vanguardias artísticas.

En este sentido, el diálogo entre la Bestia y el cordero que imagina Pemán y que reproducimos más adelante supone, quizás, la declaración más clara de esta asociación entre lo monstruoso, lo no afilado, lo curvo, lo antiespañol y lo femenino. Mediante un ejercicio combinativo nada casual, el gran poeta del franquismo entremezcla la curva de la mujer, la curvatura de la sirena —criatura contra natura, criatura híbrida, sinuosa y resbaladiza, por acuática—, las formas ondulantes (por tramposas) del mercader y la zalema del cisne.

La contextualización del enemigo actual como continuador, además, del mal que se remonta al relato bíblico lo convierte definitivamente en aparición fantasmal de la maldad del pecado original, del que por supuesto la última responsable era, como es bien sabido, la primera mujer:

> ¡Victoria! ¡Victoria! En la punta de la
> espada de los caballeros
> en las espuelas de oro [...]
> En la superación de todo lo viscoso[110].

> La serpiente que se enroscó en el árbol de la Vida
> tenía esa figura,
> contraria en su violenta torcedura
> a la exacta nobleza de la cruz[111].

[110] José Vicente Puente, «Oración imperial de la victoria», en *Viudas blancas*, Burgos, Editorial Española, 1937, pág. 233.

[111] José María Pemán, *Poema de la Bestia y el Ángel*, Zaragoza, Jerarqvía, 1938, pág. 40.

Maldita tú la cruz porque tú tienes
la esbeltez de los álamos junto a la paz del río
[...]
maldita tú porque eres
recta y sin curvas como la Verdad[112].

Las alusiones a «lo viscoso» que aparecen en la poesía de Vicente Puente enlazaban bien con las descripciones de carácter terroso que se hacían del enemigo en las publicaciones alemanas traducidas al castellano, que circulaban por España en los años cuarenta; resultaban coherentes, además, con el propio relato falangista y franquista, con la literatura tremendista de posguerra, con las narrativas que habían construido a conciencia y con clara voluntad ejecutiva un modelo de *Feindbildkonstruktivismus* que tenía como objetivo no la demonización estéril del otro, sino su construcción seriada como artefacto de desecho, susceptible de ser eliminado. En su caso, la poesía de Pemán, editada por la editorial falangista Jerarqvía en un estilo que recordaba a la también revista escuadrista del mismo nombre —la autodenominada *Jerarqvía. La revista negra de la Falange*[113]—, bebía de una estética casi de Libro de Horas medieval. El poema, impreso en plena guerra en el llamado en sus páginas «II año trivnfal de España y del nacional-sindicalismo», iba acompañado de una estética muy cuidada, que anclaba la Guerra Civil a otra época, a otros héroes y, por encima de todo, a otros villanos. Pemán, que en 1946 publicaría *Las flores del bien* —no cuesta imaginar que casi como respuesta tardía al mucho más celebre *Les Fleurs du mal* de Baudelaire—, recogía antes en su *Poema de la Bestia y el Ángel* una serie de repositorios sobre lo subterráneo y lo húmedo, sobre lo viscoso y lo hostil muy *alla* Baudelaire, como podemos comprobar releyendo «Lo irremediable», del autor francés:

Una Idea, una Forma, un Ser
que de lo azul cae a una Estigia
plúmbea y fangosa, en que ningún
ojo del cielo ha penetrado;

un ángel, viajero imprudente
al que ha tentado lo deforme,
en una vasta pesadilla
bregando como un nadador,

---

[112] *Ibíd.*, pág. 51.

[113] Profundamente romana, fascista italiana en su sentido estético más clásico, medieval, también, como decíamos, *La revista negra de la Falange* mantiene un criterio estético muy cuidado que, como el propio poema, traslada a los lectores a la temporalidad propia, temporalidad atemporal, que pretende instaurar simbólicamente el fascismo. Esta idea del tiempo sui géneris acompañará algunas de las reflexiones que el lector encontrará en los siguientes capítulos.

y luchando, ¡oh angustias fúnebres!
contra el inmenso remolino
que cual los locos va cantando
y en las tinieblas piruetea;

[...]

un réprobo sin luz bajando,
hasta el abismo cuyo olor
la hondura húmeda traiciona
de eterna escala sin baranda,

donde viscosos monstruos velan
cuyos hondos ojos de fósforo
más negra aún hacen la noche
y a ellos tan solo dejan ver[114].

En verdad, los propios repositorios medievales, medievalizantes por fantasiosos, por apocalípticos, por preñados de monstruos, que Benjamin advirtiese acertadamente en Baudelaire se encuentran —salvándose las distancias entre ambos poetas, pese al talento innegable de Pemán— en la esencia de ambos poemas. La viscosidad de sima húmeda, de guarida monstruosa, que puede percibirse en la obra del francés *resuena* y reaparece dramáticamente en los versos del poeta español, que por supuesto, además de conocer la producción de Baudelaire, era heredero inevitable de los mismos repertorios, de las mismas imágenes, visuales y textuales, que consolidaban el carácter inequívoco de lo decadente, de lo malvado, de lo profundo, de lo periférico, de lo maldito.

La propia maquetación, la tipografía y el pigmento dorado empleado en algunos detalles de las páginas interiores de la edición de 1938 —los nombres de Franco, Calvo Sotelo, José Antonio, Sanjurjo y Mola—, así como el estilo de la propia portada del poema (elemento que comparte con la ya citada *Jerarqvía),* sugerían que aquello que ahí se contaba había quedado impreso en papel casi por necesidad inevitable, a falta de un soporte pétreo que se antoja más apropiado para aquellas soflamas políticas que se asemejan, en su composición rotunda y

---

[114] Charles Baudelaire, «Lo irremediable», en *Las flores del mal,* Madrid, Cátedra, 2023, páginas 319-321. Me interesan, en particular, los pasajes dedicados a la viscosidad y a la profundidad húmeda del locus monstruoso: «Un damné descendant sans lampe / Au bord d'un gouffre dont l'odeur / Trahit l'humide profondeur / D'éternels escaliers sans rampe, // Où veillent des monstres visqueux / Dont les larges yeux de phosphore / Font une nuit plus noire encore / Et ne rendent visibles qu'eux...»; véase Charles Baudelaire, *Les Fleurs du Mal,* París, Nathan, 1996.

rectilínea, a estelas áticas. El poema y sus ilustraciones, convertidas aquí en un dispositivo parlante único, *resonaban,* como habría dicho Calasso, a recuerdo y a advertencia de otros males impertérritos, auténticos monstruos del Antiguo Testamento. Las ilustraciones de Tejada reforzaban precisamente este sentido de un apocalipsis «hacia atrás», con una estética que un lector culto identificaría con facilidad con algunas de las más famosas representaciones de la Bestia que realizase Durero en sus grabados. Si bien es cierto que la técnica escogida por el autor navarro para estas obras condiciona inevitablemente la solución de algunos detalles mediante recursos distintos a los que vemos en sus ilustraciones de aguada, tinta, lápiz y carboncillo, creemos que la cercanía con la monstruosidad apocalíptica del alemán es deliberada. La extensa cultura de Tejada, su conocimiento y su ubicación absolutamente medida en diálogo con muchos maestros que lo preceden —pienso en Durero, pero también en los grabados de Piranesi, que analizaré más adelante al detenerme en el estudio de las ruinas y los *débris*—, así como la propia idoneidad de estas asociaciones con el discurso «de retorno» de la propia lógica franquista, hacen que estas coincidencias estén más que justificadas.

La «violenta torcedura» del demonio, de la serpiente en este caso, encuentra equivalencia en versos anteriores del poeta andaluz en los que se reitera no solo el carácter resbaladizo de la Bestia y sus adulaciones aceitosas, blandas —«el aceite blando de tus adulaciones / Me ciegas, me dominas: de malas intenciones», escribe el poeta—, sino también la perdición inherente que se consolida, en este caso, a través de la metáfora del abrazo femenino, del sendero tortuoso y sinuoso, por florido; de todo aquello, en fin, que aleja al descarriado, al débil de espíritu, al poco valeroso, de la rectitud de hora difícil y de la apología sacrificial que defendía e imaginaba la retórica martirial del falangismo:

> Hay que topar al mundo con cuernos retorcidos
> como el abrazo lento de nieve y de jazmín
> de la mujer amada: como los escondidos
> senderos que, entre flores, nos arrastran, perdidos,
> al centro, sin salida, del jardín[115].

Cobraban además sentido, mediante la repetición sistemática de síntomas de lo otro, con los mismos tópicos racistas en torno a los judíos que reaparecerían en la literatura falangista del ala más pronazi del Movimiento y que habían caracterizado el relato de la «suciedad porcina» del judío[116]. El ser humano de signo po-

---

115 José María Pemán, *Poema de la Bestia..., op. cit.,* pág. 41.

116 Joshua Trachtenberg, *The Devil and the Jews: The Medieval Conception of the Jew and its Relation to Modern Antisemitism,* New Haven (CT), Yale University Press, 1944, pág. 52; véase también, en este sentido, Martina Weisz y Raanan Rein, «Hero and Monster: The Place of Jews in

lítico contrario se convertía así a un mismo tiempo en excedente, en *Stück* (pieza), haciendo su destrucción efectiva inevitable. En otros casos, como el que a continuación recogemos de Jacinto Miquelarena, las voces «asco» y «miseria», la conversión del pabellón de la República en «chabola» y la narración en torno al «asesinato» y al «primitivismo» del espacio contenedor y de sus representantes dan lugar a una auténtica narración de lo espeluznante. La valoración que recibe el catálogo artístico del pabellón, calificado de «arte negro» y por lo tanto vinculado al mismo discurso de barbarismo «primitivo» que desprende todo el texto de Miquelarena, facilita el ensamblaje de un artículo de opinión que se encuentra más cerca de la descripción fantástica y literaria de la guarida del monstruo que de la crónica periodística. «El Pabellón es alarde de miseria espiritual, de chabacanería y de asco. Fuera de la *chabola,* hay una prueba magnífica del papanatismo de la Horda. Arte negro. Es curioso observar cómo se puede conciliar el gusto por el asesinato con la afición a un primitivismo en la manipulación de la materia»[117].

Lo inconfesable, lo metafórico: yugos, sótanos y alamedas

> A las masas, como a las mujeres, hay que ofrecerles fiestas, guerras, pasiones, botines, torbellinos, indecibles embriagueces...[118].

Giménez Caballero, en un texto que ya revelaba *de facto* en su título su contenido, desentrañaba el truco retórico falangista —el misterio codiciado; *los secretos de la Falange,* como titulaba el madrileño—, abriendo así al lector el sanctasanctórum de la estrategia política escuadrista: la pasión, la guerra, pero, sobre todo, el torbellino embriagante constituían la esencia irresistible del fascismo.

Lo aventurero, lo espectacular, lo ajetreado de la política que parece cantar de gesta, que asemeja aventura maravillosa, oculta la realidad macabra de la confrontación bélica. *Los secretos de la Falange* adquiere, observada con la perspectiva que otorgan el tiempo y la distancia, múltiples significados, diferentes lecturas: el secreto del fascismo consistía, en verdad, en la ocultación misma; el secreto era ocultar lo inconfesable; el secreto era la metáfora escogida, la rima tras la que se agazapaba, en realidad, la rotundidad del puño, la violencia irresoluble del disparo. De nuevo, García Serrano, como el propio Gecé, ejercía las

---

Spain's National Identity», en Sara Brenneis y Gina Herrmann (eds.), *Spain, the Second World War and the Holocaust,* Toronto, University of Toronto Press, 2020, págs. 49-64.

[117] Jacinto Miquelarena, «El frente de París. La basura de la Horda», *ABC de Sevilla,* 20 de octubre de 1937.

[118] Ernesto Giménez Caballero, *Los secretos de la Falange,* Barcelona, Yunque, 1939.

veces de profético. El llamado por el escritor «imperio del poema» se convertía en el antagonista necesario de la humeante fábrica, en una confrontación que imaginaba poetas contra obreros, rimas y ripios enfrentados al mundo moderno: «Queremos plantar en cada ventana y en cada estrella una rima. Necesitamos el imperio del poema en todos los faros de todos los autos [...] crearemos una nueva mitología»[119].

El discurso esencialmente basado en recursos literarios y eufemísticos, en «palabras gruñido», en el efecto hipnotizador del ripio tramposo, facilitaba la destrucción del diferente también a partir de una narración que, además de ser pretendidamente oscura, resultaba deliberadamente literaria. Al lenguaje frío y distanciado, de carácter «nihilista-burocrático» del fascismo[120] —como lo han llamado algunos especialistas en la materia—, que permitía la más fácil destrucción del otro también mediante la enunciación eufemística del crimen, se asociaría un relato embriagante del enemigo que, como constructo literario, enunciaba «imposiciones sobre lo viscoso» que ocultaban, a partir del hechizo mágico de la retórica[121], realidades más oscuras.

Así, la destrucción del otro perpetrada por el héroe requería un distanciamiento que se obtenía también a partir de la construcción de la realidad como relato de ficción o relato literario. Žižek, en sus reflexiones en torno a la recepción del texto fundacional del hinduismo *Bhagavad-Gītā* en el pensamiento fascista, destacaba la capacidad operativa de la elaboración de un discurso en el que héroes y enemigos políticos «no están realmente inmersos». El propio *Bhagavad-Gītā,* parte del más extenso *Mahabharata,* puede ser leído como una invitación a la ejecución ensimismada y distanciada del crimen: Arjuna, héroe protagonista del texto hinduista que recupera Žižek en su relectura del Holocausto —no de manera caprichosa, puesto que era el libro de cabecera de uno de sus artífices, Heinrich Himmler, y ya había despertado el interés de Nietzsche y de Hitler anteriormente—, frente a la duda que le generaba la destrucción de miles de vidas, es interpelado por el dios Krishna y animado a distanciarse de la acción cruel contra el enemigo.

En la ejecución de actos terribles, y con el objetivo de «no convertirse ellos mismos en bestias en el ejercicio de su deber como soldados»[122], la solución de

---

119 Rafael García Serrano, «Carta de las ansiedades», *Haz,* ¿1935?, citado en José-Carlos Mainer, *Falange y literatura,* Barcelona, RBA, 2013, pág. 87.

120 Me refiero, en este caso, al trabajo de Roger Griffin, más centrado en la lengua de las derechas extremas contemporáneas pero continuador, como indica el propio título, del trabajo fundacional de la llamada «lengua del tercer imperio» que escribiera Klemperer sobre el uso del lenguaje en el Tercer Reich.

121 Como hechizo lo definió, de hecho, el propio Klemperer en su trabajo sobre el uso de la lengua en la Alemania nacionalsocialista.

122 Parto de las reflexiones de Žižek en su conferencia en 2018; véase, en particular, su ponencia «Samuel Beckett as the Writer of Political Abstraction; or, What Can Beckett Tell Us about the Alt-Right and Political Correctness?».

aquellos lectores ávidos del texto hindú, responsables de la Shoah, fue algo parecida. Encontrándose en manos del destino, ejecutando su tarea con el mismo estoicismo que el héroe fantástico que se enfrenta y extermina a su némesis en tantas ficciones literarias y mitológicas —aquel monstruo como artefacto especular y contra natura—, el héroe del fascismo transnacional debía ejecutar la acción terrible del aniquilamiento del otro precisamente a partir del *distanciamiento* que genera la narración cuasiliteraria que compone los textos políticos de este movimiento. Semejante narrativa se configuraba como construcción retórica en la que el quintacolumnista, el legionario y el soldado rebelde se convierten no en perpetradores en el sentido estricto de la palabra, sino en opositores a lo viscoso, como narraba la «Oración imperial de la victoria» de José Vicente Puente, citada anteriormente. De manera en absoluto subsidiaria, el universo visual, el torbellino que supone el *imago* articulado por el franquismo generaba, mediante los dispositivos visuales, un espacio de distanciamiento que permitía la obtención de la misma lejanía tramposa que se obtenía a partir de las letras.

Un escenario distanciado, en definitiva, en el que las «espuelas de los caballeros» —pintadas o descritas literariamente— se oponen al barro, y en el que lo *real* queda completamente desdibujado y la misma distancia que exige Krishna al héroe fantástico Arjuna en el texto sagrado hindú se obtiene mediante una construcción ficticia en la que nadie parece estar allí. Ni los ejecutados y perseguidos ni sus verdugos. Los llamados nacionales habían dejado de ser hombres para convertirse a veces en «atlantes»; otras, en «engranajes»: dispositivos útiles, más que seres pensantes, ejecutores mecánicos a medio camino entre el mito y el mecanismo obediente.

Tampoco eran hombres los otros: la poesía de Federico de Urrutia describía en ejercicio equivalente «hoces y martillos»[123], enfrentados simplemente, como dijeran otros poetas del franquismo, a «yugos y flechas». La guerra de exterminio, que como habían declarado sin tapujos cargos autorizados del bando golpista debía resolverse asesinando a una tercera parte de la población del país, era así transformada a partir de la insustituible labor de la poesía y de los dispositivos visuales que la acompañaron en enfrentamiento caballeresco; en cantar de gesta, en aventura, más que en matanza. Neville se refirió a ella, seguro sin haberlo consultado con Himmler y sin tener presente el *Mahabharata,* como «prueba deportiva» y «excursión campestre»[124]. El horror de la guerra, la miseria moral y física, el dolor propio y el de los demás; el asesinato, el *paseo* y el ajuste de cuentas desaparecían de estas versiones literarias y artísticas, fantasiosas, pobladas de espuelas y de jinetes, de dragones contemporáneos como los de Pujol; de sirenas, en fin, y

---

[123] Federico de Urrutia, «Como un Amadís de Gaula», en *Poemario de la Falange eterna,* prólogo de Manuel Halcón, Santander, Aldus, 1938, pág. 12.

[124] Edgar Neville, *Frente de Madrid, op. cit.,* pág. 60.

27. As, sin título, *Pelayos*, núm. 40, 26 de septiembre de 1937, detalle de la portada.

de enemigos viscosos como los de Tello, Gecé o Degrelle, camuflando la penuria bélica detrás de la metáfora armada.

Desde la ilustración, el ya aquí mencionado As y otros tantos maestros del camuflaje de estilo naíf transformaban lo que parecían fusilamientos en toda regla en divertidos pasatiempos de feria: pienso en su viñeta de «tiro al rojo» [27], ubicada en el escenario inofensivo de la barraca infantil en el que figuraban otros pasatiempos lúdicos, como el del «tragabolas marxista» o la exposición de «jabalíes», que sustituyen, en verdad, a auténticos ejercicios de exhibición forzosa y escarnio público. Actos de ejecución y tortura que sí tuvieron lugar en realidad, pero que eran aquí simplemente insinuados a partir del recurso políticamente efectivo de la metáfora engañosa. Así, el sufrimiento ajeno y la muerte del contrario podían transformarse *de facto* en sucesos asimilables a partir de la exposición sutil de ejecutores infantiles —los chiquillos boinas rojas sonrientes de esta ilustración— y ajusticiados de cartón piedra y latón, los «rojos» que, más que presas del *paseo,* parecen aquí simples artefactos giratorios. Figuritas de nuevo recortadas tras las que se agazapa el crimen real convertido aquí en ritual sustitutivo imaginario. En el juego ritual de los niños, que viene en el fondo a esconder efectivamente el *affaire* real perpetrado por los hombres, el chivo expiatorio ejecutado ya no es criatura de carne y hueso. Esta reaparece, *ma non troppo,* insinuada a partir de la diana de feria que de nuevo viene a repetir el ejercicio original —el martirio genuino— «pero no demasiado»[125].

La eliminación sin contemplaciones se convertía, al mismo tiempo —Himmler, de nuevo, fue capaz de encontrar la aparente compatibilidad entre lo inconfesable y lo heroico—, en ejercicio imposible y necesario, en una página gloriosa, decía el alemán, que jamás podría llegar a escribirse[126]. De esta manera, la literatura, la viñeta y el ripio político permitían, siguiendo el razonamiento de Himmler, «escribir lo imposible», llenando el vacío del relato verdadero con el espectáculo portentoso de la épica metafórica. Leídas en esta clave, las apasionadas afirmaciones de Fermín Yzurdiaga —cura y falangista; volveremos sobre el intelectual navarro más adelante— bien pueden leerse en clave de invitación ensoñadora. Su *discurso al silencio y voz de la Falange*[127], pronunciado en Galicia ante autoridades españolas y portuguesas, comienza con un simbólico «fue así, lo recuerdo exactamente», que esconde sin hacerlo en absoluto la manifestación más evidente de una voluntad de reescritura. La explosividad retórica, delirante, acelerada, del llamado «cura azul» de la Falange dista con mucho de la solución simpática de As, pero coincide en sus capacidades de camuflaje, de ocultación, de *overlap:* detrás de la palabra, igual que tras los trazos de As, apenas puede ocultarse la sangre[128].

La promesa del *retorno* maravilloso y, por encima de todo, del retorno metafórico; del retorno de la fábula que esconde una realidad otra, es también —esta es, por encima de todo, la historia del Quijote al que hace referencia el propagandista; la historia de una metáfora perpetua, de enemigos que parecen una cosa y son otra; de rufianes que son odres y gigantes que son molinos— la historia, en último término, de un *Mahabharata* ibérico, el que proponía la Falange, en el que el *totum revolutum* de dragones, monstruos, fray Juanes de la Cruz y maestros de Vi-

---

[125] Hago aquí referencia a las reflexiones de Girard y de Alejandro Llano que hemos dedicado, en páginas anteriores, a la repetición del martirio y del mito y rito en relación con el caso de José Antonio y Polito.

[126] Citado en Slavoj Žižek, *Bienvenidos al desierto..., op. cit.,* pág. 28.

[127] Fermín Yzurdiaga Lorca, *Silencio y voz de la Falange,* Vigo, Jerarqvía, 1937.

[128] Recupero aquí, de hecho, la formulación de Miquelarena en torno a la capacidad ocultativa del arte de los otros, destinado, decía el escritor, a enmascarar el crimen, a «ocultar la sangre». Me refiero en este caso a aquella que los lectores encontrarán en las próximas páginas, dedicadas por el escritor al pabellón soviético de París del mismo año 37.

toria debía, en su evocación maravillosa, ocultar la realidad terrible de los puños y las pistolas. Veamos las palabras de Yzurdiaga:

> Volverá Fray Juan de la Cruz a cantar y el maestro de Vitoria a regir y se llenarán los claustros de estudiantes y las ventas de caballeros y los caminos de poetas [...] volverá Don Quijote a su locura de enhebrar estrellas, de estrellar rufianes con su lanza y de batir de monstruos, castillos y rebaños por el honor de una dama: ¡Nuestra Señora España![129].

La ficción con protagonistas pero sin víctimas se convertía por arte de magia en una lucha entre buenas y malas herramientas: las que servían a la patria, atlantes, yugos y flechas, y las que pretendían desmontarla. El ejemplo poéticamente más valioso —también más protagonista, y más celebrado desde las filas franquistas, con buen criterio— de este intento de sublimación bélica, aséptica y esencialmente distanciada lo constituye el poema de Pemán al que no podemos evitar volver continuamente. Su valor literario, su ajustado tono, entre triunfal y patético, su capacidad movilizadora —intacta hasta la fecha, a nuestro juicio— lo convirtieron en buque insignia de un programa político que necesitaba urgentemente este tipo de dispositivos literarios y visuales —pienso de nuevo en los juegos metafóricos de «tiro al rojo»—, a un mismo tiempo movilizadores, justificadores y «de camuflaje»:

> La España joven tiene las trémulas
> espigas rubias y tiene el plácido racimo moreno y el alto
> salmo verde del cañaveral.
>
> Y tiene alegres niños ingrávidos
> con las mejillas rojas y cándidas,
> que por los trigos dicen su copla
> y en los silencios muerden su pan.
>
> Ellos los tratos mudos e incógnitos,
> ellos la alianza baja y recóndita.
> ¡Nosotros el claro rocío!
> ¡Nosotros el Sol!
> [...]

El enfrentamiento sistemático, ordenado, poético y políticamente efectivo de salmos y martilleos, de lo silencioso y lo sonoro, de lo hondo y lo profundo, de alamedas, cañaverales y sótanos, construye un relato que despliega aquí todos sus

---

[129] Fermín Yzurdiaga Lorca, *Silencio y voz...*, *op. cit.*, págs. 27-28.

significados de manera apoteósica y emocionante en unos últimos versos, que aquí recogemos, a partir de «todas las alamedas / todos los ruiseñores / todo el azul», y en el que se produce, de hecho, una división en clara clave Lotman en la que se convida, en ejercicio absolutamente ritual, al enemigo a determinados espacios.

La oposición de «lo de arriba y lo de abajo», que habría dicho el semiotista de la cultura, queda aquí soberbiamente ejemplificada en una serie de versos que encuentran, en su desarrollo impetuoso y acelerado, conclusión coherente en la tríada de los ruiseñores, las alamedas y el cielo azul. El ruso de la escuela de Tartu resumía toda la complejidad de esta división política y ritual en un binomio de fronteras claras: «Nosotros tenemos N / Ellos tienen N»[130], que en este caso, como digo, encuentra ejemplo claro en lo homérico, lo pacífico, lo celestial, lo divino y lo arrítmico, lo húmedo, lo cavernoso, lo material.

La patrimonialización, *de facto,* del cielo y el rocío, de los ruiseñores y las alamedas, del sol y del silencio convida a los enemigos de España a una especie de *mairubaratz* imaginado —abusamos aquí conscientemente del término de cementerio de «otros» sobre el que reflexiona Urbeltz con permiso de nuestros lectores y del propio investigador navarro—, un campo, aquí sótano profundo, en el que el enemigo político de naturaleza inasible queda mágica, ritual y simbólicamente confinado antes de su exterminación sin contemplaciones:

De nuestra parte los prados húmedos,
de nuestra parte las filosóficas
vacas rubias que ofrecen al viento
sus liras de blanco marfil.

De nuestra parte lo más homérico,
de nuestra parte lo más pacífico,
lo que tiene más parte de cielo,
lo que tiene más parte de Dios.

¡A ellos los negros, sonoros y húmedos,
de oro macizos profundos sótanos!
¡Para nosotros las hondas almas
donde está la Belleza y el Bien!

---

[130] Hago en este caso uso de la edición española, algo diferente en estructura y contenidos a la alemana que he manejado y citado en páginas anteriores. Me refiero a Yurij Lotman, *La semiosfera II. Semiótica de la cultura, del texto, de la conducta y del espacio,* Madrid, Cátedra, 1998, pág. 105.

¡A ellos los que hacen sonoros cánticos
sobre los yunques mazos arrítmicos!
¡Para nosotros las alamedas!
¡Para nosotros los ruiseñores!
¡Para nosotros todo el azul![131].

De esta manera, mediante la articulación monstruosa del enemigo político y la sublimación heroica —tan poco humana a veces, por idealizada y sintética— del ejecutor, la literatura política y, con ella, las artes visuales anunciaban, justificaban y normalizaban un modelo de *Feindbildkonstruktivismus* que permitía la creación de un distanciamiento necesario equivalente al de la batalla de Arjuna contra sus enemigos.

Sílex, barro, vientos mongoles

Los matices en aquella articulación del enemigo otro admitían construcciones retóricas imaginativas, en las que lo barroso era sustituido por otras materialidades que sugerían primitivismo y bestialidad desde la insistencia en lo rocoso y telúrico del enemigo. Algunos, como Miquelarena desde su corresponsalía berlinesa, enfatizaron el contraste entre la descripción de Hitler como hombre normal, hombre del pueblo, personaje de cráneo reconocible —«de estatura media, con su pelo, su bigote y su cabeza de transeúnte»— y una narración especular en torno a las características craneales monstruosas de los otros que queda definida con claridad en la fantasía —operativa e impresionante, cuando menos— de los «cráneos de sílex».

La imagen de estas «cabezas tártaras» que se suceden hasta el infinito en los murales soviéticos de París, el espejismo de su dureza inhumana, construye con eficacia un relato de lo horripilante en el que el soviético funciona como auténtico *monstrum* pétreo, en este caso asociado al material primitivo que constituía las bifaces prehistóricas, y convierte a Hitler —de nuevo a partir de su cabeza de tipo corriente, de transeúnte— en curioso paradigma de lo normal. La cera de las cabezas de los asesinos retratados en los museos de cera, como dice Miquelarena —material blando, material cambiante, esencia de lo inasible y por tanto hostil y peligroso—, es sustituida en este relato sui géneris por una dureza «otra», por atávica y seriada, por irregular y dentada, incompatible, de nuevo, con aquella del hombre afilado y recortado de la fantasía fascista:

Con blancos y rosas, amerengados, en los trajes de los comisarios y de las comisarias, se pretende un clima de candor para una serie de cabezas tártaras,

---

[131] José María Pemán, *Poema de la Bestia..., op. cit.,* págs. 148-149.

> duras como el sílex [...] hasta ahora, las cabezas de los asesinos se reproducían en cera en la sala de los horrores... la novedad del pabellón de Rusia de la exposición de París es que repite esas cabezas hasta el infinito, entre guirnaldas y júbilo. El blanco y el rosa son allí, aunque no se quiera, dos colores tenebrosos. Apenas pueden ocultar la sangre[132].

La lectura de Miquelarena, lejos de justificarse *per se* a través del radicalismo ideológico del corresponsal, responde a una voluntad de otrerización sistemática que encuentra cabida en textos mucho más conocidos de autores de primera línea como Ernesto Giménez Caballero: mediante el literariamente más célebre «mundo de tártaros que ululaba más allá del Rhin»[133], Gecé insistía en algunas de las características que aquí nos ocupan y que definen al enemigo político y étnico como habitante de un territorio otro —en este caso es el Rin, en una época muy progermana del autor, el que marca el fin del «espacio de lo seguro» en términos culturales y geopolíticos— que, de nuevo, parece tener formas de comunicación no humanas: el tártaro que imagina el siempre histriónico Caballero ulula más que habla, habita al otro lado de un confín natural, la frontera fluvial, el Rin que otra vez parece separar, como lo hiciera mediante su función imperial como *limes Germanicus,* el hábitat de lo civilizado y el de lo barbárico.

Gómez Tello, falangista y voluntario en el frente ruso como Degrelle, describía —a diferencia de Gecé, que tan solo imaginaba, por no haber conocido en realidad el frente del Este— una experiencia directa en la campaña contra la Unión Soviética como un verdadero viaje a los confines de la semiosfera de lo humano y lo seguro. A diferencia de otros convencidos falangistas, entre los que destaca por supuesto el mismísimo Ridruejo, la experiencia en el frente ruso no le sirvió a Tello ni para humanizar a sus contrincantes ni para contextualizar la épica inconfesable —vuelvo al crimen *necesario* de Himmler— de los alemanes.

La narración del divisionario mezclaba así diferencias ideológicas —entre el sistema socialista y su antagonista contrarrevolucionario al que él mismo se adscribía— y diferencias genéticas en un discurso que, como el de los cronistas rusos citados por Lotman, acababa articulando un auténtico viaje a lo desconocido. Su contacto con lo que denominaba una «ex humanidad, negra, musgosa» describe a un enemigo y habitante de los márgenes de lo humano que se antojaba patología fúngica; la regresión de lo civilizado a lo parasitario cristalizaba definitivamente en una metáfora, la de lo musgoso, que aunaba oscuridad, crecimiento descontrolado y, de nuevo, alusiones a la humedad —la del propio musgo, por supuesto—

---

[132] Jacinto Miquelarena, «El depurativo Staline», *ABC de Sevilla,* 24 de noviembre de 1938.

[133] Citado en José-Carlos Mainer, *Ernesto Giménez Caballero. Casticismo, nacionalismo y vanguardia. Antología (1927-1935),* Madrid, Fundación Santander, 2005, pág. XXXII.

que constituye y caracteriza a estas plantas, tan invertebradas y tan poco «afiladas», por carecer de cuerpos leñosos —y, por lo tanto, blandas; no sebosas, como diría Pujol de los rojos, pero sí definitivamente inconsistentes—, como los propios enemigos de España.

Criatura musgosa, además, dotada según el divisionario de un «alma llena de un viento que viene desde Gengis-Khan», detalle, el de lo superviviente que cristaliza en la alusión al conquistador mongol, que lo anclaba definitivamente en una tradición longeva, aparentemente ininterrumpida, de lo asiático y lo malvado, convertido aquí en amenaza ventosa e incorpórea[134]. No es, en todo caso, el único ni el primero en hacerlo, puesto que el precedente y mucho más conocido *Poema de la Bestia y el Ángel* de Pemán ya incidía en la presencia inasible de un mal que, como la bruma misma, no conocía muro u obstáculo que pudiera contenerlo, más allá del sacrificio martirial del héroe:

> Pero soplo del Este,
> el maldecido viento largo y marcero,
> con un agrio quejido
> de balalaika y de desfiladero[135].

La asociación entre su carácter otro, sus formas de habitación propias de las bestias, su ideología y su inclinación genética partía de modelos de lo monstruoso y lo descartable que acercaban el discurso de Miquelarena al de Léon Degrelle, también inclinado a reflejar supuestas diferencias matéricas insalvables que cristalizan en el paradigma de *le sec et l'humide,* como titula de hecho la interesante publicación de Litell que mencionábamos anteriormente sobre la experiencia del fascista valón en Rusia.

El relato que ofrece el autor valón, su descripción pormenorizada del hedor de los excrementos, de los «ríos de vodka», de los «ejércitos de borrachuzos», y en particular sus alusiones constantes al barro, a lo barroso, al «fango viscoso», poseen connotaciones específicas de sumo interés que ayudan a contextualizar el discurso nacionalista español. Auténticos protagonistas del relato, las menciones reiteradas al fango y al barro fétido aparecen varias decenas de veces; repitiéndose en ocasiones hasta cuatro veces por página en los diarios divisionarios de Degrelle, el barro que constituye el material primario del paraíso soviético acaba envolviendo al lector, trasladándolo, en relación sutil pero para nosotros inequívocamente sintomática, a un hábitat insalubre que sigue identificándose inevitablemente con

---

[134] José Luis Gómez Tello, *Canción de invierno en el Este,* Barcelona, Luis de Caralt, 1945, pág. 52.

[135] José María Pemán, *Poema de la Bestia..., op. cit.,* pág. 32.

la dualidad primigenia impulso creador, viril, seco —aquí politizado— versus amorfidad acuática, insectil e infecciosa.

El objetivo de tal despliegue retórico es claro: frente al estoicismo apretado, al carácter *zackig* (afilado, resuelto) del combatiente del fascismo transnacional, toma forma una infrahumanidad que de manera especular habita espacios inhabitables, se confunde con la materia patológica que lo rodea, se constituye estrictamente a partir de esta. La cercanía entre el monstruo y su guarida, habitual en la mayoría de los relatos monstruosos, de las narraciones de estricto carácter fantástico, encuentra su equivalente en muchos de estos discursos políticos en los que la narración fabulosa cobra especial protagonismo. De nuevo, imágenes y textos producidos por una misma cosmovisión política demuestran poseer clarísimos vasos comunicantes que convierten el relato literario de Degrelle abajo citado y las fotografías del «informe» alemán —el fantasioso ejercicio de reconstrucción del *Sowjetparadies*— en materiales complementarios. «La vida sin sentido» y los «hombres sin esperanza» de la fotografía alemana, terrosa y de claroscuro dramático, completan a la perfección el relato literario del valón:

> À l'entrée des troupes allemandes dans les quartiers populeux, avait été plus pittoresque que terrifiant: de longues rangées de poivrots étaient étendus, ivres morts, à côté de rigoles par où descendaient en torrents trois cent mille litres de vodka, échappés des fûts qu'avaient défoncés les bolchevistes en retraite. Les soûlauds avaient lapé l'alcool à même la boue ; puis, noyés de félicité, ils avaient attendu, la bedaine en l'air, l'arrivée de l'envahisseur [...]. Dès qu'on approchait de ces blocs d'immeubles, on était écœuré par une fade odeur de boue et d'excréments, montant des marécages qui entouraient chacun des édifices[136].

José María Castroviejo, en absoluta equivalencia temática con el universo barroso de Degrelle pero desde el género más impetuoso y emocional de la poesía, resumía la contienda militar en unos versos que no olvidaban, en este sentido, ni la viscosidad del enemigo ni la tibieza de sus características[137]. Elemento también poco casual en el discurso nacionalista español —aquel de los contrastes térmicos y su aparente relación con lo ideológico— que no abordamos aquí pero que parece necesario mencionar en la contextualización de un relato que huía siempre de lo intermedio y se zambullía calamitosamente en la exaltación de lo extremo. Lo

---

[136] Léon Degrelle, *La campagne de Russie,* Tánger, Le cheval ailé, 1949, pág. 28.

[137] El lector puede encontrar algunas reflexiones en torno a la temperatura, la metáfora y el fascismo peninsular en «Almas candentes, bestias estranguladas: metáforas de temperatura y asfixia para un *Stimmung* jonsista», en Miguel Rivas Venegas, *Hacia una Lingua Novi Imperii: retórica visual y lenguajes de la violencia del fascismo español y primer franquismo (1931-1945),* Madrid, Universidad Autónoma de Madrid, 2018, págs. 103 y ss.

afilado, lo candoroso y lo hirviente se convierten así en términos y estados físicos razonables y compatibles con la moral del fanático. Lo pantanoso, por supuesto, como espacio que salvar, como locus de lo monstruoso por antonomasia, recuerda inevitablemente a aquel episodio del peregrino virtuoso que debe atravesar[138], en la ficción de John Buyan, el pantanal viscoso para superar y superar(se), alcanzando la mejor versión de sí mismo:

> Por nosotros y por vosotros.
> Por la salvación del mundo.
> Por el imperio que llega,
> para el asombro de la tierra podrida.
> Contra el lodo de los pantanos,
> y la horrible tristeza de los tibios...[139].

En eterna oposición especular a este se erige, como decimos, un héroe ensamblado mediante el contraste con el disfemismo de lo terroso, que queda bien reflejado en el caso español —pero que bien podría extenderse a las lógicas discursivas de todos los fascismos europeos, como hemos visto a partir del paradigma de lo *zackig*— en «Nuestra poesía» de Fermín Yzurdiaga, caracterizada por la retórica reconocible del párroco germanófilo: «La poesía de la Falange, aquella en la que cifró José Antonio la tarea de levantar pueblos, poesía noble, viril y ardiente [...] contra el miedo, el riesgo; contra lo chato, lo agudo; contra lo pesado, lo ágil, la línea recta de nuestro lucero»[140].

El diálogo entre el discurso de Yzurdiaga, el más germánico, como digo —y germanizado, en realidad— de los poetas y de los intelectuales del primer franquismo, y José María Pemán tiene, como podrá imaginar el lector, poco de casual. Desde posiciones diferentes, ambos hombres compartirían cuotas de responsabilidad en la construcción de un mito que enfrentaba, dialécticamente, humanidades curvas y rectas; sirenas, cruces y zalemas. Yzurdiaga controlaría la propaganda hasta caer en desgracia por demasiado *germánico;* por demasiado nazi, a decir verdad; la cúpula eclesiástica española no recibió con demasiado entusiasmo sus discursos más bien paganos y escasamente piadosos sobre la epopeya hitleriana y el dios Wotan.

Pemán, por su parte, sería por méritos propios a través del ya citado *Poema de la Bestia y el Ángel* autor de una reflexión en la que resulta particularmente clara la oposición insoportable entre lo curvo y lo recto. El elogio de la curva en sus diferentes formas malignas corresponde al monstruo, enemigo acérrimo de lo recto:

---

138 John Buyan, *The Pilgrim's Progress,* Harmondsworth, Penguin, 1965, pág. 46.

139 José María Castroviejo, *Altura,* Barcelona, Jerarquía, 1939, pág. 17.

140 Citado en Julio Rodríguez Puértolas, *Literatura fascista..., op. cit.,* pág. 921.

Odio la rectitud de las espadas:
Curvas son las zalemas del cisne y la mujer;
las colas de sirena y las taimadas
gracias del mercader.
Curvos son los saludos y las genuflexiones...[141].

El paradigma de «lo agudo, lo ágil, lo recto», atributos adicionales —especialmente el primero, agudo— de aquel tantas veces repetido *zackig* del caso alemán, parecía tomar definitivamente forma en ejemplos como el citado de Yzurdiaga, discurso de coherencia incontestable y complementario a la imagen especular que ofrece la poesía de Pemán. En la cosmovisión imaginada de la primera Falange que representa el que fue responsable de propaganda[142], la oposición entre lo chato, lo pesado y lo miedoso frente a una visión sublimada del riesgo, de la agilidad y la rectitud posee la responsabilidad de «levantar pueblos», como dijera el propio Yzurdiaga, construyendo desde el campo estrictamente retórico una frontera que partía de las palabras y desembocaba en la presentación espectacular de humanidades diferentes, valores incompatibles, materialidades otras —chatas y agudas; curvas y rectas— destinadas a la confrontación violenta.

Paradigma de una cierta recurrencia, como digo, que aparece en las publicaciones de intelectuales cercanos al Movimiento, como el habitualmente aquí citado Agustín de Foxá, que parece reactivar narrativas ligadas no a lo agudo, pero sí a lo *zackig* en un sentido hispánico. A partir del modelo que supone el madrileño «fino y recortado»[143], oposición coherente a una maldad de carácter blando, grasiento y pesado, *adipös*[144] (adiposo o seboso), que habría dicho Chul Han en relación a la imagen de la fealdad de la posmodernidad, que de nuevo bebe de restos supervivientes para marcar sus fronteras particulares entre virtud tersa y monstruosidad angulosa.

---

[141] José María Pemán, *Poema de la Bestia..., op. cit.*, pág. 41.

[142] Como decíamos, Yzurdiaga sería cesado de su cargo a finales de 1937. Esto no impediría, sin embargo, que su discurso sentase cátedra —dirigiría también el ambicioso proyecto de *Jerarqvía: La revista negra de la Falange;* quizás la publicación más cuidada realizada durante la guerra por el bando rebelde— y constituyese algunas de las imágenes de lo propio y lo ajeno que trascenderían al propio Yzurdiaga.

[143] Agustín de Foxá, «Madrid», *Vértice,* diciembre de 1937.

[144] Me refiero al trabajo de Han *Die Erretung des Schönen,* que el lector encontrará traducido en su versión española en B. Han, *La salvación de lo bello,* Barcelona, Herder, 2017. El trabajo de Han incide, en este caso, en el carácter liso, pulido y terso de nuestros arquetipos de lo bello. La reflexión de Han no deja de evidenciar, en realidad, una supervivencia de determinados ideales —él mismo recurre al discurso de Edmund Burke para explicar nuestras percepciones actuales de lo bello— que quizás ahora cristalicen en el ejemplo de belleza hipertersa de las esculturas de Koons y las pantallas de los *smartphones,* como dice el investigador alemán; son, en todo caso, remanentes reinterpretados, creemos, de unos ideales violentos que permiten la traslación coherente desde lo afilado *zackig* hasta lo terso posmoderno.

La permanente indefinición y la esencia cambiante de las características que componían el mito de la anti-España constituían —en ámbitos culturales y políticos como el del franquismo, en el que se buscaba la uniformidad total y la construcción holística del grupo— un elemento particularmente efectivo en su carácter de *monstrum* y un argumento incontestable que pretendía justificar en sí mismo la destrucción del otro como inclasificable. En el contexto de una España resucitada que anhelaba obtener mediante las armas una esencia de hispanidad perdida y olvidada, la construcción, también y en particular a partir de dispositivos visuales y literarios, de un chivo expiatorio esencialmente híbrido cumplía diferentes objetivos de enorme importancia. Este *pharmakós,* enemigo viejo y nuevo a la vez, servía al mismo tiempo de *casus belli,* justificaba la guerra en sí misma; constituía el artefacto sacrificial por antonomasia en su sentido más clásico a partir de cuya mera destrucción iba a alcanzarse la palingenesia nacional prometida.

El *monstrum* de los autodenominados nacionales adquiere, puesto en contexto, un carácter de «crisis de categorías», de ser grotesco por incoherente y combinativo y de ser híbrido, como dijera Cohen, particularmente acusado; posee, en clave similar a lo que apuntase Girard sobre otros chivos expiatorios, al mismo tiempo la facultad de enfermar, en este caso, a la patria, a la nación, a la hispanidad en sí misma, y de redimirla y curarla, elemento tan aparentemente contradictorio como rastreable y repetido en tantos otros escenarios en los que ha existido un chivo expiatorio[145]. Haraway, para otro contexto bien diferente, el del Salón Africano del Museo de Historia Natural de Nueva York al que me refería anteriormente, veía en la taxidermia del monstruo —de la bestia animal, más bien; de lo salvaje y lo incivilizado, en este caso— la posibilidad casi mágica de redención del hombre blanco. El gigantesco gorila disecado, testigo de la lucha entre el hombre occidental y la naturaleza, adquiría, en el contexto triunfal de aquel espacio contenedor e irradiador de una narrativa blanca y patriarcal, un significado infinitamente más complejo. Exponerse, tanto en la sabana africana como en el espacio controlado del museo, a la presencia calamitosa de la bestia congelada, conservada para la eternidad como los propios republicanos disecados para siempre en la literatura y las artes plásticas franquistas, nos curaba definitivamente, en un ejercicio parecido al que recoge Girard, en el que monstruo y redención curativa parecen caminar de la mano.

---

[145] René Girard, *El chivo expiatorio, op. cit.,* pág. 67.

Su mera existencia —también su destino fatal como exterminado y expelido— desaconsejaba, igualmente, la exploración de los límites de lo posible, de lo «intelectualmente y sexualmente aconsejable»[146], en este caso delimitando el espacio de lo permitido y las libertades individuales de los habitantes de la nueva España por la que luchaba la coalición franquista.

Asimismo, la confusión entre animal y hombre que compone muchos de los relatos mitológicos, artísticos y literarios de lo monstruoso, como recordaba también el francés, y el carácter «medicinal» del sacrificado contextualizan al enemigo político presente en el relato *nacional,* la entonces llamada anti-España representada en cada uno de sus «lecheros con pistolera» y milicianos-jabalíes, y lo convierten en *monstrum* de pleno derecho, en portador de una serie de supervivencias de lo especular y lo *entartet*. Si seguimos las reflexiones de Georges Dumézil en *Mythe et épopée,* de las que el propio Girard se hace eco en su elocuente análisis de la escenificación mitológica del homicidio colectivo, el mito de la anti-España —también en sus dispositivos visuales y literarios— tiene mucho de mito repetido, de mito trucado, como se ha afirmado en estas páginas.

Alterado y reconstruido, si se quiere, para constituir un enemigo total esencialmente adaptado a la realidad española de los años treinta y cuarenta —ubicada, por otro lado, en un contexto europeo del que no puede desvincularse—, pero esencialmente alimentado por «pervivencias» y lugares comunes de lo monstruoso que hacen pensar, independientemente de que existiera una voluntad política contra las «mujerzuelas», los «lecheros» y los «porteros de finca», como escribiera Giménez Caballero —a un mismo tiempo padre fundacional del fascismo español y hombre de letras; constructor, por tanto, desde lo político y desde lo literario de las narraciones del enemigo—, que el mito de la anti-España tenía mucho de narración frankenstein, articulándose mediante viejos síntomas de lo monstruoso como los que nos dejó, en el contexto de su investigación sobre la semiosfera y los dispositivos literarios, Yurij Lotman.

El rol del «Otro» en las artes plásticas y la literatura franquistas, lejos de ser un papel secundario, poseía, en aquel ejercicio —ritual político pero también ritual en su sentido más mágico— de definición de lo propio, el valor de la «aportación del excluido», que habría dicho Warburg en relación con el rol de las figuras especulares de los llamados «descartados» en los rituales atávicos[147]. Figuras que, como chivos expiatorios, como *pharmakós* antiguos y modernos, aseguran la cohesión del propio «nosotros» de García Serrano, el *nosotros* franquista, en este caso, con el que abríamos nuestras reflexiones en este capítulo. En este ritual político, de

---

[146] Jeffrey Jerome Cohen, *Monster Theory..., op. cit.,* pág. 12.

[147] Aby Warburg, *El ritual de la serpiente,* México D. F., Sexto Piso, 2008, pág. 41.

manifestación evidente en la literatura y en las artes plásticas, el rojo es al mismo tiempo imagen (verbal e iconográfica) y símbolo vivo en el sentido más estricto de la palabra, puesto que, a través del ejercicio real —redentor, germinal, purificador, según la óptica fascista de la guerra— de la confrontación bélica, *cura,* a partir de su muerte y holocausto ritual, a la nación herida.

Al igual que el resto de *pharmakós,* en la naturaleza invertebrada del rojo confluyen al mismo tiempo la posibilidad de la curación y la certeza del aniquilamiento: esta es, de hecho, la contradicción esencial de la criatura ritual —del *pharmakós* clásico— por antonomasia, la serpiente, símbolo de nuestra medicina y *farmacología;* símbolo, al mismo tiempo, de la desgracia mortal del Laocoonte y de la curación de Asclepio, símbolo ritual simultáneo de salvación y muerte.

Un enemigo, en definitiva, que desde su repetida incoherencia cambiante, híbrida, se erigía en paradigma efectivo de la crisis de categorías; representante digno, a un mismo tiempo, de la supuesta crisis de valores articulada en clave de decadencia nacional que advertía el pensamiento reaccionario español. Aquel *monstrum* era sin lugar a dudas némesis incuestionable —al menos desde la óptica franquista— a partir también de su carácter de ser incoherente, como habitante de cruce de caminos y como *contender* lógico de unos hombres de «gesto histórico» insolente, que dijera De la Serna, y de aquellos que «no habían pasado», como clamaba sin tapujos la literatura franquista e insinuaban desde las artes plásticas los mejores ilustradores al servicio del franquismo.

Abordar la leyenda negra del «Rojo» y del enemigo político del franquismo y de su producción plástico-literaria desde el prisma del *nachleben* warburgiano, aplicado aquí en clave de pervivencia de una esencia de lo monstruoso en los dispositivos visuales y textuales; ubicar la mitología de la anti-España en el espacio de los mitos trucados —de aquellos relatos que recuperan, como dijera Dumézil, elementos de otros mitos para construir mitos nuevos— pretende ofrecer una lectura de la Guerra Civil y, sobre todo, de los que se convirtieron en los chivos expiatorios del franquismo y del fascismo español que pondría en evidencia el carácter «recuperado» y «trucado», por seguir con la terminología del filósofo francés, de muchos de los argumentos políticos que se convirtieron en justificación de una guerra y una represión política que resultaron tan implacables y sistemáticas como la articulación del mito monstruoso que las precedería.

Los *pharmakós,* chivos expiatorios en su sentido más clásico grecolatino de este relato compartido por las primeras espadas del arte y de la literatura contrarrevolucionaria y reaccionaria española, auténticos parásitos y restos vivientes, estaban llamados a *mostrar, advertir, explicar* y *curar*. La literatura y la producción artística franquistas, como el Museo de Historia Natural al que se refiriese Haraway en su original ensayo sobre masculinidad blanca y taxidermia, constituían así un espacio de gestación y amplificación, a medio camino entre el museo (espacio de re-presentación) y la gran cámara frigorífica, la sala de disecciones y el *atelier* de momificación política (espacios de conservación). Ofrecían, así, una versión narrada de función equivalente a otro tipo de dispositivos propagandísticos, armaban su propio salón de los horrores; en este caso, y a diferencia del museo patriarcal y blanco del que parte Haraway, el locus expositivo de las letras y los dispositivos visuales carecía de los límites inevitables de las salas de exposiciones; dirigidos a la presentación perpetua del enemigo como «socio inhumano», como Cosa imposible —que diría Žižek releyendo a Lacan[148]—, explicaban para siempre la Guerra Civil, sus motivos y sus orígenes a partir del *monstra* republicano, eterno disecado a disposición de los vencedores.

La presencia de «acordes antiguos», por seguir con la hermosa formulación calassiana, de restos vivientes, casi como remanentes que se resisten a hundirse definitivamente en las aguas de la historia, demuestra que la aproximación warburgiana —que desafía la temporalidad natural y ofrece una temporalidad otra para el estudio de las culturas y las imágenes que estas engendran— resulta particularmente apta en el escenario «fantasmal» ibérico al que se refiriesen, entre otras investigadoras, trabajos como el de Labanyi. Un escenario de aparecidos y *reaparicientes* en el que monstruos y fantasmas, por supuesto exagerados —me refiero a los milicianos caníbales de Spencer y Borrás, a los ladrones de tumbas, a los «jabalíes», simios y a los bebedores de sangre— pero tomados profundamente en serio como rivales *de facto,* constituían de hecho parte irrenunciable de unas cartografías mentales, las del franquismo incipiente, que permitieron la constitución del «yo» golpista, de sus ideales de virtud y decadencia, y la articulación de un proyecto político a partir de la confrontación con el *monstrificado* que, como recordase Moraña, podía ser al tiempo «otro» nacional y sujeto periférico colonial[149]. El ejercicio de *mímesis involuntaria,* como lo habría llamado Girard, que tiene lugar en el centro de todos los procesos rituales que definen los límites del «espacio de lo seguro» de cualquier cultura se vio acompañado en la Guerra Civil —donde tuvieron lugar procesos de demonización y otrerización del otro con fines políticos claros— por una *imitación consciente* de determinados paradigmas de lo malvado que vincularon el mal presente con el mal precedente, justificando la persecución del enemigo político, transformado en *pharmakós,* y su presentación como unidad de destrucción.

La criatura que hemos estudiado en estas páginas acumula rasgos *trickster,* del tramposo-comodín puro en el sentido que le habría dado Jung, que hablaba de

[148] Slavoj Žižek, «Prójimos y otros monstruos: un alegato a favor de la violencia ética», en Slavoj Žižek, Eric Santner y Kevin Reinhard, *El prójimo. Tres indagaciones en teología política,* Buenos Aires, Amorrortu, 2010, pág. 192.

[149] Mabel Moraña, *El monstruo como máquina de guerra,* Madrid, Iberoamericana Vervuert, 2017, pág. 14.

figuras incomprensibles, desconcertantes, malditas, que son «vanguardia del Salvador» —en tanto en cuanto su presencia *muestraria* precede a la llegada de su anverso heroico— y que pueden ser al mismo tiempo hombre y animal; «infrahombres y superhombres, inconscientes por naturaleza», como nuestros milicianos *alla riversa,* desprovistos de conciencia y de voluntad propia[150]. Como los tramposos de la ilustración de Lilo que analizase en páginas anteriores, el bribón mitológico que sobrevive presente en la psique universal de los pueblos puede ser, también, «hombre y mujer al tiempo» y desafiar las leyes «naturales» a partir de un cuerpo que renuncia a toda «posibilidad de unidad» y que supone el anverso absoluto del Salvador y, con él, también de los héroes.

Criatura *shifter* por antonomasia, como la habría llamado también Moraña, el monstruo de la anti-España era efectivamente aquel *Mahnung,* advertencia en movimiento perpetuo, que iba a permitir al mismo tiempo el retorno y nacimiento *de facto* de su continuo opuesto, el héroe engendrado por el pensamiento franquista que aquí abordaremos, siguiendo los versos de Pemán —como decíamos, bardo y primera espada del discurso golpista; constructor, junto a su inseparable Tejada, de las imágenes de lo propio y lo otro por antonomasia—, como portador de espuelas, como caballero retornado y superviviente, como opositor lógico a lo adiposo.

---

[150] Me refiero a «On the Psychology of the Trickster Figure», en Carl Gustav Jung, *Four Archetypes. Mother. Rebirth. Spirit. Trickster,* Londres, Ark, 1992, pág. 143.

Capítulo 2

Sobre las espuelas: caballeros, mártires, héroes supervivientes

Petrificados: Fanon y los retornados ibéricos

> ¡Y qué guapos sois todos, y qué distintos de las fieras a las que habéis hecho correr![1].

La lógica de retornos y supervivencias que imperó dentro del discurso franquista de guerra y de posguerra, el proceso de desecado y taxidermia del que hacíamos mención anteriormente asociado al *monstrum* republicano, tuvo su equivalente para con los propios integrantes del muestrario franquista. En el caso de los soldados y arquetipos «nacionales», la taxidermización del otro se vería cumplimentada con una suerte de *desecado otro* como condensación inmóvil, alcanzando formas de representación cristalizada de la virtud propia que sirvieran como opuesto especular a los disecados que nos ocuparon en nuestro anterior capítulo. Para un contexto bien diferente, Frantz Fanon hablaba en *Los condenados de la tierra* de un efecto inevitable del colonialismo y de los colonos, aquel del «letargo cultural» y, en particular, de la «petrificación de los individuos»[2]. Este fenómeno del endurecimiento rocoso que menciona el intelectual afrocaribeño servirá aquí, espero con permiso de Fanon, para exponer nuestro discurso sobre el caso ibérico a partir de la propia noción desarrollada por el autor.

Naturalmente, lejos de pretender establecer una suerte de comparación que podría ser erróneamente interpretada como una relativización del daño ejercido por los colonizadores blancos sobre los territorios de las colonias a los que se refie-

---

[1] Concha Linares-Becerra, *¡A sus órdenes, mi coronel!,* Madrid, Afrodisio Aguado, 1939, pág. 192.

[2] Frantz Fanon, *Los condenados de la tierra,* Tafalla, Txalaparta, 2018, pág. 73.

re Fanon, lo que aquí planteo es una ampliación de su propia idea de petrificación, efecto de las políticas imperialistas ejercidas en los territorios ocupados que pueden afectar también y ser ejercidas sobre las poblaciones, grupos sociales, minorías culturales, *contenders* políticos y diversos «otros» en el espacio de la propia metrópoli, pero no exclusivamente. En este caso, el territorio ibérico habría sido escenario de procesos equivalentes siguiendo las lógicas de represión, persecución, *monstrificación* y demonización coloniales que, como decíamos, se encontraban además perfectamente arraigadas en el pensamiento y *modus operandi* de muchos de los militares que se alzaron contra la República.

La problemática de la eventual comparación conflictiva de los crímenes llevados a cabo por mentalidades imperialistas equivalentes podría superarse, asimismo, reconociendo la importancia incontestable de la herencia africano-militarista que articulaba parte de la psique y estrategia militar golpistas. Los que acumulaban la experiencia bélica de las colonias, de las guerras en el norte de África —pasando por el mismo Franco, naturalmente—, *pensaban* la guerra, la acción bélica, la biopolítica, a partir de la lógica de exterminio y persecución aplicada en los territorios conquistados fuera de Europa. De este modo, quizás resulte innecesario, más en el caso español, caer en una suerte de «competición entre memorias», que habrían dicho especialistas en la materia como Michael Rothberg, trasladando así el saber y los presupuestos planteados por Fanon y Mbembe al caso ibérico sin los excesos de precaución —justificados, puesto que toda relativización del genocidio colonial resultaría intolerable— a los que aquí nos referimos.

Más al contrario, quizás entender la Guerra Civil no solo como un preámbulo de la Segunda Guerra Mundial sino como una transposición del horror de la represión en las colonias nos ayudaría a situarla en un mapa más amplio en el que biopolítica, monstruosidad, mito trucado, ritual y petrificación acercan escenarios separados espacial y temporalmente. La *Lebensraum-logik,* la lógica de espacios vitales que emanaba, de hecho, del discurso franquista en los primeros compases de la guerra, justifica una comparación, también, puesto que propugnaba o pretendía efectivamente eliminar al otro, sustituirlo, domesticarlo, reproduciendo las peores dinámicas ejercidas sobre los territorios ocupados y arrebatados. Aguilera Munro, enlace con la prensa extranjera, mencionaría sin tapujos a inicios de la guerra que el objetivo era:

> matar, matar; ¿sabe usted? Son como animales, ¿sabe?, y no cabe esperar que se libren del virus del bolchevismo. Al fin y al cabo, ratas y piojos son los portadores de la peste. Ahora espero que comprenda usted qué es lo que entendemos por regeneración de España... Nuestro programa consiste... en exterminar un tercio de la población masculina de España. Con eso se limpiaría el país[3].

---

[3] Gonzalo de Aguilera Munro, citado en Ignacio Fontes de Garnica, *El crimen fue en Guernica,* Madrid, Akal, 2014, pág. 29.

En este sentido, propongo aquí que parte de las dinámicas de petrificación que plantea Fanon como efecto inevitable de la figura del colono sobre los individuos reprimidos podía de hecho no solo importarse a la población perseguida —rivales políticos, enemigos de clase, minorías culturales y lingüísticas ibéricas, en nuestro caso— sino petrificar, *de facto,* al propio represor, convirtiendo estos arquetipos de virtud predicados por el franquismo en muestrarios igualmente estáticos —con consecuencias diferentes, por supuesto; no pretendemos meter aquí a victimas y victimarios en un mismo saco, como suele decirse coloquialmente— en un juego contradictorio en el que el regreso del monstruo y de su opositor, el caballero y sus espuelas, se convierte en un retorno pétreo aparentemente compatible con la retórica de la *Nueva España.* El inquietante, inmóvil, pesado y represivo «mundo de estatuas» al que se refiere Fanon en su ensayo, y la persecución sin parangón posible contra los racializados otros, bien pueden trasladarse, manteniendo presentes las diferencias evidentes entre colonia y metrópoli[4], a la realidad ibérica, a su espacio de petrificados, en el que de hecho el dinamismo *zackig* al que nos hemos referido anteriormente en relación con los héroes del franquismo parecía ir acompañado de una materia que los congelaba, como a sus opositores: los héroes falangistas, habitantes de amaneceres de «hierro y azucena»[5] a los que Lorenzo Villalonga imaginaba en su *Diario de Guerra 1936-1939* liberando Mallorca como enjambres metálicos «esbeltos, anónimos y oscuros, con una oscuridad resplandeciente [...] silenciosos y dinámicos...», se convertían así en receptores de un mismo inmovilismo totalitario que calcificaba para siempre a héroes y villanos, muestrarios perennes para una España supuestamente redimida.

En su viñeta «Ese adversario era la Falange», nuestro ya habitual compañero en este recorrido entre iconos y dispositivos textuales, Sáenz de Tejada, monumentalizaba definitivamente a dos generaciones de falangistas —la que estaba y la que *venía*— en una ilustración en la que, como en las tallas en piedra, padre e hijo pierden para siempre la mirada imitando la intensidad inexpresiva de aquellas estatuas de opresores omnipresentes a las que se refiriese Fanon en su ensayo. En un ejercicio premeditado e inconsciente —como digo, intuir la proporción exacta entre lo buscado y lo superviviente se convierte en ejercicio casi imposible—, Cunqueiro veía en falangistas como los de Tejada una resurrección entre serpientes (enemigos primigenios, rivales bíblicos, rivales eternos) y el blando lodo del que los elegidos parecen desembarazarse, escapando definitivamente al peligro húmedo.

---

4 Frantz Fanon, *Los condenados..., op. cit.,* pág. 40.

5 Julio Rodríguez Puértolas, *Literatura fascista..., op. cit.,* pág. 739.

Con nuestras camisas azules,
con nuestros muertos pariendo tierra bajo nuestros pies,
con nuestros corazones recientes como hijos
sobre el mundo nos vemos cómo resucitamos
[...]
Que José Antonio sepa que no hay miedo
ni culebras ni fango ni hambre cruda[6].

Sea como fuere, «Ese adversario era la Falange» [28] refleja, en su menor cantidad de sombras —pienso en otras ilustraciones del pintor navarro, pero también en las que las acompañaron habitualmente, las de Valverde—, una ausencia de matices cavernosos, de claroscuros dramáticos, en definitiva, que convierte automáticamente a los dos modelos en sujetos escultóricos más que en dibujos: el miliciano, habitualmente escorzado, indiferente al espectador —o simplemente desafiante, mediocre, soez, exhibicionista—, pulula comúnmente por horizontes abigarrados que lo condenan definitivamente a la categoría de individuo-masa, de accidente geográfico de segunda —perdido entre montañas; arraigado entre escombros— susceptible de ser *dibujado* más que *esculpido.*

Los falangistas de nuestro ejemplo, por el contrario, se constituyen a sí mismos como modelos conscientes, como individuos de rasgos reconocibles, como sujetos que posan para el artista y para la Historia. Como figuras con rostro, en definitiva, que contrastan con los perfiles difusos —habituales, aunque también hay otros más detallados realizados por Tejada— de milicianos que son más bien bosques de brazos, cuellos robustos, espaldas y «restos», resultado y remanente anónimo de estudios anatómicos más que hombres y mujeres en mayúsculas. Insertados a menudo por Tejada en paisajes pintorescos, se constituyen en su ubicación diversa como sujetos no-sujetos, susceptibles de ser observados con la misma curiosidad aventurera que suscitan el acantilado y la sima insondable o el paisaje a modo de horizonte lejano y desmantelado en los que los sitúa con frecuencia el pintor. La diferencia de ubicación y lectura es lo suficientemente poderosa como para ignorarla: los protagonistas rebeldes, nuestros falangistas y requetés que aquí recogemos, parecen situarse más claramente dentro de la tradición pictórica del retrato o, dicho de otro modo, dentro de la estirpe pictórica de aquellos que merecen ser retratados.

Así, el «mundo dividido en compartimentos, maniqueísta, inmóvil, mundo de estatuas» que describe el intelectual caribeño toma en verdad forma, ¿inesperadamente?, en la lógica imperialista de un fascismo que imaginaba héroes de dinamismo estático y de genialidad anónima, habitantes como los monstruos a los que

---

[6] Álvaro Cunqueiro, «El César escucha cómo cantas», en Jorge Villén, *Antología poética del alzamiento,* Cádiz, Establecimientos Cerón y Librería Cervantes, 1939, págs. 130-131.

28. Carlos Sáenz de Tejada, «Ese adversario era la Falange», *Historia de la Cruzada Española,* vol. III, tomo XIII, 1941.

se enfrentaban del permanente cruce de caminos que supone el contradictorio *dinamismo inmóvil* de los atlantes de Tejada. Achille Mbembe, como mencionábamos anteriormente, habría visto en este mundo de estatuas que empezaba a construir el régimen incipiente en ilustraciones, poesía, en todos los espacios de expresión cultural que tuviera a su disposición, en fin, una repetición de las lógicas coloniales que ya había advertido en la represión de ultramar que precedió a los totalitarismos de los años treinta y cuarenta en territorio europeo[7].

Concebidos en el trabajo de Tejada para ser observados desde abajo casi como las esculturas de «prohombres» coloniales que menciona Fanon, la pareja de falangistas de *Historia de la Cruzada Española* acompaña a los arquetipos de carne y hueso a los que nos hemos dedicado en el último capítulo, configurando una antítesis coherente que enfrenta, en realidad, dos formas de monumentalismo

[7] Achille Mbembe, *Necropolítica, op. cit.,* págs. 36 y ss.

estrictamente contrapuestas. La de los milicianos, también inmensos, a veces capturados desde abajo como los dos escuadristas que empleamos a modo de ejemplo, es sin embargo la del adversario volátil, *contender* de materialidad caduca que se opone especularmente a la materia incombustible de los dos camisas azules, convertidos por Tejada en iconos imperecederos de un formato de virtud y de excelencia masculina que contrasta con el aspecto hosco y pretendidamente soez de los milicianos.

Ya dedicamos, de hecho, algunos comentarios a la mirada de los combatientes leales, a veces descarada y dirigida al espectador, otras vaciada premeditadamente como la de estos dos soldados voluntarios al servicio de la «causa de España». Linares-Becerra, en la misma novela de guerra con la que abrimos este apartado —que reúne, como recuerda el propio Rodríguez Puértolas, todos los tópicos de la narrativa bélica rebelde[8]—, hablaba de unos milicianos con «pupilas de orangután» que se transforman[9], maravillas de la casualidad, en los habitantes lógicos de aquel museo de imaginativos dioramas, fauna y flora y grandes simios del que partiese la reflexión de Haraway que ha servido en páginas anteriores para explicar el fenómeno de disecado y taxidermia del que habla la autora[10], y que nosotros trasladamos al más amplio *museo* —este sin paredes, recordemos— de *monstra* ibéricos. En el *museo* que aquí imaginamos, como el que describe Haraway sin tener que evocarlo —puesto que el comentado por la autora es espacio real, y no exclusivamente locus y muestrario político imaginario, como el nuestro—, tienen igual cabida unos y otros; alberga, en sus salas, a los héroes de mirada inexpresiva en sus pedestales y a los villanos, si no grandes simios disecados y mujeres y hombres colonizados de ultramar, sí enemigos políticos transformados *de facto* en jabalíes, «topos siniestros»[11] y orangutanes de mirada otra, como veíamos anterior-

---

[8] Me refiero al clásico estudio de Rodríguez Puértolas, *Literatura fascista...,* al que hemos hecho alusión anteriormente, pág. 632.

[9] Concha Linares-Becerra, *¡A sus ódenes!..., op. cit.,* pág. 49.

[10] Pienso de nuevo en el memorial escultórico del explorador blanco Theodor Roosevelt que se sitúa frente al Museo de Historia Natural del que parte la norteamericana. En el caso del museo real, que pretendo diferenciar del locus imaginario del muestrario franquista, Roosevelt aparece en su enorme escultura ecuestre acompañado por un nativo americano y por un nativo africano. Realizada en 1929 y situada frente al museo en 1940 como inicio, *de facto,* de la narración política y colonial que se desplegaba en el interior, la escultura triunfal de Roosevelt responde a una misma lógica que organiza *monstra* y héroes *zackig* mediante planteamientos equivalentes: ambos no pueden, de hecho, existir sin el otro. En este caso, que sean reproducidos juntos, reforzando el carácter portante del africano y del nativo americano, hace aún más evidente que el «yo» blanco no podía de verdad completarse sin la figura especular de sus conquistados y perseguidos. La psique franquista, y su museo imaginario, siguen a nuestro juicio razonamientos equivalentes.

[11] Agustín de Foxá, «Trincheras frente a Madrid», en *El almendro y la espada. Poemas de paz y guerra,* San Sebastián, Edit. Internacional, 1940, págs. 87-88.

mente. Acumulación fantasiosa y llena de residuos y de «fantasmas culturales» que, sin ser la *Monstrasammlung*[12] (la colección monstruosa, podríamos traducir) de criaturas acumuladas en aquel museo itinerante del Dr. Sptizner[13], se articula como verdadera muestra —esta verdaderamente itinerante, puesto que supera con creces la capacidad viajante de la exposición que se desplaza, como la aquí mencionada— de modelos patológicos.

Tejada, hábil pintor y mejor propagandista, fue capaz de diferenciar en su lenguaje pictórico el *vacío* del «villano» exaltado del *trance* fervoroso del contrarrevolucionario convencido, a partir de la expresión facial que acompaña a las miradas vaciadas de leales y rebeldes. Los locos gesticulantes que veíamos en las páginas anteriores, herederos naturales de los lunáticos de las pinturas negras y de los equivocados de los vía crucis, son aquí enfrentados por este otro arquetipo, que tiene en verdad la quietud estática y la neutralidad expresiva que habrían encantado a Giménez Caballero: la del que «lo tiene todo resuelto en la vida», como dijese el escritor en su *Arte y Estado;* la del «fanático», por supuesto, heredero de toda una tradición de arquetipos de hombres decididos y figura especular del que es simplemente estúpido maniqueo. El mismo escritor, en su etapa más vanguardista, anterior a la consolidación del pensamiento fascista y a su propia conversión —Caballero experimentó varias conversiones, a decir verdad; pasó de filosefardí a antisemita, de falangista militante a franquista dócil—, perfilaba ya quizás por intuición lo que iba a ser la mirada del incompleto, del deficitario, que encontraría luego expresión en la pintura de Tejada, y oposición coherente a nuestros ejemplos aquí citados.

Así, Caballero hablaba en 1928 de rostros «espesuchos, densos, amarillísimos, oleicos, grumosos, de miradas pantanosas para atardeceres sucios»[14], en un ejercicio de escritura superrealista que iba a dar, a nuestro juicio, lugar a creaciones claramente *unheimlich,* antihogareñas; artificiales seguro, y opuestas a la virtud exacta de estos otros paradigmas, los falangistas que eran lo contrario a los ojos «amortiguados, dormidos, muertos, encharcados» y a las miradas simiescas a las que se refiriesen escritoras como Linares-Becerra ya en plena guerra. Brillantemente, prematuramente, el que debe ser considerado uno de los vanguardistas más talentosos de aquella corte literaria pronosticaba la llegada de un sentir político —patrocinado, como vimos, por la escritura pseudocientífica de los Vallejo-

---

[12] Tomo, en este caso, el concepto de Alberto Cardín, en *Dialéctica y canibalismo..., op. cit.,* pág. 91.

[13] Italo Calvino dedica unas interesantes reflexiones a la exposición itinerante del doctor belga, que sería parcialmente expuesta de nuevo en París y visitada por el escritor italiano; véase, en este sentido, «El museo de los monstruos de cera», en Italo Calvino, *Colección de arena, op. cit.,* págs. 32 y ss.

[14] Me refiero aquí de nuevo a su *Yo, inspector de alcantarillas,* Madrid, Turner, 1975 [1928], págs. 79-80.

Nájera y compañía— que dividía a hombres y mujeres en categorías igualmente superreales, imaginando fantasiosamente un mundo de blandos y afilados que justificaba y daba forma a aquella guerra.

La monumentalidad de estos dos prototipos, que aquí condensamos en el ejemplo de los dos *azules* para el caso «nacional», no deja de ser a nuestro juicio un ejercicio más de «negación del hombre»[15], como dijera Fanon, en tanto en cuanto unos dejan de serlo porque se convierten en muestrarios pétreos —en esculturas, de nuevo; en *Übermenschen* que trascienden la materialidad volátil del equivocado—, y los otros porque devienen en no-hombres o en simples bestias, completando la lógica de la conversión o de la transformación en bruto que asomaba de forma clara en ejemplos paradigmáticos como el de Vicente en la narración de Torrente Ballester:

> Al abusar de la libertad, el hombre se entrega a sus instintos, rebaja su condición humana [...] el hombre desbordado deja de ser hombre porque deja de ejercer la razón y de elegir: va a donde lo llevan. Vicente va a donde la gente; y si la gente va al crimen, allá va Vicente tras ella, arrastrado, anulada su libertad. Vicente ya no es Vicente: es una bestia[16].

De hecho, hay quizás otro elemento que acerca de manera inesperada a la pareja de falangistas que aquí tomamos como punto de partida paradigmático del discurso desarrollado por Tejada —y por otros artistas al servicio de la causa golpista— a las esculturas de conquistadores mencionadas por Fanon y a los ejemplos de los que parte Haraway. El héroe, sea conquistador blanco (el de Haraway, su Theodor Roosevelt) o muestrario falangista, prescinde *de facto* del contexto; el «otro» está vinculado sistemáticamente a una suerte de *Tatort* (de espacio del crimen, de guarida; de periferia hostil, también) del que no puede desvincularse y que viene a confirmar su esencia otra. Al igual que el espectro, que exige «un contexto determinado, un cuadro pictórico o espacio nocturno», el monstruo en un sentido más amplio necesita también —tradición medieval, como recuerda Gruzinski— un lugar concreto[17]. Sin que pueda afirmarse categóricamente que los soldados rebeldes que retrataron hombres como Tejada se encontrasen sistemáticamente ajenos a cualquier espacio con el que se relacionan, sí que es cierto que el lugar que ocupan parece poseer una importancia menor. La ubicación y la contextualización del monstruo en el lugar del crimen, o del ultraje —la iglesia saqueada; el puente dinamitado o destruido; el parapeto de fusilamiento; el bar o el palacio invadido—, resultan necesarias, puesto que confirman, *muestran,* definitivamente, su carácter culpable y criminal.

---

[15] Frantz Fanon, *Los condenados..., op. cit.*, pág. 245.

[16] Gonzalo Torrente Ballester, *Javier Mariño..., op. cit.*

[17] Serge Gruzinski, *La guerra de las imágenes..., op. cit.*, pág. 25.

29. Carlos Sáenz de Tejada, «El voluntario parte también fortalecido con la bendición del padre...», *Historia de la Cruzada Española,* 1941.

El héroe franquista, por el contrario, al menos si atendemos a algunas de las ilustraciones del pintor, como las que aquí reproducimos, parece huir a menudo del contexto, bastándose a sí mismo: al contrario que monstruo que no renuncia a su guarida —pienso, como decíamos antes, en tantos relatos repetidos en los que monstruosidad y espacio monstruoso poseen una relación inquebrantable que da sentido a la propia criatura, completándola—, el arquetipo salvador que ejemplificamos con estas dos ilustraciones, la de los camisas azules y la del requeté navarro [**28**] [**29**], adquiere protagonismo y es despojado de cualquier añadido que le estorbe. Todos ellos son «provistos que se desproveen» en una clave sobre la que me detendré más adelante. Los soldados, sean boinas rojas iluminados o falangistas decididos, picadores voluntarios —Tejada retrataría, de hecho, a uno de ellos, contrarrevolucionario andaluz armado con corcel y lanza en mano—, se transforman a manos del popular pintor en «hombres hechos programa» en una clave equivalente a las de Fanon, toda vez que, efectivamente, trascienden el espacio, reclaman la ausencia de explicaciones. Baudelaire, de manera intuitiva, lo había condensado en unas afirmaciones que bien pueden ser traídas aquí a colación: «El gesto del héroe moderno está prefigurado en el trapero: su paso a tirones, el necesario *aislamiento* en el que realiza su negocio...»[18].

La percepción de aquel momento, la existencia, en efecto, de «hombres-programa» parecían confirmarlas en paralelo textos como el que publicó en la primorosa *Vértice* Álvaro Cunqueiro. Bajo el poco atractivo título de «Comerciantes alemanes»[19], el autor gallego realizaba un retrato robot de la nación germana efectivamente a través de sus hombres, de aquellos que en diferentes épocas «habían hecho Alemania». Culminando apoteósicamente en la figura de un SS bávaro —resultado quizás previsible en la revista más decididamente progermánica de aquella primera Falange, de los Ridruejo y compañía—, Alemania parecía en efecto erigirse por encima de todo a partir de la labor germinal de unos pocos, reflejando, desde los mismos medios ilustrados donde participaban Tejada y otros artistas de primera línea, que el sentir general de aquella contrarrevolución pasaba por el disecado de unos (los enemigos explicados) y la petrificación gloriosa, descontextualizada, de los héroes propios.

En cierto modo, la exposición de los «hombres que hacen país» en clave literaria a partir del artículo de Cunqueiro resultaba completamente coherente como parte de un discurso como el de Tejada —discurso de petrificados muestrarios— y desde luego con el de la primera declaración de intenciones en clave internacional del régimen alemán que había interesado tanto a la Falange. El pabellón germano en la exposición internacional de París de 1937 no era otra cosa que un gran escenario árido —por dórico rotundo, por desprovisto de ornamentos, por brutalmente escueto— para las esculturas de hombres y mujeres, desnudos, petrificados como los que hoy nos ocupan. Era, como el *museo* sin paredes del franquismo, rellenado de criaturas estáticas como estas[20], convertido en el dispositivo parlante que presentaba en París una forma de entender la política y también una forma de comprender los cuerpos como auténticos contenedores pétreos, artefactos-programa que sustituían, con su presencia ausente de contexto, a la propia exposición programática de las intenciones políticas. El hombre ario era, como los «adversarios falangistas», programa, principio y final en sí mismo para unos movimientos que veían, en la perfección *zackig* de estos arquetipos, el sentido mismo de su existencia.

---

[18] Charles Baudelaire, *Baudelaire Dufaÿs: Salon de 1846,* París, Michel Lévy Frères, 1846, págs. 125-130; la cursiva es mía.

[19] Álvaro Cunqueiro, «Comerciantes alemanes», *Vértice,* 48, septiembre de 1941.

[20] El lector habrá advertido que mezclo premeditadamente espacios reales (el espacio contenedor del museo; el escenario dramático del pabellón alemán de París de 1937) con espacios imaginados, el de aquel *museo* —que marco en cursiva sistemáticamente— que supone el locus iconográfico y retórico construido por el franquismo para «exponer» sus muestrarios de monstruos, héroes y villanos.

La variante Starcatherus: euskaldunes, cartas marinas y «hombres válidos»

> El reino de Zeus son las historias griegas, de las que todavía formamos parte...[21].

Aislado y en ocasiones insolente por desprovisto decidido, el modelo de héroe que cristaliza en los voluntarios carlistas que ya han hecho aparición en las páginas anteriores se relaciona con facilidad con el modelo de virtud castrense y la vocación militar casi desinteresada del héroe —del arquetipo, específicamente— que estudiase Dumézil[22], recuperando sin dificultad un prototipo, aquel del héroe Starcatherus, que destacaba por su sobriedad, por su independencia estoica y por su voluntad —no fascista, naturalmente, pero perfectamente compatible con la jerarquía rígida de estos sistemas— de mantenerse siempre fiel a un amo. A lo largo de estas páginas lo vincularemos, como hizo el intelectual francés, con todo un linaje más tupido y más complejo de héroes que componen, en sí mismos, una familia cerrada, que, aunque permite la hibridación puntual con otros tipos heroicos, los constituye como ejemplo marcado por una serie de hitos comunes. Entre todos ellos destaca quizás el síntoma «desposeído» heraclida, que aquí contrapondré al modelo heroico aquileo.

Héroe subordinado, el Starkad o Starcatherus nórdico que se parece tanto a otros superhombres «humanizados» es gigante rural que «detesta a los orfebres, desdeña a los servidores, los lacayos, las mujeres, la riqueza...»[23]; encaja, como mito superviviente de un determinado tipo de heroísmo, con una narración no irrelevante dentro de la lógica franquista, aquella aplicada a los arquetipos lejanos y sublimados que tantas reflexiones nos han ocupado: requetés y campesinos navarros y vascos que, desprovistos de la bestialidad monstruosa del distinto —como el propio Starcatherus, que nació extraño para ser luego reparado por las manos del amo, en este caso no caudillo militar sino figura divina, como narra el mito germánico—, se convirtieron en valiosos dispositivos simbólicos de una contrarreacción que necesitaba imperiosamente este tipo de modelos secuestrados.

---

[21] Roberto Calasso, *Las bodas de Cadmo..., op. cit.,* pág. 128.

[22] Me interesan en particular las palabras que dedica a la tradición heroica nórdica, tan vinculada en realidad a otros paradigmas de masculinidad heroica que Dumézil ve con claridad en la figura de Indra. Georges Dumézil, *El destino del guerrero. Aspectos míticos de la función guerrera entre los indoeuropeos,* México D. F., Siglo XXI, 1971, págs. 104 y ss.

[23] *Ibíd.,* pág. 113.

Los paralelismos entre el mito superviviente del gigantón y este modelo peninsular son diversos: Starcatherus representa el paradigma del héroe que nace distinto, que comienza descarriado —o incluso deformado, monstruoso, con el ejemplo extremo del propio Starcatherus el de los muchos brazos— y después es milagrosamente sanado por los dioses. Condensa la imagen superviviente del héroe que se equivoca y *peca,* pero que luego retorna mejorado y desinteresado, decidido. Indiferente al ruido mundano, de hecho, como estas figuras que aquí analizamos, peones ausentes a los que no distraen de su función fundamental ni la tierra, ni la herencia ni la presencia del ser amado (me refiero a [29]), demostrando en su imperfección curada la virtud del que ha superado definitivamente el abismo.

Así, el prototipo presente en las representaciones y dispositivos visuales golpistas del baserritarra que se desprovee de aperos de labranza, de paisajes de montaña, de torcidos nacionalismos —según la perspectiva de aquel franquismo que deseaba incorporarlos a su panteón propio, por supuesto— y que emprende el camino apropiado, ya curado de enfermedades y deformidades, superadas como ejemplo ibérico del héroe marcado por el peso previo de los pecados. Este se revela interesantemente como una suerte de variante ibérica del síntoma sobreviviente del héroe gigantesco duméziliano, representado a manos de Tejada en verdad como prototipo ciclópeo que camina silencioso a reencontrarse con la patria desde algún paraje lejano. Starcatherus había aparecido representado no en vano en la misma *Carta Marina* de Olaus Magnus a la que ya hemos dedicado algunas palabras al reflexionar sobre las aquí tratadas nociones de monstruosidad, linde acuático y periferia a partir del ejemplo de Polito y su encuentro con el monstruo marino.

De nuevo, y como ocurriese en el caso del héroe infantil y joven *flecha*[24], que se enfrentaba en las profundidades del sótano oscuro con la criatura retornada de la *Carta Marina,* otro habitante de la ficción pictórica de Magnus nos acompaña de manera inesperada: este explica no la representación malvada, en este caso, como hiciera el ejemplo del monstruo escamado que amenaza al pequeño Polito, sino su antítesis heroica. La característica particular que convierte a este paradigma Starkad —detrás del que vibran y resuenan por igual otros modelos heredados, como iremos viendo— es precisamente, como decía, su transformación de monstruo y de salvaje en héroe domesticado. Modelos casi disidentes —como los propios arquetipos vascos que el franquismo incorporó simbólicamente a su panteón de patriotas decididos— que han superado la alteridad para engranarse definitivamente al servicio de un poder que los trasciende. Starcatherus en particular —mucho

[24] Me refiero al ejemplo de Polito y el pez marino, que he analizado en mayor profundidad en el capítulo anterior.

más que Hércules, mucho más que Bhima, arquetipos vinculados al mismo mitologema heroico según el francés— representa la fuerza apoteósica del que ha cruzado la línea que separa virtud y monstruosidad, a partir de un ejercicio de transformación poco habitual que le exige implícitamente (en esto coinciden el modelo nórdico y nuestra suerte de ejemplo peninsular) mayor docilidad y, como suele decirse, también la inquebrantable fe del converso.

En este sentido, y en el caso específico ibérico que nos ocupa, las figuras simbólica y políticamente secuestradas del baserritarra y del combatiente requeté a las que aquí nos referimos representarían además un importante papel como dignos representantes de una arcadia precapitalista, preurbana, piadosa y exenta de los procesos de «degeneración ideológica» de los núcleos obreros que el franquismo, por cuestiones obvias, deseaba contrarrestar. Las mismas lógicas que atravesaban el pensamiento nacionalista conservador vasco encontraban fácil acomodo en el razonamiento reaccionario franquista: planteamientos ideológicos articulados en torno al mito agrario, que contraponían cosmovisiones basadas en la oposición agonista de lo natural/rural/local/cultural/manufacturado y su opuesto híbrido/urbano/importado/revolucionario/masivo, conformando parte importante de las lógicas ruralistas que vertebraban parte de la cosmovisión de ambas culturas políticas.

No se está aquí afirmando, como el lector imaginará, que ambos pensamientos políticos (el conservador vasco y el contrarrevolucionario español) sean estrictamente intercambiables; son, sin embargo, deudores de procesos ideológicos de sublimación agraria equivalentes que constituyen el núcleo de movimientos políticos diversos, infinitamente más alejados entre sí que el pensamiento católico, nacionalista y ruralista asociable a la tradición aranista y la propia pulsión antirrevolucionaria del franquismo[25].

Determinados arquetipos preexistentes, representaciones visuales y textuales de la masculinidad recia y escueta de los hombres del norte, confluían y apuntalarían, en gran medida, las construcciones monumentales llevadas después a cabo en el seno de las artes plásticas y la literatura afines al Movimiento, participando de manera inesperada —forzada, más bien— en el despliegue de una de tantas «trampas de imágenes» desarrolladas por el aparato golpista en la articulación de su particular relato, en este caso sobre masculinidades válidas[26]. En clave simbólica de contenido ideológico renovado, las figuras pesadas y gigantescas que pintaron Arteta **[30]** o los hermanos Arrue, empeñadas a menudo en trabajos colosales

[25] Véase, para una explicación más profunda de la importancia del mito agrario, la publicación del historiador marxista británico Tom Brass, *Peasants, Populism, and Postmodernism: The Return of the Agrarian Myth,* Londres, Frank Cass, 2000, a la que recurriré en estas páginas.

[26] Hago aquí uso del concepto que emplea Gruzinski; véase Serge Gruzinski, *La guerra de las imágenes..., op. cit.*, pág. 12.

como aquellas también titánicas de Tejada, José María Sert o Josef Thorak [**31**], venían a confirmar la constitución heroica y estoica del arquetipo que se deseaba reivindicar, adelantándose al propio modelo de hombre que lo podrá todo. El protagonismo habitual de escenas de trabajo —de faena pesada, monumental, de trabajo colosal por duro, por ingrato— que caracteriza mucha de la tradición pictórica vasca destinada a la representación de tipos y costumbres consolida la imagen, de hecho, de que el hombre vasco rara vez se dedica, como nuestro Starcatherus, como el propio Heracles y sus doce terribles trabajos —algunos de ellos bastante ingratos, también, limpieza de establos incluida—, al ejercicio del ocio.

De este modo, equivalentes planteamientos que inciden en el dinamismo contenido, la solidez rocosa, el culto al trabajo y que en ocasiones recurren también a similares soluciones compositivas confirman la pervivencia o *nachleben* tanto de modelos iconográficos como de marcos ideológicos de lo masculino claramente no incompatibles con su aparición y desarrollo en realidades políticas distantes. El movimiento a la vez *zackig* (recordemos, por afilado, resuelto, por impetuoso; también por resuelto y no dialogante) pero no «desbordado» de los descargadores de Arteta y de los constructores de Thorak incide en una misma imagen de la masculinidad como contenedora de energías sometidas, contraria al cliché político del enemigo concebido como incapaz, como hombre castrado, como sujeto a la deriva y susceptible de ser presa de las más bajas pasiones; holgazán por naturaleza, caracterizado por la ausencia de movimiento o por el exceso de este a partir del paradigma de lo «no contenido», imagen del *otro* que nos acompaña a lo largo de estas reflexiones.

La del pintor vasco aquí reproducida recuerda [**30**] —pese a lo distinto del estilo y fractura— al monumentalismo del Tejada posterior a 1936, autor también de atlantes en reposo como el que cierra, atento al trabajo de sus compañeros, la composición de Aurelio Arteta. La puntualización cronológica es necesaria, puesto que la obra del autor navarro en los años veinte —Sáenz de Tejada, quiero decir— estaba infinitamente más marcada por una suerte de planitud curvilínea y por un cromatismo alegre poblado por bandoleros románticos, toreros y verbenas —pienso en algunos de sus trabajos de aquella década— que desaparecería y sería sustituido por una pintura política como la que hasta ahora nos acompaña. A decir verdad, la transición artística personal del fantástico dibujante que fue Tejada simboliza con claridad una transformación que trasciende la evolución del propio autor: los rostros enigmáticos, casi de máscara tribal ovalada, de los toreros y palmeros dibujados antes de la guerra desaparecerían para siempre, sustituidos por una serie de «trampas de imágenes» —vuelvo sobre la noción de Gruzinski— que explicaban no solo la metamorfosis del artista, sino la de la propia España franquista hacia un modelo que rehuía la curva para sumergirse apoteósicamente en los tonos grises y rectilíneos de la contrarrevolución autoritaria.

El cuadro de Arteta se revela, en todo caso, un catálogo de tipos, una suerte de pequeño panteón de modelos *locales* que despliegan ante el espectador un

30. Aurelio Arteta, *Descargadores*, serie mural «El esfuerzo», Banco de Bilbao en Madrid, 1922-1923.

muestrario completo de perfiles, torsos, escorzos y gestualidades que los convierte en verdad en ejemplo parlante de la masculinidad vasca, antigua y nueva, de fragua moderna, sí, pero de fajín, pantalón de pinzas y alpargata; atemporal, natural, poco impostada. Ubicada, como hiciese después la del pintor navarro al servicio del franquismo, en un locus del que no acaba de desligarse del todo pero del que se desprende simbólicamente en términos estilísticos y jerárquicos: el estibador, si bien presentado sobre un fondo marcado por la planitud mecánica de la gran chimenea y del ancla que se antoja toroide afilado —más vanguardista, casi proyectil futurista—, es en realidad sustentáculo miguelangelesco de factura más clásica, captado en eterno estatismo dinámico. Félix de Azúa habría visto en estos prototipos al mismísimo Hércules, de nuevo, aquel que cultiva la sobriedad y la adustez de un obrero heroico —como dice acertadamente— cuya gloria es el trabajo[27].

La estética monumental de estas figuras procedentes de la tradición pictórica costumbrista, su integración como parte de un paisaje habitualmente bucólico, sería útilmente secuestrada en el caso franquista, convirtiendo los propios tópicos pictóricos y literarios de los *arrantzaleak, mendigoizaleak* y *baserritarrak* de pro-

---

[27] Félix de Azúa, «Florencia. El último trabajo de Hércules», en *La invención de Caín,* Madrid, Santillana, 1999, pág. 92.

ducción vasca en representantes de la España milenaria que se levanta. En este aspecto particular, artes y letras iban de nuevo de la mano: las descripciones precedentes ofrecidas por la tradición oral euskaldún y por los poetas vascos recorrían los mismos senderos retóricos, en términos arquetípicos, que encontramos en la pintura monumental vasca y que luego emplearía Pemán desde su poesía épica y apocalíptica con intenciones y objetivos políticos bien diferentes. Ejemplos separados en lo temporal que coincidían, sin embargo, en la construcción poética y épica de un pueblo caracterizado por su dureza legendaria, confirmando el *nachleben* o supervivencia de una serie de elementos susceptibles de ser recodificados ideológicamente e incorporados al muestrario de virtudes y de hombres virtuosos *nacionales*. Ejemplos distantes en lo temporal y en lo ideológico y vinculados a la tradición poética en euskera que precede a este acto de recodificación y secuestro, como el *Arrasateko Erreketa* (1448), que hablaba, así, de alaveses robustos, de guipuzcoanos fuertes y esbeltos, de *bizkaitarras* de ánimo inquieto: «Zabal arabarrik, giputz sendo ederrik, bizkaitar urduri gogorik...». La *Euskaldun zintzoen Balada* de Jon Mirande, por poner otro ejemplo, recurría en 1950 a los mismos tópicos que aparecieron durante la Guerra Civil o ya durante los cuarenta: «anchos de cuerpo, ágiles, se cubren con boina. Hablan vasco y creen en dios. Voz nasal, por lo grande, son muy, muy honrados y se creen hidalgos... aunque sus maneras sean de villano»; la reproducimos aquí en su redacción original en euskera:

Soin zabal, zalhu, txapeldun,
euskaldun eta fededun,
—handi baita— sudur mintzo,
zintzo dira, o! Hain zintzo
eta barnez oro zaldun...
... Nahiz arrunt den azala[28].

En este sentido, los escritos de José Vicente Puente durante la contienda ibérica recurrían a paradigmas similares, localizables también en los textos de José María Pemán, de García Serrano, que incidían en el carácter rectilíneo y gigantesco del modelo vasco, rehuyendo, suponemos por intuición heredada, la curva terrorífica y malvada que el poeta gaditano asociaría mejor que ningún otro autor al servicio del franquismo a la pulsión demoniaca, primigenia y original de la serpiente tentadora: «Recio, duro, cuadrado, con las espaldas que son un frontón, alto, la voz ronca, el lenguaje tosco a fuerza de sincero, una nariz de cartabón [...] cogió la boina que llevara su abuelo en *la otra cruzada...*»[29].

---

[28] Jon Mirande, *Euskaldun zintzoen Balada,* revista *Elgar,* 1950.
[29] José Vicente Puente, *Viudas blancas, op. cit.,* pág. 192.

Se percibe, como decimos, un claro ejercicio de sublimación de lo recio y lo cuadrado, en palabras de Puente, que bien puede interpretarse también en clave política y que parece sugerir, en retratos como este, la idoneidad de un carácter duro apropiado para un modelo de hombre que por tosco y por sincero, por tradicional, por inercial, a veces —característica bien representada en el detalle de la boina que pasa de padres a hijos, como la propia responsabilidad carlista— parecía configurarse más como hombre de acción que como sujeto «meditabundo». El soldado voluntario que describe Puente se revela, así, como auténtico héroe *alla* Starcatherus, como sujeto heraclida que a veces *peca* —pienso en el infanticidio cometido por el héroe griego— para luego reformarse, convertido en fundador y en modelo de virtud obediente[30].

Aquel que agarra la boina «de la otra cruzada», como afirmase el poeta, confluye fácilmente con su equivalente visual desarrollado por pintores como Tejada, presentado también como gigante de foresta, asimismo sujeto solitario, como la estirpe de los Heracles y los Bhima y los Starcatherus que estudia nuestro Dumézil y que considera elementos de una misma genealogía heroica, que vincula modelos alejados pero equivalentes[31]. El francés, que no menciona —al menos en ninguno de los textos que aquí hemos manejado— la cercanía con otra figura del héroe salvaje tan evidente como el Sansón de los hebreos, sin duda vería en el forzudo de Olaus Magnus la supervivencia inconfundible de la imagen del liberador y azote de los filisteos, que en la *Carta Marina* con la que iniciamos esta reflexión reaparece como púgil de los suecos a partir de una representación que lo liga inevitablemente a la iconografía de Sansón entre las columnas del templo y junto al león, símbolo también hercúleo por antonomasia.

De existir una *Carta Marina* ibérica —que no podemos sino imaginar, como el *museo* sin muros y en cursiva por el que pululan nuestros arquetipos parlantes—, el Starkad peninsular que es también Sansón y Hércules cantábrico figuraría en esta cartografía simbólica destinado a explicar y constatar, como en el imaginativo atlas de Magnus, no solo la presencia de criaturas de confín y de monstruos marinos, sino, de igual modo, la presencia de sus modelos especulares, Sansones modernos. Sería, además, evidencia dinámica, puesta en movimiento como los peregrinos de orografía inmensa de Tejada —cargados con botas remendadas, medallitas, mantas de campaña que se antojan pesadas como trabajos hercúleos— y artefacto parlante de importancia emblemática insustituible que vendría a confirmar la existencia de virtudes *zackig* de claro sabor años treinta en la figura ya consolidada, ya reconocida, ya sólidamente articulada en texto e imagen de un

[30] Hago aquí referencia al mito que asocia a Heracles con la fundación de Roma, así como de otras ciudades que lo convierten en *oikistés* y en *archegetés,* en héroe fundador por antonomasia —título de carácter heraclida—, que contrasta con otros arquetipos clásicos, como se verá más adelante.

[31] Georges Dumézil, *El destino del guerrero..., op. cit.*, pág. 79.

modelo de virtud seca «plenamente española» por inconfundiblemente vasca. Vendría a demostrar *pro certo,* sin verbalizarlo del todo, que la Nueva España que se jactaba de haber sido antisemita antes que los demás pueblos —como recordaría Giménez Caballero, reivindicando la «limpieza de sangre» y la expulsión de los judíos— también había sido masculinamente *zackig* antes que el resto de totalitarismos: sus Sansones de foresta, sus Starkad de la ribera, hijos simbólicos de otros vascos heraclidas fundadores, pacificadores y descubridores, eran reflejo incontestable de esta milagrosa supervivencia.

Transformado por la labor retórica de los poetas y la acción pictórica de los artistas en un héroe *propio* que es distinto a todos los demás, el modelo periférico que supone el combatiente boina roja que nosotros vemos condensado en su forma más perfecta en la ilustración del navarro [**36**] *vibra y resuena* calassianamente en clave repetitiva como el propio arquetipo germánico y nórdico —helénico, también— del que aquí partimos simbólicamente, cuyas características veía Dumézil igualmente presentes en la épica griega y en la tradición védica. En aquel ejercicio, de nuevo, una relectura de lo vasco en clave apropiacionista resultaba tremendamente efectiva y podía ejecutarse con resultados políticos de utilidad incuestionable mediante dispositivos visuales como los presentes en la *Historia de la Cruzada* o en los poemas y textos literarios que el aparato propagandístico franquista produciría simultáneamente.

En todos estos casos, independientemente de las divergencias ideológicas evidentes, la asociación clara entre virtud nacional y determinadas características asociadas a la masculinidad poderosa articula discursos que convergen en un aspecto concreto: el de la inmensidad del ejercicio realizado y de sus ejecutores, sean estos remeros o descargadores de Arteta, requetés de Tejada de protagonismo habitual en la *Historia de la Cruzada* o los hombres inmensos del *Denkmal der Arbeit* proyectado en 1938 por el escultor austriaco como elogio al trabajo. Thorak, marcado por la habitual pulsión poco piadosa y más manifiestamente helénica que cualquier pintor costumbrista de ámbito vasco —incluido nuestro Arteta, claro—, se había atrevido a desnudar completamente a sus trabajadores monumentales, transformados aquí, eso sí, en figuras-proyectil, en estructura *zackig,* en conjunto hercúleo monumental y afilado como los propios descargadores, haciendo evidente que el futuro político pasaba directamente por la potencia dinámica del hombre ario. Al margen de la distancia existente entre estos y la serie «El esfuerzo» de Arteta a la que pertenecen sus descargadores, parte del conjunto mural del Banco de Bilbao en Madrid, puede identificarse, sin embargo, la existencia de una serie de denominadores comunes que acercan las lógicas a veces no tan separadas del fascismo —condensado en la obra de Thorak— y del capital —simbólicamente presentes en la retórica de la sede bancaria bilbaína—: el progreso como categoría absoluta está marcado por la labor incondicional de los mejores entre los hombres, de los más fuertes, de los más sacrificados, de los más puntiagudos; de

31. Josef Thorak, *Denkmal der Arbeit*, maqueta del autor para el proyecto monumental *Kunst Dritten Reich* (1938).

los más dóciles, también, artefactos-engranaje por los que pasa la gloria rozándolos apenas.

Como en el *Denkmal der Arbeit* [**31**], lo importante y lo verdaderamente reivindicado en «El esfuerzo» no es tanto el trabajo ejecutado como su ejecutor-herramienta, auténtico protagonista: la tarea, sin desaparecer completamente de la escena en el caso de la obra de Arteta, ocupa un segundo plano, de nuevo como atrezo aplanado, a la espera de un sujeto que lo ordene. De modo similar al proyecto megalómano alemán, donde no se distingue apenas la labor ejecutada, el trabajo que acompaña a estos atlantes vascos es fragmento puro, epifenómeno, casi, que legitima sin embargo al protagonista del esfuerzo ciclópeo. Más claramente quizás en este ejemplo que aquí recogemos que en otros del mismo conjunto, el fondo se articula esencial y coherentemente como sucesión de gamas cromáticas, restos de chimeneas, fracciones (suponemos) de navíos.

32. José Ortiz Echagüe, *Remero vasco,* 1931, carbón directo sobre papel montado en cartón, 42,5 × 30,4 cm, MNCARS.

Por su parte, y enlazando con la misma estética, destacan algunas de las instantáneas y retratos de tipos populares del conocido fotógrafo José Ortiz Echagüe [**32**], en particular las producidas pocos años antes de la guerra y dotadas de una monumentalidad equivalente que parecía sublimar a campesinos y remeros vascos (en particular estas últimas, de 1931), favoreciendo así una imagen de rotundidad, estoicismo y atemporalidad que, lejos de tener que construirse de cero, solo era necesario recodificar en los términos propagandísticos apropiados. El interés por estos tipos *locales* marcaba ya la mirada taxonómica del artista, preocupado por la desaparición de las tradiciones. Ingeniero militar de formación y especialista en fotografía aérea, la mirada de Echagüe sobrevuela estos modelos —y otros muy conocidos de sus series de cartujos, albercanas, penitentes— con la misma vocación técnica (no por ello menos romántica) antropológica, taxonómica, de nuevo, del que capta detalles orográficos, particularidades en el paisaje transformado aquí en el rostro reconocible del prototipo vasco. Echagüe realizaría varias fotografías con este mismo modelo que acabarían, a pesar del compromiso del autor con la coalición golpista, ilustrando también portadas de revistas republicanas, como *Revolución,* que emplearía las instantáneas del autor, excelentes ejemplos de este mismo arquetipo tan reconocidamente euskaldún, poco antes de la caída de Bilbao.

La cercanía simbólica —al menos en lo que se refiere al carácter preparado y desafiante de estos modelos— que puede advertirse con ejemplos como aquel tan célebre «Regatas de traineras en San Sebastián» (1930), de Aurelio Arteta, resulta evidente. Esta última incorporaba también algo de aquella masculinidad de rasgos físicos reconocibles y «nariz de cartabón» que había interesado a Echagüe y que la literatura franquista se ocuparía de reivindicar en su secuestro particular de aquellos llamados por Pemán «varones ínclitos» del norte. El pintor parece concederse en esta litografía algunas licencias estéticas, y el estilo más tradicional, miguelangelesco, que reverbera en «El esfuerzo» desaparece, transformando el arquetipo masculino que aquí nos ocupa en estructura aeronáutica, podría decirse, dotada aquí casi de la superficie sin mácula de la rápida embarcación cantábrica que la acompaña. Esto no impide, en todo caso, que sus *kirolaris* estén de nuevo caracterizados por un mismo tratamiento en términos de expresión que vincula todos estos ejemplos inequívocamente con el síntoma «de lo vasco», susceptibles de encontrarse agrupados casi como modelos fisionómicos destinados a explicar la virtud estoica y escueta del prototipo euskaldún a través también de su gesto inconfundible, captado por artistas y fotógrafos.

En ambos casos, los mismos hombres «recios y cuadrados» que harían aparición en la ilustración de Tejada y en la literatura hagiográfica del franquismo parecen estar ya en pie de guardia y a la espera de una orden por llegar. Adelantados a su tiempo, o con la vista perdida en «la otra cruzada», como se dijera sobre los combatientes vascos en la literatura franquista en referencia a las guerras carlistas, los remeros pintados por Arteta y retratados por Echagüe tienen algo de la pulsión contenida y del ensimismamiento patriótico del mártir que caracterizaría a los requetés —y a los combatientes *nacionales* en general— de la pintura de Tejada. En cierta manera, suponen el paradigma de oposición por antonomasia al «hombre desbordado» que toma forma en la producción literaria a la que nos hemos dedicado en el capítulo anterior.

Según la lógica que imperaba en la cosmovisión fascista y en la del propio pensamiento reaccionario español, lo que convertía a estos arquetipos preexistentes en hitos masculinos esencialmente recuperables y susceptibles de ser incorporados al proyecto de reconstrucción nacional —también de reconstrucción masculina— era precisamente su oposición intrínseca al «hombre bestia» y al sujeto sin historia que representa el ejemplo de Vicente en la novela de Torrente Ballester al que nos hemos referido anteriormente. Continuando con la relación que pretendemos establecer entre materiales literario-didácticos como *Aprendiz de hombre* y la producción artística vasca anterior a la guerra, los modelos aquí recogidos en efecto desprenden lo contrario; lejos de «ir donde los llevan», como el hombre-

33. José Ortiz Echagüe, «Pelotaspieler», en *Spanische Köpfe. Bilder aus Kastilien, Aragonien und Andalusien,* Berlín, Verlag Ernst Wasmuth, 1929.

animal de Torrente Ballester, todos estos hombres parecen dirigirse inevitablemente hacia un destino marcado que solo ellos, mirada clavada en el horizonte, parecen ser capaces de comprender.

El jugador de cesta-punta que retrata Echagüe [33] y que apareciese en publicaciones internacionales como *Spanische Köpfe* (1929) en Alemania bajo el título algo impreciso de *Pelotaspieler* o el remero de las regatas de Donosti pintado por Arteta al que ya nos hemos referido son fieles representantes de un movimiento que va a producirse, de una victoria —producto estricto de su poderío masculino— que está por llegar. Resumen con fidelidad la dualidad no incompatible entre quietud y explosión inminente, compromiso (deportivo, cultural y patriótico en este caso, pero trasladable con facilidad a un ámbito castrense), estatismo ensimismado y dinamismo previsible, el desplegado por el regatista en su gesta y por el jugador de jai alai en el *frontoia.* Deportistas de *herri kirolak,* héroes de inconfundible sabor peninsular —en tanto en cuanto practican un deporte, guerra por otros medios como todos los juegos, de marcado sentido identitario y difícilmente localizable fuera del ámbito euskaldún—, estos *kirolaris* se proyectan hacia el porvenir con la mirada hacia atrás en un sentido que aquí nos interesa y, que como veremos, resulta posible rastrear en la esencia atemporal de los combatientes de la coalición franquista. La temporalidad mágica imaginada para los soldados golpistas los vincula inevitablemente a estos modelos precedentes tan atractivos, tan secuestrables, tan reaprovechables, que suponen el puntista y el remero experto.

Los modelos posteriores deudores de este tipo de arquetipos, requetés y campesinos de Tejada, reclaman ser seguidos e imitados y recuerdan al receptor, a los grandes públicos que conocieran el popular trabajo de Echagüe, Arteta y de los pintores costumbristas, que aquel modelo estoico suponía, en fin, el revulsivo *nacional* por antonomasia frente al desafío político de los «Vicentes», los «Pacos», los «Felipes», las «chusmas en chancleta» y los tullidos, incompletos y mutilados que se convirtieron, como hemos mencionado, en el arquetipo del brigadista y del miliciano.

Por todo ello, la elección del arquetipo vasco cumpliría, para el bando franquista, varios objetivos políticos de gran relevancia: secuestraba, recodificaba y resignificaba la masculinidad definida desde la literatura y la pintura costumbristas vascas y permitía desactivar las diferencias entre euskaldunes y españoles; incorporaba, desde lo visual y lo textual, exponiéndolo en ejercicio propagandístico ante los grandes públicos, formas de diversidad domesticada que interesaban al franquismo, ávido, como todos los movimientos de carácter fascista, de eliminar toda diferencia y reivindicar exclusivamente lo diverso dentro de lo unitario; daba sentido y legitimaba, además, la narración de la «España eterna» a través de unos representantes cuyo origen y tradiciones ancestrales interesaban y fascinaban hasta a los por aquel entonces mayores valedores y principales referencias ideológicas de una España que todavía no se había deshecho del falangismo para convertirlo en artefacto de museo: el Tercer Reich y su proyecto de la «Europa de los pueblos» que predicaba el nacionalsocialismo.

Incorporada al aparato retórico-visual del franquismo destinado a los grandes públicos, esta imagen del pueblo vasco permitía, en ejercicio de la parte por el todo, reforzar la ya existente mitología de la España eterna, desvinculada para siempre de las naciones *geschichtslos* (de los pueblos sin historia, literalmente), categoría y neologismo fuertemente arraigados en el pensamiento y la retórica fascistas continentales de los que el falangismo y el franquismo son evidentes deudores[32]. La imagen idealizada de lo vasco estaba llamada a unirse a otros ítems

[32] Karin Dörr y Robert Michael, *Nazi Deutsch, Nazi German: An English Lexicon of the Language of the Third Reich,* Londres, Bloomsbury, 2002, pág. 186.

descontextualizados de equivalente valor simbólico —el legado visigodo; la presencia de lo germánico en España; el muy conveniente carácter «pionero» de los ibéricos en su revolución frente a lo foráneo a través del mito de la Reconquista— que debían reforzar una visión política y politizada del pasado peninsular. Estos arquetipos eran, en último término, y como habitantes connaturales del agro y del espacio antiurbano, opuestos simbólicos a los mismos «hombres de asfalto», tanto por la composición matérica supuestamente diversa de estos «otros» demonizados como por la diferencia nada secundaria entre los espacios que ocupan héroes rurales y estas némesis demonizadas, el proletariado urbano de «cocido modesto y piso de cuarenta duros» que protagonizaba la literatura política de los primeras espadas del discurso literario contrarrevolucionario español[33].

La narrativa política franquista articulaba así aquel muestrario que legitimaba a la Nueva España como «pueblo con historia»; bebía, con la incorporación de estos repositorios secuestrados, de una tradición pictórica y literaria que no era necesario inventar, como apuntábamos antes, sino tan solo recodificar para ponerla al servicio de la construcción de aquellos «varones ínclitos» a los que elogiaría José María Pemán: campesinos y baserritarras vascos y navarros imbuidos de una naturaleza estoica y sacrificial, «la boina alegre y el pecho florecido de recuerdos de la madre, la novia y la pariente monja»[34], como declaraba con admiración el falangista García Serrano en su ya mencionada *La fiel infantería,* obra bien conocida entre el público español durante la contienda europea. El mito del requeté —y por extensión de lo cantábrico—, aliado de poderoso valor estratégico-simbólico, se desplegaba propagandísticamente para dar lugar a retratos visuales y textuales que exponían a los grandes públicos hombres «rudos y campechanos, [que] cantaban a todas horas, con fervor de ignorado romancero, canciones entre heroicas y religiosas»[35]. Celebraba —constituyendo en cierto modo una suerte de oxímoron— el *exotismo de lo de siempre* o el *pintoresquismo de lo que no cambia,* virtud ensalzada y festejada por un sistema que deseaba encontrar riqueza únicamente en la diversidad reconocida, reconocible y sometida. El encuentro con los voluntarios cantábricos que relata y articula la narración franquista en texto e imagen es, de nuevo, contradicción pura, puesto que celebra el hallazgo fortuito y el encuentro maravilloso, sobrenatural, con lo que es sin embargo *de sobra conocido,* en tanto en cuanto se conforma como artefacto perenne y como uno de los máximos representantes de la singularidad ibérica, que el franquismo interpreta como particularidad hispánica y española.

---

33 Joaquín de Entrambasaguas, citado en Julio Rodríguez Puértolas, *Literatura fascista..., op. cit.,* pág. 1.218.

34 Rafael García Serrano, *La fiel infantería..., op. cit.,* pág. 52.

35 *Ibíd.*

Historia de la Cruzada sería así enormemente coherente, tanto en sus textos como en la presentación de fotografías e ilustración, con el discurso general franquista y presentaría a unos hombres singulares de ánimo resuelto, tosco y aventurero que eran enormemente susceptibles de convertirse al mismo tiempo en héroes indiscutibles, arquetipos supervivientes y figuras de un cierto exotismo entrañable; la repetición del cliché los convertía casi en modelos que seguir *coleccionables,* de nuevo, llamados a completar los otros paradigmas del «macho» chulesco del tercio y de la Falange. Estos «santos» de «corpachón atlético» tenían, según el relato de *Historia de la Cruzada,* una aureola tallada a golpe de martillo y cincel tan rocosa, primitiva y rotunda como ellos: «Rudo soldado que en África, de capitán del Tercio, se talló, como su amigo el imaginero talla sus santos, una aureola heroica; hombre de corpachón atlético; de voz brusca y recia; gran andarín y cazador que conoce todas las sendas de Navarra»[36].

Semejantes combatientes podían ser fácilmente leídos como paradigmas de la revolución de lo eterno frente a lo volátil, de lo espiritual frente a lo materialista: el baserritarra, icono atemporal del agro navarro y vasco, armado con mosquete y zurrón, abandonaba en las reconstrucciones visuales rebeldes las labores del campo y se unía, casi en ejercicio de peregrinación silenciosa, a la *Cruzada* «de todos». Tejada opondrá —por mandato político y no por iniciativa artística personal—, en ejercicio ideológico de absoluta coherencia, dos formas de representación de lo popular en las que la diferencia entre lo humilde (rural) y lo grosero (urbano, proletario) se manifiesta de manera absolutamente inconfundible, generando tópicos de fácil reconocimiento y descodificación. Planteamientos, por otra parte, que ya formaban parte del discurso aranista anterior a la guerra y que esbozaban, en la producción literaria, artística y teórica cercana al nacionalismo *jeltzale,* una clara división entre la virtud rural y el irredentismo obrero de la urbe. El sujeto simbólico y el sujeto político, en este sentido, no cambiaban en modo alguno, facilitando la recepción de este discurso de sublimación rural precapitalista entre los grandes públicos de perfil conservador agrario dentro y fuera del ámbito vasco.

La peregrinación individual de estos hombres válidos de ánimo a un mismo tiempo escueto y *zackig* enlazaba, además, con todo aquel discurso de poderoso tinte ideológico que elevaba al pueblo, en tradicional ejercicio de populismo, a la categoría de único actor válido en el escenario de una patria en liquidación que debía ser redimida por las armas. Aquel hombre de campo suponía la antítesis perfecta del que sería su némesis simbólica, el obrero izquierdista y ateo de los barrios de Madrid que protagonizaba, al mismo tiempo, las ilustraciones de Valverde y de Tejada en *Historia de la Cruzada* y los textos de Giménez Caballero —con claros

---

[36] Joaquín Arrarás y Carlos Sáenz de Tejada, *Historia de la Cruzada Española,* II, Madrid, Ediciones Españolas, 1940, pág. 420.

ejemplos en sus dramáticas *Exaltaciones de Madrid*— o los de Agustín de Foxá. Representaba también, una vez recodificado y secuestrado, aquel «lo pequeño es bello», aquella pequeña escala antiurbana que Tom Brass identifica como uno de los artefactos definidores del populismo fascista, tanto desde el punto de vista contemporáneo como histórico[37]. Las ilustraciones de Tejada se revelan a todas luces como «fenómenos antropológicos totales» en el más clásico sentido del método de Aby Warburg, puesto que reflejan con particular claridad la construcción de una verdad orgánica y de un paradigma de lo masculinamente apto y degenerado que se transmite a los grandes públicos llamados a consumir estos materiales artístico-propagandísticos. A su manera, *Historia de la Cruzada* se revela como una suerte de dispositivo cronístico *mejorado* —en su función *muestraria,* quiero decir— que, a partir de la fotografía, la ilustración y una narración de a veces marcado tono arcaizante, reconstruía y generaba un relato político por medio de tópicos, supervivencias y restos que componen en sí mismos el auténtico *Ersatz* tramposo, sucedáneo transformado aquí en crónica con vocación histórica. Elemento que comparte por cierto con las propias crónicas de Indias —empezando por las de Pedro Mártir—, generando así una veridicción politizada de lo propio y lo foráneo como hicieron aquellos artefactos pseudohistóricos que fueran las crónicas indianas.

No es de extrañar que este arquetipo de lo enraizado, de lo perenne, de lo que no cambia, de lo *renunciante,* de lo espiritual y lo patriótico sea uno de los modelos sobrevivientes escogidos por el aparato franquista para oponerse simbólica y militarmente a la modernidad de la República. Ilustraciones como «La despedida», en clave equivalente [**34**], reproduce una escena ideológica y simbólicamente prototípica, exageradamente atrezada: el voluntario carlista, de fisionomía espigada y rasgos reconocibles —de perfil afilado, acartabonado, como los atlantes de Arteta; como tantos otros tipos vascos retratados por Tejada incluso antes de la guerra—, ataviado ya con los correajes del soldado, se despide de su amada a los pies del roble centenario, ante la atenta mirada de dos bueyes tocados con el tradicional *kopetekua* (tocado; literalmente, «lo de la frente» en euskera) de las pruebas de arrastre de piedra, tan populares en la cultura euskaldún. No parece imposible que Italo Calvino hubiera visto en estos modelos clónicos que se repiten la misma reiteración «falsa y tediosa» que encontrase el intelectual italiano en la literatura y el arte decimonónicos dedicados a las virtudes perdidas del campo[38], plagados, como estas representaciones de Tejada, de tediosas (no por aburridas, opino, sino por insistentes) imágenes falsarias de una arcadia rural como la que recoge el pintor navarro en su particular exhibición de la *virtus* carlista.

---

[37] Tom Brass, *Peasants, Populism, and Postmodernism: The Return of the Agrarian Myth,* Londres, Frank Cass, 2000, pág. 15.

[38] Véase, en este sentido, Italo Calvino, «El patrimonio de los dragones», en *Colección de arena, op. cit.,* págs. 41 y ss.

34. Carlos Sáenz de Tejada, «La despedida», *Historia de la Cruzada Española,* vol. III, tomo XIII, 1941.

Detrás de los protagonistas, Tejada presenta al receptor y lector de *Historia de la Cruzada* una orografía montañosa que completa la imagen manierista y pintoresca; un *baserri* con su lumbre, paradigma del hogar confortable que debe abandonarse en ejercicio de responsabilidad patriótica, completa una composición destinada a consumirse. El arquetipo del «buen vasco» y del «buen navarro» —según la óptica franquista— quedaba así perfectamente codificado mediante otro dispositivo visual llamado a apuntalar el mismo discurso de válidos y traidores, muy presente también en los textos de *Historia de la Cruzada*. La lógica duméziliana nos lleva a ver en estos soldados, además, el verdadero modelo opuesto del Aquiles clásico —este es, de hecho, el ejemplo especular que emplea el francés al contrastarlo con el tipo heraclida— que en el caso franquista estaba representado por la masculinidad no contenida del soldado de tercio[39], chulesco por naturaleza y contrapunto lógico al paradigma que aquí nos ocupa.

Caleidoscopios, prismas cristalinos: rufianes, renunciantes, heraclidas y aquileos

El remanente condensado en el soldado cantábrico reflejaba, junto al síntoma aquileo, la existencia de un politeísmo ideológico a partir de la presencia sobreviviente de estos dos modelos de masculinidad bélica, dando fe de una contradicción que quizás no es tal, completamente inherente, por otro lado, a la propia coalición franquista, marcada por la coexistencia de hombres Starkad, Hércules «renunciantes» por antonomasia y soldados de tercio y camisas azules de marcado perfil aquileo. Unamuno, que había definido la mentalidad golpista como híbrido y «mezcla de cuartel y de sacristía» —sin revelarnos sin embargo la proporción de cada una de ellas—, habría coincidido con nosotros quizás en el diagnóstico: ambas realidades convivían a veces en oposición perpetua, pero se hacían compatibles a partir de la concomitancia que permite la simetría invertida de ambos modelos sacrificiales. Los primeros eran más ascetas que soldados y los segundos tenían más de aventureros sedientos de gloria que de ítem sacrificial de ánimo

[39] Esto no invalida, sin embargo, la existencia de algunas excepciones puntuales, como el relato que se hace del legionario gallego caído en batalla en *Legión,* de Pedro García Suárez: «Más allá, de espaldas a ellos, doblado sobre la alambrada, con los pantalones caídos sujetándole las piernas como dos grilletes, estaba Cerrillo Arturo recordó rápidamente... [...] sí, sí ¡ya estaba! Galicia, los prados..., las esquilas..., la moza paridora..., el dulce alalá, los chirridos de los carros, las corredoiras, las vacas mansas, las suaves alboradas... y ahora estaba allí, como un pelele grotesco, clavado en la alambrada y solo...»; aun así, el tono que impera en esta novela de casquería legionaria no es precisamente el que podemos encontrar más comúnmente asociado a otro tipo de combatientes, como los que aquí tratamos; en Pedro García Suárez, *Legión,* citado en VV.AA., *España salvaje. Los otros episodios nacionales, op. cit.,* pág. 228.

35. «Las mil y una aventuras de Pachi Chiki», *Pelayos,* 10 de enero de 1937.

estoico. Su espíritu es también imagen superviviente del modelo que Calasso ve como opuesto al propio Heracles, aquel de Teseo —emparentado de hecho con el famoso hijo de Zeus de los doce tediosos trabajos— «caracterizado por el gesto del aventurero, que actúa obedeciendo al desafío, al capricho, a la curiosidad, al placer»[40]. Teseo, como los Aquiles y el resto de los valientes guerreros que con ellos se emparentan simbólicamente, tiene poco o nada de *archegeté* —título que por encima de todo se concede a Heracles—, de fundador, de civilizador, en realidad, al contrario que nuestro héroe cantábrico, a su manera propia: primero, como representante vivo de una tradición que jamás lo abandona, que lo constituye, que lo diferencia, que le da forma; el voluntario del norte, como el héroe de la épica griega, lleva consigo una suerte de *kulturelle Inhalte,* de contenidos culturales que no son en absoluto connaturales ni a los Teseos, ni a los Aquiles, ni a los legionarios africanos. El Hércules peninsular, sobre todo en los retratos que de él se hacen, es potencia de *oikistés* pura. En su caminar por territorios que no le son propios [35], como el mismo Hércules conduciendo a las reses, *funda.* En segundo lugar, como elemento indiscutible de una estirpe de *descubridores* y *pacificadores* imperiales —en Tucumán, en Jujuy, en la llamada Nueva Vizcaya, en Filipinas; en tantos territorios por los que pasaron conquistadores, intendentes, eclesiásticos vascos— con la que, a pesar de todo, era infinitamente más complicado vincular retóricamente a la joven Falange, partido político y movimiento contemporáneo, por mucho que se proveyese este de simbología y herencias hispánicas reivindicadas como propias con mayor o menor fortuna.

Así, no hay rastro de los elementos definitorios teseicos y aquileos recogidos por Calasso ni en los modelos literarios que pueden representar los testimonios de Pemán o García Serrano ni en los ejemplos pictóricos de nuestro Tejada, más bien

[40] Roberto Calasso, *Las bodas de Cadmo y Harmonía, op. cit.,* pág. 61.

al contrario: la ausencia de curiosidad hedonista, la desaparición total de cualquier rastro de capricho y de vocación placentera o aventurera vertebra el *imago* de los boinas rojas y de los voluntarios hasta transformarlos en ascetas mediante todos los matices que ofrece la palabra escogida por el poeta gaditano con la precisión del especialista en héroes.

La épica franquista resolvería en cierto modo las contradicciones que planteaba la existencia de modelos heroicos incompatibles concediendo a ambos su lugar en la constelación de los salvadores patrios como lo hiciese la épica grecolatina que aquí mantenemos como telón de fondo: Aquiles, «el de los pies ligeros», bravucón por antonomasia, héroe caprichoso, indisciplinado, paradigma del díscolo al que rinden pleitesía hasta los reyes, sincero por arrogante y por indiferente, convivía en la propia epopeya griega con los más templados y manipulativos Ulises, «fecundo en ardides» —sobre el que vamos a volver en profundidad, analizando la potencia repetitiva de su figura—, o con el más familiar Héctor, «de refulgente casco», modelo del héroe que renuncia y se sacrifica, antítesis, de nuevo, del casi inmortal hijo de Peleo y Tetis. Una vez más, la lógica golpista transformaba a héroes y monstruos en artefactos coleccionables y resolvía a partir de relecturas contemporáneas de la guerra y posteriores a esta la difícil convivencia de modelos-programa como el falangista y el nacionalcatólico, o el representado por el tradicionalismo rural de aquellos con «la llama en las frentes», fórmula de nuevo hermosamente homérica escogida por Pemán para referirse a los hijos del valle del Baztán.

Aquiles, al que Agamenón tuvo que seducir —y aplacar— con «populosas ciudades»[41], mujeres lesbias, prisioneras troyanas, hijas del propio monarca y «hermosos campos», se revela, así, como auténtico resto viviente de un arrojo irreflexivo —del que se sabe o se cree inmortal, en el caso del héroe homérico— y de una manera de entender la guerra como aventura eminentemente masculina dirigida al engrandecimiento personal, a la gloria interesada y al disfrute del botín. Mujeres transformadas en trofeos para el disfrute de los mejores como los que se exhiben sin complejo en los testimonios de soldados del tercio africano que pueblan las novelas ibéricas de guerra y preguerra. El falangista catalán Luys Santa Marina es autor de algunos de los versos más tristemente infames, testimonio inequívoco además de un *modus operandi* colonial que vendría a importarse una década después a la propia Guerra Civil, en los que se celebraba sin tapujos la violación —marca aquilea— como arma de guerra y como elemento constitutivo de la acción bélica. Su novela de soldado en territorio colonial *Tras el águila del César* celebraba ya en 1924 la transformación de las mujeres capturadas, desnudas y «flotantes al viento de las cabelleras» en simples estandartes de tercio en un pasaje obsceno

---

[41] Homero, *La Ilíada,* Donosti, Txertoa, 1984, pág. 130.

que no sobreviviría en ediciones posteriores al *decoro* de la censura franquista. Sí lo harían otros pasajes del mismo libro, como el que aquí recojo, también testigos de un modo de hacer la guerra que era, en efecto, el contrario al que pretendía representar el paradigma Starcatherus de los ejemplos que aquí nos ocupan:

> No llores, niña, no llores,
> no llores ni pases pena,
> que a eso de los nueve meses
> has de tener una nena...
> —*Good-bye, pretty lady!* Y disparó en dirección del llanto.
> Nadie respondió[42].

Víctor de la Serna, camisa azul como Santa Marina, resumiría en su «Elogio de la alegre retaguardia» la tensión interna entre sectores más conservadores —más católicos, también; más burgueses, con seguridad— que él llamaba de «zapatilla de orillos, a la que asusta el crótalo de las espuelas»[43]. Morir por España otorgaba a los héroes inmolados en el altar de la patria el extraño privilegio de incurrir en los mismos crímenes que se atribuían a los milicianos, *sex predators* por antonomasia. La *Antología poética del alzamiento* ofrece algunos ejemplos sorprendentemente aquileos —coincidiendo hasta en el número de mujeres prometidas al soldado victorioso—, como aquella desafortunada «canción de abril al alférez provisional», en la que el botín da sentido y completa al guerrero, en claro ejercicio opuesto al síntoma heraclida apreciado por nuestro Dumézil:

> Cada hombre siete mujeres
> Y cada Alférez, cincuenta,
> Que para eso cada Alférez
> Es siete hombres y una estrella
> Veinticinco tienes rubias,
> y veinticinco morenas,
> morenas por tus heridas
> y rubias por tus espuelas[44].

Imagen especular de este remanente heroico son nuestros «heraclidas duros», en palabras de Pemán, saludados por el poeta más laureado y difundido del fran-

---

[42] Citado en José Luis Cano, «Dos cartas de Unamuno sobre la Guerra Civil», *Los Cuadernos de Literatura,* pág. 47.

[43] Víctor de la Serna, «Elogio de la alegre retaguardia», *Vértice,* 3 de junio de 1937.

[44] Luis Camacho Carrasco, «Canción de abril al alférez provisional», en Jorge Villén, *Antología poética del alzamiento,* Cádiz, Establecimientos Cerón y Librería Cervantes, 1949, págs. 85-87.

quismo, autor además junto a Tejada del *Romancero carlista*, provisto de ilustraciones del pintor navarro y textos del autor jerezano. Su célebre *Poema de la Bestia y el Ángel*, en todo caso, vuelve a servirnos un ejemplo bellamente revelador de un resto que salía a la superficie, dando la razón a Dumézil y confirmando definitivamente el modelo heraclida peninsular como acto consciente de la épica franquista: «¡Los de las llamas en las frentes, heraclidas duros; hijos insignes que del verde Baztán sois decoro: en nombre de España, varones ínclitos, ¡salve!»[45]. Antes que él, el jurista, lingüista y geógrafo Andrés de Poza había euskaldunizado a Heracles, transformando al héroe clásico en vasco, pensamos —como dijera Juaristi— que «con más ingenio que tino»[46]. No sería el único, por supuesto: franceses y reyes españoles —los de Castilla en particular— tratarían de relacionar sus linajes con los del propio hijo de Júpiter, legitimando su propio poder a partir del vínculo con el célebre héroe fundador[47].

Maravillas de la casualidad —o de la tenacidad superviviente; o de la tradición cultural que reaparece; o de la vibración majestuosa del resto viviente de nuestro Burckhardt y nuestro Warburg, más bien; o de la lectura de la historia sui géneris de Poza, quizás—, el duro voluntario del norte es por encima de todo soldado heraclida, vinculado por tanto *de facto* por Pemán a la estirpe de héroes solitarios y distintos a los demás, un punto incivilizados y errantes, que Dumézil inaugurase simbólicamente con la tríada ya mencionada de los Starcatherus y compañía. De nuevo, las palabras de Calasso —hacemos nuestra la sugerente formulación del intelectual florentino— explican el funcionamiento del fenómeno cultural con la habilidad del maestro de la prosa y la intuición del rastreador warburgiano, haciéndonos imaginar inevitablemente la aparición fugaz del esqueleto heraclida, starcathiano, de la osamenta del arquetipo de Sansón, también, verdadero armazón de este sistema heroico, bajo la carne mortal del soldado vasco:

> La ripetizione di un evento mitico, con il suo gioco di varianti, avverte che qualcosa di remoto ci fa cenno. Non esiste evento mitico isolato, come non esiste una parola isolata. Il mito, come il linguaggio, si dà intero in ciascuno dei suoi frammenti. Quando un mito lascia agire la ripetizione e la variante, affiora per un tratto l'ossatura del sistema, l'ordine latente, coperto di alghe[48].

---

[45] José María Pemán, *Poema de la Bestia..., op. cit.*, pág. 141.

[46] El escritor vasco se refiere a este ejercicio pseudohistórico de Poza en Jon Juaristi, *El bosque originario. Genealogías míticas de los pueblos de Europa*, Madrid, Taurus, 2000, pág. 183.

[47] *Ibíd.*, pág 103; Walter Stephens, *Giants in those Days: Folklore, Ancient History and Nationalism*, Lincoln (NE), University of Nebraska Press, 1989, pág. 167.

[48] La traducción al español resulta confusa en sus últimas reflexiones, que adjuntamos, aunque hemos respetado en el cuerpo del texto la versión original en italiano. «La repetición de un acontecimiento mítico, con su juego de variantes, advierte que algo remoto se insinúa. No existe acontecimiento mítico aislado, de la misma manera que no existe una palabra aislada. El mito, al igual

36. Carlos Sáenz de Tejada, «Al amanecer parten todos los hombres válidos», *Historia de la Cruzada Española,* vol. III, tomo XIII, 1941.

Así, los «hijos del Baztán» son saludados por el poeta andaluz y bienvenidos casi como hijos pródigos que se incorporan a la cruzada nacional en un texto de profundo sentido épico en el que la llegada de patriotas que acuden a la llamada lejana [**36**] y provienen de puntos distantes de la geografía ibérica refuerza el dramatismo heroico del poema. Se transforman en parte lógica de un catálogo mítico en el que todos los hombres aptos parecen desempeñar un rol particular frente a la anti-España; los de «las llamas en las frentes» confirman el arquetipo rocoso del combatiente vasco y navarro y son recibidos con solemnidad imperial mediante la fórmula «¡salve!» que emplea el poeta.

---

que el lenguaje, se ofrece por entero en cada uno de sus fragmentos. Cuando un mito deja de actuar la repetición y la variante, aflora por un instante el esqueleto del sistema, el orden latente, cubierto de algas»; en Roberto Calasso, *Las bodas de Cadmo..., op. cit.,* pág. 127. Para la versión italiana, Roberto Calasso, *Le nozze di Cadmo ed Armonia, op. cit.,* pág. 159.

El «hexámetro en loor de los soldados de Navarra» que figura en el *Poema de la Bestia y el Ángel* posee algunos elementos clave del discurso franquista en torno a lo vasco y a la masculinidad recuperada que aquí analizamos que justifican la mención de varios de sus versos, iconográfica y simbólicamente equivalentes al despliegue visual de *Historia de la Cruzada*. El soldado vasco, «asceta» por encima de todo —de nuevo, vibrante remanente starcathiano el escogido por Pemán—, realiza su entrada apoteósica en la epopeya del poeta como aparecido, como retornado de otro tiempo, como criatura maravillosa susceptible de escapar a la vista del observador descuidado. La fórmula repetida empleada por Pemán «yo los vi» consolida en verdad la impresión del encuentro con lo extraordinario, con lo fugaz, con lo que a menudo permanece oculto; con la verdadera naturaleza de *algo* que se nos muestra, testigos privilegiados del suceso y del sujeto portentoso, como aquel orden latente que surge de las algas del que habla Calasso:

> Porque sois los ascetas:
> que lleváis, por amor, doloridos, hechos cólera santa en el alma
> tres siglos de Historia y hecha boina
> lleváis en la frente la vergüenza de España.
> Yo los vi por las breñas de Asturias, ¡oh cíclopes duros!
> con rápido brinco como el ágil rebeco asustado
> escalar el partido brocal de los picos azules.
> [...]
> Yo los vi en los capotes cenizas, votivas figuras,
> talladas en bloques de grises pizarras inmóviles,
> hacer —rabadanes de nubes— la guarda en los picos[49].

Los «buenos» vascos y navarros son así, según el discurso del poema, representantes vivos de la victoria y la derrota, portadores por lo tanto de la capacidad palingenésica de la patria; testigos vivientes y paradigmas supervivientes de lo mejor y lo peor de la Historia de España. Son arcadios ibéricos, si seguimos con esta nomenclatura tan grecolatina que nos acompaña en estas páginas, «autóctonos sin mácula» que, como los pobladores originarios del Ática a los que hacemos aquí referencia, son identificados como los primeros entre todos los pueblos[50]. Con estos últimos comparten, además, un equivalente oxímoron como el señalado por Juaristi en relación con los más antiguos entre los griegos: son colonizadores que no se mueven de su tierra, descubridores no mezclados; viajeros inmóviles,

---

[49] José María Pemán, *Poema de la Bestia..., op. cit.*, pág. 141.

[50] Parto aquí de unas reflexiones de Juaristi en torno a los arcadios y el mito heraclida clásico que el lector encontrará en el estudio que el autor vasco dedica a los mitos originarios de Occidente; en Jon Juaristi, *El bosque originario..., op. cit.*, pág. 77.

estáticos-dinámicos. Se les describe aquí y en la *Historia de la Cruzada* como personajes aventureros, hombres fuertes de «brinco» reconocible, carácter «andarín» y constitución impenetrable. «Votivas figuras», recuerda Pemán, «talladas en bloques de grises pizarras inmóviles» que encontraban así idéntica representación en la pluma de Pemán y en los trazos de un Arlaiz, que casi parecía haber leído con atención al jerezano cuando el mismo año 1938 inmortalizaba a sus boinas rojas también de guardia sobre los picos. El carácter afilado y el poderoso contraluz de las figuras de Arlaiz confirman con claridad su entidad como arquetipos escultóricos inamovibles, sin rastro humano, y las eleva a la categoría de artefactos dignos de ser contemplados, imitados y admirados.

En manos de un pintor claramente menos barroco que Tejada, el combatiente requeté adquiere mediante la presentación seriada y la disposición dramática frente a un horizonte sin nubes la rotundidad inmóvil del accidente geográfico perenne, en un ejercicio propagandístico que tiene, como la poesía de Pemán, la clara intención de *atemporalizar* al soldado navarro y convertirlo en arquetipo fantasmal en el sentido más absoluto de la palabra. En los guerreros de Arlaiz no se aprecia resto alguno de aquella transición que es muerte, como nos recuerda Cassirer[51], en la que el niño *perece* un poco para hacerse mancebo y en la que el joven *muere* para transformarse en hombre. Son, de este modo, seres desprovistos de toda «fase crítica», porque parecen en efecto haberse originado así, como los representa el artista, en el «no tiempo» de los héroes y de los dioses a los que dedicaré algunas palabras en las próximas páginas.

El empleo de una lógica clásica permite diluir algunas de las contradicciones aquí planteadas. A su manera, el politeísmo heroico del franquismo, con sus ejemplos incompatibles, constituía a partir de «varios que son uno» el auténtico mito heroico del *trickster,* que dijeron Lévi-Strauss y, antes que él, nuestros Jung[52] y Kerényi, del tramposo, del ilusionista y del comodín: del que puede ser simultáneamente valeroso, asesino innoble, pecador, pero redimido; derrotado victorioso. Del que puede serlo todo al mismo tiempo, en definitiva, como el propio Starcatherus —que recoge en sí mismo la dualidad del héroe y del villano, del asesino—, como los héroes griegos, como los dioses clásicos, también. Esta capacidad tramposa, de hecho, supone una suerte de «ruptura de fronteras y lindes» que se revela, aplicada no aquí a la crisis de categorías que implican los monstruos, como dijera Cohen, sino a sus anversos heroicos, monstruosa, seguro maravillosa y contradictoria. La contradicción heroica tiene por tanto manifestación tanto en el modelo del héroe que es también asesino (basado en el mitologema heraclida)

---

[51] Ernst Cassirer, *Filosofía de las formas simbólicas*..., *op. cit.*, pág. 146.

[52] Me refiero, en particular, a Carl Gustav Jung, *Four Archetypes*..., *op. cit.*

como en la convivencia, aún más contradictoria en apariencia, de estos con los modelos aquileos que constituyen casi el «uno y trino» franquista, como ejemplos paradigmáticos de «cuerpos bastardos» provistos de rasgos de una y otra parte[53].

Es de nuevo el filósofo francés el que nos ofrece una imagen que bien permite comprender el equilibrio de modelos convivientes a partir de dos metáforas —las del *bricoleur* y el caleidoscopio— que fácilmente dialogarán con aquellas dedicadas al volcán que el lector encontrará en las próximas páginas. Como en el ejercicio del bricolaje reparador —que Lévi-Strauss ya relaciona directamente con «sobras y pedazos, vestigios de procesos sicológicos e históricos»[54]—, los materiales que aquí se emplean son restos heroicos de otros tiempos, locales e importados; cantábricos y helénicos, aquileos y heraclidas, de valle lejano y de tercio, y conviven con una nueva forma en la estructura renovada que adquiere aquello que se revela como compuesto a partir de elementos que *han servido,* pero que pueden *todavía servir.* Este bricolaje ideológico, así como las lógicas de representación que lo acompañan, se antojan lienzo político combinativo que se comporta como una suerte de grutesco: escenario y lienzo que permite, como las fantasiosas pinturas en las que coexistían sin entrar en conflicto insoportable opuestos tan irreconciliables como las imágenes del mundo pagano y el de la Biblia, las formas y lenguajes de los vencedores y los vencidos, de los colonizadores y los colonizados. El grutesco de las masculinidades heroicas del franquismo admite, si seguimos con esta analogía, convivencias imposibles como las de las propias pinturas renacentistas, dispositivos políticos y artefactos parlantes de primer nivel.

Nuestro tramposo que es «muchos en uno» —elemento completamente habitual dentro de las lógicas religiosas y mitológicas, por otra parte; véanse los desdoblamientos divinos y heroicos en la tradición griega o védica aquí mencionadas; en la épica de los Banu Hilal[55]—, nuestro *trickster,* prestidigitador del modelo masculino del franquismo, es criatura caleidoscópica pura, imagen de caleidoscopio, como habría dicho Lévi-Strauss, en tanto en cuanto efectivamente posee un orden *nuevo* a partir de elementos viejos en el que se revela (como el

---

[53] Incorporo aquí la formulación de Guillaume du Bartas que recoge Gruzinski en *El pensamiento mestizo, op. cit.,* pág. 188.

[54] Claude Lévi-Strauss, *El pensamiento salvaje,* México D. F., Fondo de Cultura Económica, 1987, pág. 60; la cursiva es mía.

[55] Como digo, esta característica aparece en la mitología occidental, en la hindú, pero también en los textos y en la tradición épica de los beduinos Banu Hilal o, como estudió el antropólogo cultural y folclorista polaco Paul Radin junto a Kerényi, en los pueblos indígenas americanos; véanse, en este sentido, Paul Radin, *The Trickster: A Study in American Indian Mythology. With commentaries by Karl Kerényi and C. G. Jung,* Nueva York, Schoken Random House, 1987; Dwight F. Reynolds, «Abū Zayd al-Hilālī: Trickster, Womanizer, Warrior, Shaykh», *Journal of Arabic Literature,* 49, 2018, págs. 78-103.

instrumento reparado por el aficionado a las manualidades o el propio prisma de espejos) dotado de una disposición al mismo tiempo novedosa y repetida que brota de la combinación de *sobras:*

> Ni las imágenes del mito, ni los materiales del *bricoleur* provienen del devenir puro. Este rigor, que parece hacerles falta cuando los observamos en el momento de su nuevo empleo, lo poseyeron antaño, cuando formaban parte de otros conjuntos coherentes; y lo poseen todavía, en la medida en la que no son materiales brutos, sino productos ya trabajados [...]. Esta lógica opera, un poco, a la manea del caleidoscopio: instrumento que contiene también *sobras* [fantástica coincidencia terminológica, que nos aproxima a los restos de Burckhardt] y trozos, por medio de los cuales se realizan ordenamientos culturales[56].

Así, como el caleidoscopio, juguete caprichoso, artefacto armado de retales, de pequeños fragmentos brillantes que proyectan imágenes, objeto que no puede evitar dejar de producir cuando es girado, el aparato propagandístico y político ibérico, a partir de sus textos, a partir de sus dispositivos visuales, generaba un nuevo *imago* heroico en el que los restos y los trozos —por seguir con el propio planteamiento terminológico de Lévi-Strauss, que se revela tan warburgiano, tan burckhardtiano— de los arquetipos vascos preexistentes eran alineados con otros, generando, a partir de la combinación contradictoria, los nuevos híbridos tramposos, auténticos mitos trucados que, puestos a disposición de la cosmovisión política del golpismo, superan la contradicción de lo inesperado con la naturalidad del prisma cristalino. Jung, especialista indiscutible en arquetipos, habría visto quizás en la figura prototípica que aquí hemos querido estudiar como parte secuestrada, recuperada y reflotada a mayor gloria del panteón político-simbólico del franquismo muestras suficientes de que esta era «viejo cauce» repetido[57], «lecho fluvial», formulación que por cierto se acerca de manera inequívoca a los «ríos ya transitados» que mencionase Tylor[58]. De nuevo, camino arado, espacio muchas veces atravesado, locus fértil que discurre pudiendo alterar su recorrido; que vuelve a fluir, mezclando su relato con el agua —aquí sustancia política— y los sedimentos supervivientes, que, en perenne movimiento de inmensa potencia germinal, quedan aquí unidos a otros meandros llegados de lejos.

---

[56] Claude Lévi-Strauss, *El pensamiento salvaje, op. cit.*, pág. 61.

[57] Carl Gustav Jung, *Four Archetypes..., op. cit.*, pág. 142.

[58] De nuevo, Edward Burnett Tylor, *Primitive Culture..., op. cit.*, pág. 64.

Reinos cerrados: un antes que es ahora

Es lo nuevo siempre viejo, y lo viejo siempre nuevo...[59].

No desde la escultura o la ilustración, pero empleando un lenguaje equivalente, *Estampas de la guerra* recogía en una fotografía sin firmar [37]—muy a lo José Compte— la silueta de un combatiente requeté del frente de Aragón en la que de nuevo el hombre se basta a sí mismo. Convertido en efigie recortada, en accidente geográfico, casi, afilado como el perfil del paisaje sobre el horizonte esperanzado, el soldado rebelde se transforma en sí mismo en cartografía, en espacio que puede ser recorrido.

La fotografía del requeté resulta, además, compositiva y estilísticamente equivalente a aquellas tan germánicas que protagonizasen uno de los ejercicios de *regresus in infinitum,* que habría dicho Cassirer, más claros realizados ese mismo año de 1939 por Carlos Arévalo. *Ya viene el cortejo* era, en una clave muy cassiriana, ejercicio mitológico paradigmático cuanto se construye dando al presente «forma de pasado»[60]. La conveniencia política de este tipo de planteamientos reside, como recuerda el propio alemán, precisamente en el carácter incontestable —o reacio a las explicaciones— que posee el pasado en retorno que legitima al propio presente: el pasado mitológico o mitologizado *es* el porqué de las cosas, no tiene otro *porqué,* no requiere posterior explicación. La diferencia entre el mito y el hecho histórico es precisamente esta. Los soldados de Carlos Arévalo, perfiles oscurecidos calcados de aquellos que aparecieron en *Estampas,* se transforman *ad aeternum* en cruzados medievales; sus pendones se funden con los de aquellos; sus escaramuzas, su victoria política, con aquellas gestas que resuenan de fondo en el film propagandístico, pertenecientes a los versos de la rescatada «Marcha triunfal» de Rubén Darío.

Las diferencias, así, entre el «tiempo inmemorial» del mito y el «tiempo auténtico», que dijera Cassirer, del suceso histórico —en nuestro caso, la victoria violenta del franquismo— desaparecen para siempre quizás de manera más clara que en ningún otro dispositivo en el propio trabajo de Arévalo, gracias a la estricta capacidad que posee el film de superponer imágenes y perfiles separados en el tiempo —de cruzados míticos, de legionarios— fundidos para la eternidad en

---

[59] Walter Benjamin recogería la cita de Louise Auguste Blanqui en «La eternidad por los astros» en las anotaciones de sus *Pasajes;* véase, en este sentido, Walter Benjamin, *Libro de los pasajes,* Madrid, Akal, 2005, pág. 368.

[60] Ernst Cassirer, *Filosofía de las formas simbólicas..., op. cit.,* pág. 142.

37. Anónimo, «De Aragón al mar», *Estampas de la guerra,* tomo IV, pág. 39.

este nuevo tiempo «otro» que parece acercarlos definitivamente. El tiempo de estas imágenes que se combinan hasta hacerse una sola es más el «tiempo absolutamente prehistórico» que dijese Schelling, no por primitivo, sino por su capacidad —buscada, política; no producto de una psique rudimentaria, como la de los primeros mitos cavernarios— de configurarse como tiempo idéntico, voluntariamente indivisible[61].

La voluntad de eliminar la diferencia, además, entre lo *real* y lo *evocado,* entre lo histórico y lo exagerado, entre el cantar de gesta y la confrontación bélica moderna, entre el propio poema de Darío y la guerra de España, si se quiere, parte de una concepción política del proyecto franquista —como todos los proyectos de ideología fascista, naturalmente—, articulado a partir del retorno a una edad de oro escasamente definida. Una especie de tiempo cristalizado, hábitat natural para estos arquetipos pétreos *alla* Fanon que nos ocupan en este capítulo, donde la

---

[61] Me refiero específicamente al pasaje «die schlechthin vorgeschichtliche Zeit ist die ihre Natur nach unheilbarer, absolut identischer Zeit, und daher, welche Dauer man ihr zuschreibe, doch nur als Moment zu betrachten, d. h. als Zeit, in der das Ende wie der Anfang und der Anfang wie das Ende ist, eine Art von Ewigkeit, weil sie selbst nicht eine Folge von Zeiten, sondern nur Eine Zeit ist...»; en Friedrich Joseph von Schelling, «Einleitung in die Philosophie der Mythologie», en *Samtliche Werke,* 2, 1, Stuttgart y Augsburgo, Cotta Verlag, 1856, pág. 182. Original digitalizado, disponible online en la Münchener Digitalisierungszentrum.

contemplación del pasado y la pulsión obnubilante de un presente preñado de tradición se confunden definitivamente. El ahora franquista es, por encima de todo, un «ahora mágico, *gros de l'avenir et chargé du passé,* como apuntase la famosa formulación de Leibniz[62].

El modelo de pensamiento mitológico del que nos habla Cassirer, de hecho, modelo que rechaza la situación única de un acontecimiento dentro de una línea de temporalidad natural en la que imperan los criterios de presente y pasado, resuena como nunca en la fotografía de *Estampas.* Pero lo hace aún más, en su composición equivalente, en aquel fotograma de Arévalo que no reproducimos. Si el boina roja convertido en paisaje posee la contextualización casi obligada —aproximada, aunque no concreta— que le otorga el arma de fuego, herramienta contemporánea, el combatiente de Arévalo sortea habilidosamente el siglo XX, se convierte en ayer y en mañana; se perfila como auténtico *homo sobreviviente:* lo que adivinamos bayoneta puede ser, en realidad, arma de corte premoderno; el casco, aún más que la boina roja, asemeja yelmo del Medievo, conectando definitivamente el presente franquista con un tiempo congelado y celebrando, por encima de todo, la potencia mitológica del proyecto bélico, cultural y político del golpismo, transformado de un plumazo en mito que se convierte —como apuntaba Cassirer— «en el porqué de las cosas».

Resulta inevitable en este contexto volver sobre algunos de los dispositivos textuales y artísticos que hemos comentado anteriormente: la guardia eterna sobre los luceros que evocaba Pemán, imaginando navarros perennes, encapotados e inmóviles sobre los peñascos —imagen que reproducirían las famosas serigrafías del popular Aróztegui que comentábamos en páginas anteriores—, resulta doblemente interminable porque se *ha producido,* se *produce* y *va a producirse:* la voluntad de arrebatarle el acontecimiento concreto a los tiempos, lejos de ser un empeño subsidiario del franquismo, se manifestaría además por igual en artes y letras, otorgando a la voluntad de eternidad del régimen una solidez que habría resultado imposible sin la labor de estas. La pregunta que se realizase Kerényi en su *Introducción a la esencia de la mitología. El mito del niño divino y los misterios eleusinos* resulta aquí, en las reflexiones que dedicamos al tiempo no-tiempo de estos arquetipos, enormemente apropiada: «¿Qué significado tiene —se pregunta el autor húngaro— la palabra *antes,* trasplantada a la historia religiosa?». O, dicho de otro modo: ¿cuál es el valor de un *antes* de difícil ubicación en una línea temporal tramposa que, como en el del ejemplo del joven Zeus que emplea el intelectual magiar, resulta a todas luces casi contradictorio? La posibilidad —solo existente en el terreno de juego particular de las lógicas míticas y religiosas— de una suerte de tiempo circular del que los dioses escapan afecta *de facto* a otras criaturas de las

[62] Gottfried Wilhelm Leibniz, *La Monadologie,* París, Eugène Belin, 1886, pág. 55.

mitologías políticas de los pueblos. «La sucesión biográfica "dios niño-dios adulto" solo tiene un significado ocasional [...] lo mismo ocurre con la muerte de ciertas divinidades: nunca es una muerte biográfica, siempre es una muerte cósmica»[63]. Detrás de aquel «no han pasado» de Ximénez de Sandoval, que borbotea impetuosamente detrás de estas fotografías y fotogramas con un tiempo propio, late en gran medida un *modus operandi* también de temporalidad «ocasional» (conveniente a veces; indeseable otras, según la óptica cultural franquista que superpone modelos supervivientes) que se antoja enormemente parecida a aquella que describiese Kerényi. La encontramos, en modo distinto, pero intuitivamente perfecto, en el tiempo acrónico de *Las mocedades de Ulises,* en las que Cunqueiro da en el clavo —no sabemos si pensando como Kerényi. Su joven Ulises está de manera simultánea en varios tiempos y en ninguno, coincidiendo con su vagar eterno que lo llevará de vuelta a casa con el paso de los aviones[64], con el tránsito de los héroes y de los reyes —Amadís de Gaula[65], Corazón de León—, en un ejercicio que constata, quizás intuitivamente, como decimos, que el tiempo de los héroes (míticos, literarios o mítico-literarios) se rige por otras lógicas.

Boinas rojas, soldados, enfermeras falangistas, picadores voluntarios devenidos héroes bélicos representados en fotografías e ilustraciones se convertirían así en hierofanías lógicas para la religión política que profesaba el fascismo; en muestrarios dóciles, en receptáculos obedientes «saturados de *ser»,* que habría dicho Eliade, para dispositivos sagrados de muy distinta tipología pero equivalente esencia pétrea. En realidad, una lectura crítica de los textos de Eliade confirma que la ritualidad majestuosa del fascismo no ha superado en nada —tómese esta afirmación con absoluta cautela— al ritual primitivo: el ejercicio de recreación ritual del hombre arcaico, nos dice el intelectual rumano, es «la repetición ininterrumpida de gestos inaugurados por otros». La acción convertida en sistema, presente en artes y letras, de solidificar y repetir, continuamente, ejercicios de autorrepresentación y rituales de expulsión marcados —consciente, voluntariamente; también instintivamente— por la imitación perpetua consolida y otorga valor en una forma que no podemos considerar secundaria. Se repiten, como dice Eliade[66], porque fueron consagrados «en aquellos tiempos», en aquel lugar *ab origine* al que el fascismo pretende retornar simbólica y poéticamente, maridando definitivamente a sus mártires con el tiempo mítico de dioses y héroes.

En cierto modo, los personajes retornados a lo que aquí nos dedicamos son, como manifestase para un contexto bien diferente el personaje ficticio de Pyn-

---

[63] Károly Kerényi y Carl Gustav Jung, *Introducción a la esencia..., op. cit.*, pág. 84.

[64] Álvaro Cunqueiro, *Las mocedades de Ulises,* estudio preliminar de Diego Martínez Torrón, Madrid, Espasa Calpe, 1985 [1960], pág. 67.

[65] *Ibíd.,* págs. 115, 181.

[66] Mircea Eliade, *El mito del eterno retorno..., op. cit.,* pág. 15.

chon en su muy conocida *El arcoíris de gravedad,* Enzian, «ruinas que [sorprendentemente, en contra de todo pronóstico] funcionan a la perfección»[67]. Cabría preguntarse, en realidad, si no lo hacen la mayoría de ellas —funcionar perfectamente, quiero decir—, puesto que cumplen, como los restos naufragados, como los pórticos desmoronados y como el resto de ruinas y de remanentes de otro tiempo, la función de estar sin estar del todo; la de *aparecer* y *aparecerse* después de haberse ido. La de integrar, si siguiéramos las palabras del propio Benjamin, muy warburgianas, una suerte de tejido especial («ein sonderbares Gespinst aus Raum und Zeit», dice el alemán) de tiempo y espacio. Estos soldados, requetés y enfermeras falangistas a los que me referiré a continuación tienen efectivamente —y en un sentido quizás algo alejado del que le diera Benjamin— una cierta aura y por encima de todo están compuestos, como afirmase el intelectual berlinés, de un tejido híbrido, combinación de tiempo(s) y espacio(s) que el pensamiento franquista superponía y solapaba conscientemente, militantemente.

El aparato político nacionalista, en particular en el ejemplo de *Ya viene el cortejo* al que aquí nos referíamos, hacía así de auténtico linternista novecentista, invocando en verdad las figuras también titilantes, esquivas, fantasmagóricas, por encima de todo, de aquellos soldados del pasado que venían a superponerse indefinidamente a los del presente. De forma equivalente a la descrita por Margaret Cohen al referirse a las fantasmagorías del «doctor aeronauta» Étienne-Gaspard Robertson[68], autor de las apariciones casi mágicas de fantasmas del pasado que irrumpen inevitablemente en el presente, los retornados heroicos del franquismo que se muestran al espectador como sujetos compuestos de múltiples capas son ayudados por Carlos Arévalo a *entrer dans la légende,* accediendo de manera rotunda a la historia de la fantasmagoría cultural y consolidándose por analogía a los precedentes heroicos ya petrificados, articulados por el aparato cultural hispánico y presentes en los repositorios míticos de creación y consumo ibéricos.

En el mismo número de la popular revista *Estampas de la guerra*, las «mujeres de España», enfermeras falangistas [**38**], parecen constituirse también como efigies sin pedestal, como engranajes compatibles que completan al soldado sacrificado, al boina roja que renuncia a todo contexto; como integrantes de los *symbolische Landkarten* —de los mapas simbólicos, de las cartografías mitológicas— del franquismo, estas mujeres *son* (por cuanto poseen un rostro, una identidad, una historia, a diferencia de sus *monstra* especulares) pero deciden *dejar de ser* para convertirse definitivamente en integrantes de un mismo paisaje ideológico, de un

---

67 Margaret Cohen hace referencia a este pasaje literario en su relectura de los *Pasajes* de Benjamin; véase, en este sentido, Margaret Cohen, «La fantasmagoría de Walter Benjamin», en Alejandra Uslenghi (comp.), *Walter Benjamin: culturas de la imagen,* Buenos Aires, Eterna Cadencia Editora, 2010, págs. 207 y ss.

68 *Ibíd.,* pág. 214.

38. Anónimo, «Vestidas de blanco o de azul, las mujeres de España llevan el consuelo de su atención maternal a todas las almas heridas por el dolor de la guerra», *Estampas de la guerra,* tomo IV, «De Aragón al mar», pág. 65.

mismo horizonte político, casi, en el que se desproveen de la identidad individual —eliminada en el violento claroscuro que solo afecta a sus rostros, oscurecidos— para fundirse plenamente en la identidad colectiva del grupo.

Han trascendido, podría decirse, a un escenario metafísico como aquel que adivinase Marx en su famoso *El fetichismo de la mercancía y su secreto* que Fernández Mallo integrase brillantemente en una reflexión sobre copia y mitología[69]. Marx nos recuerda, con acertado tono, que la lógica humana transforma el valor y la esencia de la simple madera al hacerla mesa, convirtiéndola en mercancía y otorgándole así un aura, un valor nuevo, una trascendencia que la torna misteriosa. Estas mujeres que «dejan de ser» pero «siguen siendo», a las que a partes iguales se otorga y se les niega el rostro —la ambivalencia del discurso fascista español sobre la personalidad individual y la personalidad engranada en el colectivo ya ha sido mencionada anteriormente—, son también materia fetiche, son desde luego mercancía —política,

[69] Agustín Fernández Mallo, *Teoría general de la basura..., op. cit.,* págs. 235 y ss.

cultural, simbólica— y poseen la energía vital, la *Lebensenergie,* que habría dicho nuestro Warburg, del que reaparece, del que repite un paradigma.

En clave quizás menos clara que los ejemplos precedentes —los dos perfiles completamente oscuros del requeté y del soldado que es a un mismo tiempo tropa moderna y remanente de cruzado, aquel de Arévalo—, todos ellos son simultáneamente original y copia, susceptibles de ser enmarcados en aquella lógica ritual de «como el original, pero no demasiado», del igual, *ma non troppo,* de la que hemos hablado en reflexiones previas. Todos ellos son únicos, irrepetibles, simultáneamente universales. Precisamente en este punto las ideas de Cassirer planteadas en *El mito como forma de intuición* enlazan definitivamente con la lógica hagiográfica del falangismo literario, que veía individualidad y grupo al mismo tiempo; la conciencia mitológica permite no solo la convivencia armónica de originales y copias, sino la de excepcionalidades entrelazadas; esta contradicción que se repite con claridad en el individualismo colectivista del discurso falangista mezcla también modelos *ab origine* y réplicas tardías enmarcadas ya en el tiempo natural de la contrarrevolución melancólica franquista: lejos de constituirse o diseminarse en meras individualidades inconexas, la «tonalidad común», que habría dicho Cassirer, organiza en último término toda posible contradicción, toda posibilidad de disipación, y genera, como habría apuntado el filósofo prusiano, su propio «reino cerrado»[70].

De nuevo Girard nos ofrecía una bella metáfora que bien puede servir para orientarnos en este escenario de mitos, originales y sucedáneos tardíos. La evocadora imagen de un cráter volcánico, que conecta con una suerte de inframundo donde vinieran a gestarse y a separarse de una masa ardiente, informe, inmanejable, los mitos de los que nos proveemos, sirve al francés para explicarnos nuestras dinámicas culturales de producción y reciclaje mitológicos:

> Cuando estaba en actividad, ese volcán engendraba «verdaderos» mitos, pero el humo y la lava que salían de su cráter impedían asomarse a él para ver qué sucedía en su interior. La lapidación de Éfeso es obra de ese mismo volcán en una época más tardía. Todavía ardiente se ha enfriado, sin embargo, lo suficiente para que podamos acercarnos a su cráter. No está completamente inactivo, pero solo produce ya mitos truncados, amputados de lo mejor de sí mismos...[71].

Así, el cruzado que lo es sin serlo, el combatiente requeté o el soldado anónimo de *Ya viene el cortejo* son auténticos frutos volcánicos de aquel cráter semiapagado; aún candentes pero carentes del vigor inicial del mito «verdadero», estos

---

[70] Ernst Cassirer, *Filosofía de las formas simbólicas..., op. cit.,* pág. 107.

[71] René Girard, *Veo a Satán caer como el relámpago,* Barcelona, Anagrama, 2002, pág. 103.

productos procedentes del espacio freático de la cultura imperial son resultado de una pulsión melancólica que se resiste a apagarse y que sigue expulsando, con la insistencia de aquel que no se extingue definitivamente, mitos «truncados» —trucados y mutilados— que aspiran a poseer la fuerza del *original* y que esperan verse legitimados a partir de su carácter imitativo.

El material mítico originario, también en clave específicamente hispánica, que daría lugar a estos modelos, su mitologema[72], asoma tímida pero rotundamente detrás de estos productos tardíos, proyectiles volcánicos venidos de las profundidades de la memoria cultural que aterrizan en la superficie de la épica colectiva aún marcados por la materia originaria que dio forma a los arquetipos que los precedieron. Kerényi, al igual que hiciera después Girard, advertía en este ejercicio de réplica y mímesis una suerte de ascensión, si no volcánica, al menos líquida y dirigida siempre hacia las capas superiores: las imágenes mitológicas fluían, «ascendían hacia la superficie»[73], mezclando su presencia antigua con las imágenes «de ahora». Lo subterráneo y lo ascendente que reluce en los comentarios de estos especialistas hacen su aparición particular en los textos de nuestro Eliade, que habla, en clave equivalente, de mitos que, al perder su realidad ritual, se transforman —como el material volcánico que primero es magma y después piedra volcánica— en motivos literarios (en motivos artísticos, también) manteniendo sin embargo una intensa actividad subterránea[74].

Siguiendo en todo caso el discurso ígneo de Girard, estos ejemplos tardíos serían productos tibios, exentos de lo «mejor de sí mismos»; los perfiles en guardia permanente que recupera desesperadamente el régimen y vincula con la imagen superviviente, reflotada del cruzado medieval, son en verdad el testimonio más claro del carácter decrépito de un incendio que se oponía vehementemente a su muerte anunciada —el *incendio* del imperialismo español, quiero decir; con su pasado colonial inevitablemente adherido a aquel magma en proceso de enfriado irrevocable— y evidencian, como digo, la existencia no incompatible de dos cráteres en proceso de congelación irreversible. Aquellos que suponen el locus mitológico del que se provee el discurso nacionalista español —volcán ideológico— y el del propio dominio ibérico como posibilidad geopolítica —volcán imperial.

De asomarnos a ambos cráteres, como propusiese el intelectual francés, después de la debacle de 1898 encontraríamos con toda seguridad un escenario equivalente:

---

[72] Me refiero a la noción empleada por Károly Kerényi en *Prolegomeni allo studio scientifico della mitologia*, Turín, Bollati Boringhieri, 2012. Benjamin y, antes que él, Huizinga hacen mención de este mismo concepto en Johan Huizinga, *Herbst des Mittelalters. Studien über Leben und Geisterformen des 14. Und 15. Jahrhunderts in Frankreich und in den Niederlanden*, Múnich, Wolff-Mönckenberg, 1928, pág. 162. También en Walter Benjamin, *Libro de los pasajes, op. cit.*, pág. 383.

[73] Carl Gustav Jung y Károly Kerényi, *Introducción a la esencia..., op. cit.*, pág. 17.

[74] Mircea Eliade, *Initiations, rites, sociétés secrètes*, París, Gallimard, 1959, pág. 266.

el aparato retórico e imperial español, desprovisto ya de toda fuerza originaria, se limita a expulsar —hoy todavía, si atendemos al comportamiento de nuestras derechas extremas— los últimos vapores mitológicos de un repositorio heroico en agotamiento inevitable. Quizás la procesión de héroes de carne y hueso —anónimos, desprovistos en realidad del señorío de los santos y de los reyes que los precedieron y que los acompañan en este programa iconográfico— de la cúpula heroica, hagiográfica, decadente, también, del Valle de los Caídos es el mayor testimonio involuntario de una potencia nacional (propagandística, heroica, militar) que se quedaba sin erupciones voluptuosas y que no tenía más remedio que recurrir a las explosiones más modestas de los soldados de a pie, que poco tenían que ganar en una comparación irresistible con los Reyes Católicos, con san Lorenzo, con todos los prohombres —y mujeres— que habían constituido las verdaderas erupciones mitológicas del españolismo en armas. Giménez Caballero, precursor, malabarista, histrión intuitivo, dedicaba una de sus peroratas con aquel tono habitual inconfundible que parece apropiado recordar en el contexto de la reflexión que nos ocupa.

La época bélica, de urgencia histórica —formulación manoseada, repetida de manera metódica en tantos textos políticos de aquellos años—, era volcánica por explosiva e impetuosa, pero lo era también por subterránea y vaporosa. Construir mitología hacia delante mirando hacia atrás implicaba —ya pareció intuirlo e insinuarlo Gecé antes que Girard— descender a las profundidades, no al núcleo de la tierra pero sí a la materia ígnea y primigenia de las culturas, a su centro simbólico; la Guerra Civil era inevitablemente época de volcanes porque conectaba, como lo hacen estas chimeneas pétreas, lo de ahora ibérico con lo de siempre, el mundo exterior y el espacio cultural nuestro, que podría haber dicho un Lotman, con el espacio profundo y las lógicas persecutorias, antiquísimas, de los tiempos pretéritos en los que se mira y se ve reflejada, en último término, cualquier cultura política contemporánea. En un ejercicio de contraposición muy al estilo Gecé, el escritor ve en la hora de España auténtico escenario de vitalidad volcánica, de titanes y violencia cósmica, de hombres y no de cachivaches, afirma, como si la oposición natural a la pintura ridiculizada de Maruja Mallo fuera la del hombre en mayúsculas, la del soldado, que él imagina titán retornado.

En aquella época de violencia, de explosividad, el «espacio entre», que habría dicho Warburg —el intervalo que el hombre debe establecer entre sí mismo y el mundo para comprenderlo mejor; lo que Warburg llama el *Zwischenraum*—, no debe ser rellenado simbólicamente con un arte enclenque, que diría Gecé, sino precisamente poblarse de imágenes fantasmagóricas, retornadas, que cumplan al mismo tiempo la función «ordenadora» y «monstruosa»[75]. Una asociación libre

[75] Juan Felipe Urueña Calderón, *El montaje en Aby Warburg y en Walter Benjamin: un método alternativo para la representación de la violencia,* Bogotá, Editorial Universidad del Rosario, 2017, pág. 24.

entre el pensamiento intuitivo de Warburg, la interesante metáfora de Girard y la invitación radical de Gecé nos llevaría a entender que en aquel tiempo de volcanes, como digo, el espacio intermedio que sirve a la cultura para orientarse —la cultura franquista es una de tantas— debía en efecto abarrotarse de imágenes heroicas y demoniacas, de arquetipos, de titanes, dice Caballero, generando así el espacio de reflexión (el *Denkraum* de Warburg) que interesaba a la política persecutoria del franquismo[76]. A la herencia de impresiones fóbicas —de imágenes de lo opuesto, de lo que suscita pavor, de lo maldito— debía unirse una herencia de imágenes heroicas provenientes de aquellas profundidades —Warburg las llamaba «raíces subterráneas», no simas volcánicas[77]; mantiene, en todo caso, el énfasis en lo escondido que asciende a la superficie— que operan en los entresijos de toda cultura. Veamos en todo caso el citado texto de Gecé:

> Durante las guerras y las revoluciones la vida es más fuerte y bella que el arte. Y se da el caso curioso: de un arte canijo, para una vitalidad volcánica. De un arte anacrónico, gastado, amanerado y viejo, para un vivir que nace, para una vida auroral [...], ¿cómo le va a ir bien, hoy a esa juventud que solo tiene ante sí escenas de titanes, colores de violencia cósmica, y arranques infinitos de hombría, la pintura a lo Marujita Mallo, con girándulas y cachivaches de verbena? Nuestra época española de hoy es la de los hombres...[78].

El monstruo del franquismo, criatura imposible, inacabada, *opera aperta,* como dijera Moraña en su trabajo[79], es sustancia «en busca de su forma» en el sentido más absoluto también a partir del contraste con las imágenes de sus contrarios especulares. Estos, los héroes quiero decir, son siempre formas puras y terminadas, concluidas, en tanto en cuanto pueden de hecho renunciar casi completamente al espacio, como las esculturas de héroes sin contexto —entes flotantes sobre las ciudades, vigías perennes, sujetos atemporales, héroes ecuestres, ubicados en el no-lugar del pedestal que trasciende los cambios en la polis— de las que habla la reflexión de Fanon de la que aquí nos valíamos. Al contrario que los romanos, dotados inicialmente de un panteón sin historia, o, en palabras exactas de Dumézil, de «dioses sin aventuras» —hecho al que se pondría remedio *a posteriori,* dotando a los héroes mortales y divinos de un poso histórico en su sentido más helénico—, el panteón mortal del franquismo se proveía de «Historia» por la

[76] Aby Warburg, *El atlas de imágenes Mnemosyne. Reproducción fascicular,* México D. F., UNAM, 2012, pág. 29.

[77] *Ibíd.,* pág. 45.

[78] Ernesto Giménez Caballero, «El arte y la guerra», *La Voz de España,* San Sebastián, 19 de mayo de 1938, pág. 12; la cursiva es mía.

[79] Mabel Moraña, *El monstruo como máquina de guerra, op. cit.,* pág. 24.

vía rápida, otorgando a sus mártires mortales la esencia que los vinculaba eternamente a aquello que los precedía. Premeditadamente trucados, estos mitos son «sustraídos de lo maravilloso y convertidos en verosímiles»[80]. Las *erfundene Traditionen,* tradiciones inventadas del régimen, partían y se basaban —como suele ser habitual, por otra parte— directamente de sus arquetipos heroicos.

En cierto modo, aquel retorno al origen sobre el que reflexionase Mircea Eliade, que se articula de manera diferente y toma distinta forma en todas las culturas —pero que caracteriza, como él mismo dice, el funcionamiento ritual de la gran mayoría de ellas—, *resuena,* o reverbera como habría dicho Calasso, detrás de las ilustraciones de Tejada y de las fotografías de *Estampas* o del film de Carlos Arévalo de distintas maneras. La desconexión del tiempo que llevan a cabo, o que asoma detrás de estos arquetipos pictóricos y fotográficos como vuelta al origen, deja en efecto a estos «hombres que hacen patria» solos ante la inmensa tarea germinal de empezar de cero, en un ejercicio quizás contradictorio pero completamente compatible con el discurso político del franquismo. Recordar, «ir hacia atrás» y ubicarse, como lo hacen estos soldados convertidos en santos petrificados, se transforma así en ejercicio necesario y en parte insustituible de un ritual que Eliade define de la siguiente manera: «Para curarse de la acción del tiempo, hay que volver hacia atrás y alcanzar el comienzo del mundo»[81]. La vuelta hacia atrás de estos arquetipos-hombre «que no han pasado», como clamaba, recordemos, la literatura franquista en paralelo, suponía, de esta manera, su aislamiento total del espacio exterior —la España decadente que superar; la España de ladronzuelos, de comités, de enemigos cobardes; la España de políticos sebosos; la España de chusmas soeces, según la óptica golpista, naturalmente— para llevar a cabo, volvemos a Eliade, el ejercicio más importante de todos ellos: el de *recordarse:* «El que sea capaz de recordarse posee una fuerza mágico-religiosa más preciosa aún que la del que conoce el origen de las cosas»[82].

¿Qué hacen, de hecho, sino *recordarse,* aquellos sujetos de la pintura de Tejada? ¿Qué hacen sino *recordarse* también, proyectándose hacia un futuro, los soldados perfilados de *Estampas?* Su ubicación en otro lugar, o, dicho de otro modo, su capacidad para trascender el espacio que los rodea, reside precisamente en su posibilidad no de «recordar sus nacimientos» —poder absoluto que caracterizaba a los discípulos de Buda sobre los que versa y en los que se detiene al reflexionar sobre mito, tiempo y realidad el trabajo de Eliade—, sino su ubicación y desubicación simultánea dentro de una tradición mitificada que vertebra, de hecho, el pensamiento político franquista: a diferencia de los milicianos,

---

[80] Georges Dumézil, *Mito y epopeya, op. cit.,* pág. 252.

[81] Mircea Eliade, *Mito y realidad,* Barcelona, Labor, 1993, págs. 93-94.

[82] *Ibíd.,* pág. 96.

que no recuerdan nada, que no pertenecen a nada, que son sujetos considerados ahistóricos —recordemos, el fascismo distinguía claramente naciones y sujetos «con» y «sin historia»—, los requetés y los salvadores y héroes franquistas son historia pura, pero también son novedad absoluta, toda vez que constituyen en sí mismos la esencia de una España nueva que es capaz de ser tradición y vanguardia al mismo tiempo.

Su carácter múltiple, coherente en lo contradictorio los transforma, como al resto de criaturas precedentes —guerreros mitológicos, héroes clásicos—, en seres bifrontes, que abarcan no lo «complementario», como recuerda Dumézil en su *El destino del guerrero,* sino lo «incompatible»[83]. En nuestros ejemplos, héroes, pero también monstruos especulares, poseen la capacidad de ser nuevos y retornados, supervivientes y antihistóricos —junto a otras incompatibilidades de las que hablaba en el anterior capítulo—, elemento que los convierte en herederos esperables de una forma intercultural de comprender al guerrero salvador y a su opositor como seres *bifrons,* que habría dicho el especialista en cultura e historia preindoeuropea. Además, el héroe transformado en mito, en figura aislada, posee, en este caso como en tantos otros espacios culturales, la soledad del elegido.

El propio Dumézil animaba en la obra mencionada, de hecho, a explorar estas características del guerrero y del héroe en otras «zonas mitológicas»; creemos que el espacio cultural del franquismo no deja de ser una de tantas. La lógica del «mejor contra muchos» que vertebra la narrativa hagiográfica de tantos mitos culturales —poco importa, en el fondo, si hablamos de héroes totalitarios o de las figuras mitológicas a las que se dedica el historiador francés— permea y sortea el tiempo natural, convirtiéndose de hecho en uno de los elementos legitimadores de todas las mitologías heroicas. Estar completamente solo, como lo están estos falangistas y estos voluntarios requetés, los sitúa y legitima definitivamente como parte de la interminable estirpe de los elegidos.

Desde la literatura, de nuevo Ximénez de Sandoval representaba como pocos el instante previo a la muerte buscada —la consigna del «tal vez morir mañana», como dice el propio escritor— en la figura sacrificial, solitaria y rodeada de enemigos sin rostro, los miles de ojos, que supone el caso del protomártir *azul,* de Paula Sampol:

> Francisco de Paula Sampol se detuvo, sin dar importancia a los codazos y pisotones de los paseantes. Desplegó —como un bergantín que se hace a la mar sus velas— todas las páginas de F. E. para buscar una consigna —tal vez la de morir mañana—, lanzando a los ojos de los transeúntes las gruesas letras de la

[83] Georges Dumézil, *El destino del guerrero..., op. cit.,* págs. 80 y ss.

portada. Pero aquellos ojos —miles de ojos— velados de frivolidad ni veían ni adivinaban...[84].

La virtud de estos arquetipos reside, también, en su capacidad sacrificial para *recordarse* y para olvidar, desvinculándose generosamente del espacio y del contexto a los que efectivamente pertenecen —el *baserri* lejano de la ilustración del requeté navarro que anteriormente analizábamos; la granja con sus bueyes de tiro; la familia que representa el *aitite,* también boina roja; la enamorada— para inmolarse a continuación por la patria. Esta dualidad los convierte, por lo tanto, al mismo tiempo en ubicados-desubicados, en *provistos de* que se desproveen, como ya anunciaba antes someramente, opuestos coherentes de los sujetos enemigos, paradigma de lo desposeído. Son, en cierto modo, análogamente contradictorios a su opuesto, el monstruo que no puede escapar de la importancia y del contexto, como decía anteriormente, que le concede su vinculación aclaratoria a la guarida —el espacio que contribuye a explicarlo, que lo confirma como criatura— pero que al mismo tiempo es ser desterritorializado. Los héroes, y más concretamente los héroes vinculados al tradicionalismo navarro, son también seres bifrontes en su compleja relación (opuesta) con el espacio, puesto que se articulan no como seres itinerantes y como criaturas de cruce de caminos, sino como exiliados voluntarios. Su vinculación al espacio del que se desprenden violentamente, espacio no inmóvil, pero sí dotado de la estabilidad del lugar cargado de sentido, es tanto más importante, pues refleja con claridad la enorme trascendencia del sacrificio por la patria, que empieza precisamente en su relación extraña de vinculación/renuncia con el lugar que aparentemente los legitima y los completa.

De nuevo, otro falangista convencido como Ximénez de Sandoval —aún más progermánico que Cunqueiro, hecho que le valió la expulsión de la Falange en 1942, cuando Serrano Suñer y el propio régimen comprendieron que la guerra de los alemanes podía estar ya perdida— lo resumía en su *Relato de un falangista* a partir de la exposición ordenada de las carencias culpables del enemigo: sin nombre, sin luz, sin patria y sin Dios, incapacitados, si seguimos a Eliade, para *recordarse* en modo alguno: «Ellos, los sin Patria y sin Dios. Los sin alma y sin luz. Los engendros negros de la tiniebla rusa. Los sin Madre ni Fe. Aquellos contra quienes luchamos los del yugo y las flechas. ¿Qué importa que no sepa sus nombres? [...] como bichos los aplastaremos»[85].

---

[84] Felipe Ximénez de Sandoval, *José Antonio (biografía apasionada),* Madrid, Editorial Galpa, 1971 [1941], pág. 128.

[85] Felipe Ximénez de Sandoval, *Camisa azul. Retrato de un falangista,* Valladolid, Santarén, 1939, pág. 31.

Fronteras y lindes: agresores cazados

La transformación de los miedos contemporáneos de aquellos años treinta en la figura premonitoria, *muestraria* en su sentido más absoluto, del gran mono —mitad bárbaro; último bastión de una forma de vida primaria que viene a morir en el sinsentido de la urbe, centro de la decadencia spengleriana— no ha pasado desapercibida para aquellas investigadoras que se han dedicado, como nosotros, a reflexionar sobre las figuras de los monstruos y su ubicación en los discursos nacionales y bélicos. Si bien es cierto que King Kong, hito fílmico de aquellos convulsos años treinta, parecía condensar específicamente los miedos de la sociedad estadounidense —a sus clases bajas, a sus hombres y mujeres afrodescendientes (sobre todo a estos primeros); a los emigrantes, a los habitantes húmedos del espacio exterior, moradores de márgenes del imperio cada vez menos estables; a la presencia inequívoca de guerras inminentes—, aquel mono enorme representaba en realidad el terror de todo un Norte global que se asomaba al abismo del final de sus certezas[86]. En el caso alemán, más cercano ideológicamente al escenario político que nos ocupa, el del franquismo, la tensión cultural y política con su *pharmakós* tomaba forma solo un año después del estreno del famoso film de Cooper y Schoedesack en caricaturas conocidas y reconocidas de algunos de sus más famosos propagandistas: pienso, en este caso, en el gran simio particular de los germanos, enemigo *de facto* de sus hombres *gentiles:* judíos, claro, y no en menor medida, judíos marcados por la diferencia de clase. La tensión en torno al secuestro o al encuentro consentido entre no aptos (aborígenes, grandes simios, comerciantes acaudalados) se resolvía en la ficción estadounidense y en el caso alemán a partir de hilos narrativos parecidos que terminarían, inevitablemente —pues esta es la suerte curativa de todos los chivos expiatorios—, en el holocausto apoteósico de unos y de otros.

El primate gigantesco, representante último del salvajismo agazapado que esperaba su oportunidad al otro lado de la selva para asaltarnos —para asaltar a *nuestras* mujeres, en particular—, encontraba la muerte en la metrópoli moderna, defenestrado y acribillado a balazos a los pies del Empire State. En realidad, el final dramático de la criatura peluda no era más que el comienzo simbólico de una

[86] Affeldt ya se refirió, antes que yo mismo, a la constelación de terrores colectivos que articulaban el constructo narrativo de Kong. Me refiero a Stefanie Affeldt, «Exterminating the Brute: Sexism and Racism in King Kong», en Wulf D. Hund, Charles W. Mills y Silvia Sebastiani (eds.), *Simianization: Apes, Gender, Class, and Race,* Münster, Lit Verlag, 2015, págs. 139-169; aquí, pág. 143.

contradicción eternamente no resuelta: aquella que suponía la oposición al barbarismo del Otro y la pulsión por recuperar formas de vida por supuesto no salvajes y selváticas, pero sí manifiestamente desvinculadas de la decadencia urbana y de la tecnología alienante de las grandes ciudades, a las que el fascismo siempre contemplaba con recelo. Marcaba, también, el inicio metafórico de una cacería —si es que puede decirse que esta forma de asesinato, marcado por pánicos raciales y pulsiones racistas o de clase, tiene un comienzo conocido— que estaba por producirse a escala global a partir de 1933 y que tiene su versión más conocida, pero en modo alguno exclusiva, en la persecución violenta del *pharmakós* germano. El final de los supuestos responsables del *Rassenschande* (de la contaminación racial, que no era otra cosa que el encuentro sexual o matrimonio de mujeres arias con judíos) es de sobra conocido.

Fips, el dibujante alemán que dio forma a muchos de los arquetipos sobrevivientes del enemigo eterno del proyecto hitleriano, recurría así a un repositorio visual contemporáneo —el mono que aquí es *Untermensch*— para ilustrar uno de los grandes mitos repetidos de nuestra mitología, de nuestra literatura, de tantas culturas. Lo que Vladimir Propp agrupó dentro de la categoría narrativa de fácil rastreo mitológico «El agresor daña a uno de los miembros de la familia o le causa prejuicios», y más específicamente —¡sorpresa!, o, quizá no tanto—, «El dragón rapta a un ser humano. El dragón rapta a la hija del rey; a la hija de un campesino»[87]. Naturalmente, el dragón moderno de la psique blanca no es otro que el racializado convertido en epítome del salvajismo, alejado de la superficie escamosa —menos creíble, menos conveniente, menos manifiestamente salvaje, por fantasiosa y por distante— del reptil alado que se hace con *nuestras* mujeres, introduciéndolas en la profundidad de sus dominios. La guarida ya no es cueva repleta de tesoros, sino selva distante y hostil, poblada por otros hombres —en el caso americano del que aquí partimos— o simple trastienda, como en la ilustración de Fips para el diario racista *Der Stürmer,* en un ejercicio que repite el mito eterno del rapto en su versión más a pie de calle, más banal, si se quiere.

Más poco heroica, también, pero no por ello menos plagada de soluciones equivalentes que se dan, recurriendo inconscientemente a la episteme que alberga y que revela sin dificultad el mitologema del que ambas parten, su secreto más conocido: ¿qué alternativa hay, en efecto, a la exterminación del monstruo culpable?, ¿qué suerte espera al dragón, sino la muerte a manos de los mejores, a manos de los valientes, a manos de los hombres aptos?, ¿qué otro destino puede esperar él mismo, como portador de una culpa que va hacia atrás en los milenios, sino el martirio? Construido, como nos recuerda Ehrenreich, mediante retales de

---

[87] Vladimir Propp, *Morfología del cuento,* Madrid, Fundamentos, 1985, pág. 43.

inquietud transmitida y de herencia biológica a partes iguales[88], la consecuencia natural de estos miedos es también la repetición del ritual sangriento que evoca la predación monstruosa y su superación a partir de la violencia. Predación en un sentido amplio, incluyendo el propio ejercicio del secuestro que reúne, elocuentemente, a mujeres y a niños y que se resuelve también a partir de lo que la investigadora llamó el «acto multitudinario de la solidaridad defensiva». *Muchos* ejecutando a *uno* (linchamientos, lapidaciones, ejecuciones sumarias de chivos expiatorios) o el *mejor* ejecutando al *otro* son el reflejo del triunfo primigenio sobre la bestia, sobre la criatura salvaje, sobre el monstruo exterior, sobre el rival neolítico. Los circos romanos, no transitados por monos, pero sí por otras fieras a las que se daba muerte diligentemente como parte de esta celebración atávica[89], responden en grandísima medida a la misma pulsión defensiva que mezcla monos y criaturas escamadas que son *otros,* raptores y predadores sexuales, *pharmakós* de periferia húmeda.

Visto desde esta perspectiva, y siguiendo el razonamiento de la norteamericana, la muerte inevitable del primate gigante en el espacio referencial de la urbe estadounidense —su edificio más alto; el más alto del mundo, en realidad, en aquel momento— no es sino heredera de una imagen lejana, supervivencia pura de paradigmas sacrificiales, en la que los diligentes aviadores sustituyen a los gladiadores clásicos, que ya reemplazaban a su vez simbólicamente a los cazadores primitivos, y en la que la torre metálica ocupa, como digo, el lugar del circo romano. Este ejercicio de enmascaramiento y superposición de bestias y héroes, de víctimas y victimarios, de ejecutores y chivos expiatorios de dificultosa descodificación al que hago alusión aquí merece quizás un paréntesis y una aclaración algo más precisa.

La ocultación de unos enemigos —de predadores, en realidad— que se esconden indefinidamente tras otros en el complejísimo entramado cultural de las supervivencias supone una práctica cultural que especialistas como los aquí habitualmente citados Dumézil, Urbeltz, Girard o Ehrenreich —también el propio Warburg, a su manera— han advertido en no pocas ocasiones. En las primeras páginas de este libro ya hicimos alusión a uno de los rituales de expulsión más extendidos, más plagados de restos vivientes: me refiero, claro, a las carnestolendas en sus múltiples versiones, plagadas en territorios tan separados como Rumanía, Cerdeña, Tirol, Bulgaria o el País Vasco de lugares comunes detrás de los que se esconden el martirio, la expulsión o la victoria sobre un animal que es al mismo tiempo criatura sexuada dotada de capacidades reproductivas temibles y destructor del porvenir colectivo. El ejemplo más claro de este proceso por el cual algunas

---

[88] Barbara Ehrenreich, «La rebelión contra la bestia», en *Ritos de sangre..., op. cit.,* pág. 144.

[89] *Ibíd.,* pág. 145.

bestias suponen en realidad la representación de otras —¿quizá por miedo a nombrarlas, puesto que equivale, *de facto,* a *convocarlas?*— lo encontramos en el hermoso caso del oso ajusticiado de los Euskal inauteriak, que representa —¡naturalmente!— a una criatura infinitamente más peligrosa: la plaga insectil, el *luhartz* (oso de tierra, por «alacrán», en euskera, unión de *lur* y *hartz)* al que se captura y se rodea de espantadores consecuentemente armados con cencerros en la tradición euskaldún[90]. Probablemente nuestro Girard o el propio Dumézil verían en este ejercicio la imagen clara de un linchamiento colectivo, aquí simplemente simulado, del enemigo —parecido, en este caso, al de nuestros aeroplanos fílmicos de la ficción norteamericana— en el que *muchos* acaban con *uno*[91].

Artefacto, este cencerro, que, como nos recuerda con tino Urbeltz[92], está vinculado en todo el espacio cultural preindoeuropeo a la expulsión efectiva del mosquito chupasangre y del insecto en general, del destructor de cosechas, del portador de la peste, del multiplicador por antonomasia, representado incluso a veces en los propios cencerros de ganado que los *zanpantzarrak* vascos y sus homólogos griegos y búlgaros incorporan a su atuendo en un ejercicio de expulsión y de victoria sobre la bestia húmeda que ha superado los milenios. Esto los acerca a otros protectores contra las bestias, los *mamuthones* sardos, los *kukeri* búlgaros y otros tantos *expulsadores* que, provistos de cencerros, espantamoscas y cascabeles, proscribían y eliminaban la alteridad total mediante el ritual mágico. La altísima capacidad reproductiva de la criatura perimetral insectil a la que se expulsa en estos rituales sobrevive, en este caso, en la herencia mitológica y literaria que convierte a estos enemigos de fuera del «espacio de lo seguro» no solo en criaturas calamitosas, sino específicamente en *sex predators,* con su exponente más claro en los vampiros, a un mismo tiempo chupasangres, seductores y secuestradores de energía sexual descontrolada. Todas estas criaturas coinciden, en este sentido, al encontrarse eternamente superpuestas y al articularse como auténticos tropos vacíos, susceptibles de rellenarse y de resemantizarse eternamente[93]. El *Rassenschander*

---

[90] Urbeltz ve en el oso de los carnavales una representación velada de la langosta. Apoyándose en el *Adivinancero Popular Español,* ve en el temible insecto la verdadera criatura que da sentido a todo el ritual del carnaval navarro. Creo, en este caso, que tanto por la descripción del adivinancero —que habla de un insecto con «manos de oso»— como por la voz en euskera para el alacrán parece que tendría más sentido vincular esta máscara peluda a la figura del grillo cebollero más que a la langosta; véase, en este sentido, Juan Antonio Urbeltz y Mikel Urbeltz, *Crónlech vasco..., op. cit.,* pág. 71, y José Luís Gárfer y Concha Fernández, *Adivinancero Popular Español,* Madrid, Fundación Banco Exterior, 1989, pág. 67.

[91] René Girard, «Ases, kuretes y titanes», en *El chivo expiatorio, op. cit.,* págs. 90 y ss.

[92] Juan Antonio Urbeltz y Mikel Urbeltz, *Crónlech vasco..., op. cit.,* pág. 75.

[93] Vuelvo de nuevo sobre Moraña y sus reflexiones sobre la criatura vampírica. Su capítulo «Monstruos al margen» resulta, en este caso, particularmente interesante para lo que aquí tratamos. Aquí específicamente citamos Mabel Moraña, *El monstruo como máquina de guerra, op. cit.,* págs. 325 y ss.

judío del constructo persecutorio alemán, el mono raptor y nuestras más modernas criaturas del pantano (1954) que secuestran a muchachas desprevenidas son, en realidad, manifestaciones deformadas de un mismo mitologema androcéntrico compuesto de múltiples características muestrarias. Marco Polo y, después que él, Mandeville ya los habían mezclado indistintamente, hablando de hombres que parecían monos y de monos que se comportaban como hombres. El primero haría referencia a un encuentro con primates maravillosos de tan extraña constitución que parecían hombres[94]. Nuestro cronista imaginario, Jean de Mandeville, haría por su parte referencia a «gentes que andan a cuatro pies, y son todos pelosos e súbense por los árboles muy prestamente, como xi fuesen simios»[95]. La frontera, por lo tanto, entre el otro y el mono (que hemos heredado y que sigue nutriendo nuestros imaginarios racistas, como es bien sabido) se podía cruzar continuamente en ambas direcciones.

El problema del rapto de las hijas y de las esposas que protagonizan muchos de estos simios y pseudosimios tiene, además, como refleja y condensa el trabajo de Vladimir Propp, carácter —y solución— transversal, pues afecta por igual, como buen terror democrático, a reyes y a campesinos. Desarrollada de igual manera, aquella narrativa del mono inmenso, criatura vampírica, *sex predator,* potencia germinal desconocida, alertaba de un peligro que unificaba *de facto* a todos los alemanes —como a todos los españoles, como a todos los estadounidenses— frente a una némesis que construía en sí misma, a partir de su presencia calamitosa, comunidades interclasistas unidas. Vinculadas, en este caso, por un mismo destino en lo universal, formulación joseantoniana que sirve también para justificar la necesidad de trascender los conflictos de clase (tramposamente, interesadamente) en pos de urgencias mayores: los monstruos raptores. Si detrás de la historia previsible de King Kong se escondía el terror a las reivindicaciones del «nuevo negro», que se solapaban con aquellas de la «nueva mujer» y con el terror a las consecuencias internacionales de la Revolución de Octubre[96], cada uno de los espacios políticos en los que se reprodujeran mitos de criaturas itinerantes tendría sus adaptaciones locales. En el peninsular, si seguimos con la formulación que emplea Affeldt, se constituiría a partir de las nuevas mujeres —las Claveles de la literatura franquista— y los «nuevos Felipes»[97]. El reflejo más claro al pánico peninsular que provocaban estos «nuevos» Felipes cristaliza en el ya citado *Exaltaciones sobre Madrid* de Giménez Caballero, con la pregunta de marcado carácter monstruoso que evidencia el fenómeno de la transformación del obrero que late

[94] Marco Polo, *Libro de cosas maravillosas del Oriente,* Madrid, Austral, 1983, págs. 447-448.

[95] Jean de Mandeville, *Mandeville's Travels, op. cit.,* pág. 167.

[96] Stefanie Affeldt, «Exterminating the Brute...», art. cit., pág. 158.

[97] Como recordará el lector, hago aquí referencia de nuevo a la figura simplificada del combatiente republicano que ofrece Neville en *El frente de Madrid.*

tras aquel agónico «¿ya no están? ¿Ya son otros?», y que vincula inevitablemente a la criatura Felipe con toda una genealogía de villanos sujetos a permanente metamorfosis sobre la que nos advirtieron diligentemente Cohen o el aquí citado Propp. Lo cambiante, lo horrendo —natural o antinatural— y lo curvo encuentran una supervivencia discursiva a lo largo del tiempo que cristaliza —valga la redundancia, pues el alemán dedica de hecho unas líneas a la perfección recta y estática de las formaciones cristalinas— en las afirmaciones de un Rosenkranz que veía en la pugna eterna entre rectitud y curva una metamorfosis perpetua vinculada a esta última[98]. Curva, animalidad, fealdad y cambio se unen así coherentemente en un discurso, el de su *Estética de lo feo,* que encuentra evidentes analogías con los repositorios bien catalogados por Propp y las categorías monstruosas y muestrarias que recogiese Jerome Cohen.

Vincular a los enemigos no «de la familia», como recoge Propp en su enunciado, sino de la comunidad nacional cerrada convertida en nuevo núcleo en el que reconocerse con toda una genealogía, con toda una taxonomía claramente definida —categoría acusante[99], además— de enemigos raptores hacía innecesarias cualquier reflexión y cualquier explicación compleja; cualquier solución, igualmente, que pudiera cambiar la suerte de estos culpables eternos. El mono, al igual que lo hicieron antes el dragón y otras tantas criaturas de confín, *tenía* que morir.

Quizás más claramente que en los otros casos que aquí mencionamos —el estadounidense a través de su película, el español, al que ahora nos dedicaremos—, el alemán estaba concebido desde el inicio a partir de un curioso neologismo que confirmaba —independientemente de que el emparejamiento entre judíos y «gentiles» fuera una realidad, en particular en un país con una población relativamente amplia de los primeros— el carácter trucado del propio mito. *Ersatzhandlungen* (falsas acusaciones, falsos cargos) era el término de nuevo cuño destinado a justificar el encarcelamiento de los hebreos alemanes a partir de la acusación *fake* del encuentro sexual ilícito[100]. Pocas veces un sistema ha manifestado con tanta claridad y con tanto cinismo la naturaleza falsaria y eminentemente trucada de sus paranoias persecutorias como lo hiciese el nacionalismo alemán a partir de aquel neologismo, que descubría en sí mismo la trampa y el truco de su discurso político sobre mujeres aptas, sexo y hombres mono.

---

[98] Johan Karl Friedrich Rosenkranz, *La estética de lo feo,* Madrid, Julio Ollero Editor, 1992 [1853], pág. 65.

[99] Pues es este el verdadero origen de la voz griega *kathegorein,* «acusar públicamente».

[100] El léxico particular del fascismo alemán fue estudiado, como he mencionado antes, por el pionero Viktor Klemperer y recogido, entre otros, en la suerte de diccionario terminológico que realizaron Dörr y Michael; véase Karin Dörr y Robert Michael, *Nazi Deutsch..., op. cit.*

Pupilas de orangután: el caso ibérico

El escenario ibérico de preguerra estaba marcado por los mismos terrores patriarcales y por las mismas preocupaciones que embargan a cualquier metrópoli que se siente susceptible de ser devorada por sus colonias. El miedo de la España posterior al 98 estaba articulado a partir del doble trauma de la pérdida definitiva de toda posibilidad de hegemonía imperial; el llamado desastre de Annual y la entrada de dos periodos republicanos facilitaban la construcción de un discurso contrarrevolucionario dotado de equivalentes ingredientes ideológico-simbólicos como los que rodean a la ficción de la criatura Kong.

No es sorprendente, en este sentido, que los crímenes que convertían a los milicianos y a los representantes del paradigma de la anti-España estuvieran marcados por la repetición de los mismos lugares comunes que habían configurado, en el caso americano, el caldo de cultivo del que se desprendía y con el que se vinculaba irremediablemente la figura del gran mono. Kong era, de esta manera, tan mito trucado como lo serían después los propios milicianos de «pupilas de orangután» que poblarían el imaginario conservador, su literatura, sus discursos sobre los arrabales y las casuchas. Ambos partían, además, de culpas equivalentes: tanto el mono fílmico como los «Menazas» que abandonaban los espacios que les estaban reservados —espacial, social y políticamente— se materializaban como monstruos a partir de su condición desplazada y desnaturalizada[101]. Eugenio D'Ors dio su versión particular de lo prehistórico en un artículo que condensaba bien la percepción general del bando golpista a este respecto:

> Con qué espontánea inexorabilidad se han superpuesto allí [en el Santander republicano] las atrocidades prehistóricas, las cursilerías culturales [y] encontrar confirmada una vez más, la ley del parentesco que liga, a pesar de las apariencias, el Primario con el Primitivo y el Simio con el Bisonte. Que, dentro de la manera del Bisonte, los breves anales de la república de Santander, como los de toda la España roja, en este periodo de subhistórica agonía, se hayan manchado con las más bajas y sangrientas ferocidades asequibles a la condición humana, no es ya un secreto para nadie [...] su revolución forma ya un bloque compacto, doble signo del Simio y del Bisonte[102].

[101] Moraña dedica, naturalmente, algunas reflexiones al carácter invasor del gorila, culpable del crimen absurdo que supone su irrupción en la urbe, que le está vetada; véase Mabel Moraña, *El monstruo como máquina de guerra, op. cit.*, pág. 131.

[102] Eugenio D'Ors, en *Arriba España,* 31 de julio de 1937, citado en Julio Rodríguez Puértolas, *Literatura fascista..., op. cit.*, pág. 183.

El miedo de raza y de clase, al que nos hemos referido ya anteriormente, a perder eventualmente el control sobre el cuerpo de las mujeres reverbera de igual manera en la ficción norteamericana, en la ilustración y parafernalia racistas alemanas y en nuestra literatura; confirmaba, si no la existencia de un mismo mitologema que vincule definitivamente el miedo al *vernegerung* de estadounidenses[103], alemanes y españoles, al menos la misma vocación política de resolver las crisis de identidad nacional y de incertidumbre geopolítica a partir de la misma solución primitiva: la recuperación de las formas más violentas de dominación sobre el cuerpo de las mujeres, concebido al mismo tiempo como origen del problema y como finalización del mismo.

Esta *kathegorein* —acusación pública, acusación omnipresente— cumplía varios cometidos: por un lado, alertaba de la presencia de un enemigo que trascendía las tensiones internas de clase y de ideología de todas estas sociedades; encontraba una suerte de solución ritual y mágica a sus problemas —económicos, políticos, de pérdida de una hegemonía cultural o imperial, en el caso español; de derrota bélica, en el alemán—; proveía, en último caso, de un argumentario que trasladaba aparentemente, falsariamente, la responsabilidad del proyecto patriarcal de la violación —como dijera Despentes— a un «Otro» que se convertía en culpable único *de facto.* Invitaba a la articulación de otro modelo de mujer, que pretendía trascender especularmente la imagen de actor pasivo para manifestar su potencia constructora (controlada, dirigida, limitada por supuesto) dentro de los lindes impuestos por el proyecto cultural y político totalitario. Institucionalizaba y otorgaba límites y espacios apropiados a la violencia sexual masculina de los hombres válidos sobre el cuerpo de las mujeres «aptas», con su consecuencia más apoteósica pero más claramente explicativa de un proyecto transnacional basado en parte en la posesión violentísima de los cuerpos en las llamadas «granjas de cría». Espacios que suenan a ciencia ficción, a *Cuento de la criada,* como pensarán los lectores contemporáneos, pero que tenían mucho de real y que reflejaban más claramente que quizás ningún otro ejemplo la tensión interior y la verdadera naturaleza de aquel pánico a los monos, a los dragones.

¡Cómo se atrevían ellos, hombres negros, judíos de clase baja, comerciantes de provincias, cómo se atrevían los llamados «Menazas, Felipes y Pacos» a acostarse con *nuestras* mujeres; a seducirlas, a forzarlas! El discurso pretendidamente protector de los nacionalismos extremos, de aquella masculinidad contrarreactiva que cargaba por igual contra los hombres otros, contra la libertad sexual de las mujeres, se desplomaba simbólica pero apoteósicamente con la mera existencia de aquellos *Hegehöfe* alemanes, mostrando su verdadero rostro[104]. «Granjas de cría»,

---

[103] Negrificación. Término con el que se catalogaba despectivamente la influencia de la cultura afro —literatura, música, jazz en particular— en Alemania o en cualquier otro espacio cultural ario.

[104] Karin Dörr y Robert Michael, *Nazi Deutsch..., op. cit.,* pág. 227.

literalmente, espacios donde las mujeres seleccionadas por el proyecto nacionalista alemán eran violadas por integrantes de las SS con el objetivo no sorprendente de crear una raza mejor. Despentes se refería al acto de la violación que se traslada en este caso torticeramente a los habitantes del espacio exterior —monos, reptiles, racializados— como el ritual más atávico, menos periférico, en realidad, y como el «ritual de sacrificio central» que articula toda cultura[105].

> La violación es un programa político preciso: esqueleto del capitalismo, es la representación cruda y directa del ejercicio del poder. Designa un dominante y organiza las leyes del juego para permitirle ejercer su poder sin restricción alguna. Robar, arrancar, engañar, imponer, que su voluntad se ejerza sin obstáculos [...] anular al otro, al exterminar su palabra, su voluntad, su integridad. La violación es la guerra civil, la organización sobre la que un sexo declara al otro: yo tomo todos los derechos sobre ti, te fuerzo a sentirte inferior, culpable y degradada[106].

Como elemento de presencia antiquísima en nuestras mitologías, también, que define de hecho la esencia de las *travesuras* divinas del panteón helénico evidente, entre tantos documentos, en las *Metamorfosis* de Ovidio. Según una lógica jamás verbalizada como tal pero sin duda presente inevitablemente en los estratos inferiores de las culturas deudoras —al menos, sospechamos que también en otras— de la tradición cultural helénica, perseguir, capturar y tomar violentamente a las mujeres es un privilegio que corresponde exclusivamente a los mejores, y constituye al mismo tiempo el elemento que los humaniza: Zeus, secuestrador por antonomasia, demuestra su humanidad —en un sentido perverso, por supuesto— a partir del desliz perfectamente naturalizado de la violación y del adulterio. El contraste, además, de estos otros con «pupilas de simio» con las figuras de poderosa carga sexual que suponían los legionarios es cuando menos revelador: la literatura legionaria los describía, no en vano, como audaces soldados de «pupilas de águila»[107], recurriendo por cierto a aquella poderosa imagen nieztscheana que imagina, en parábola anticristiana, a las águilas como los auténticos opuestos a los corderos: cazando y dominando en todas partes donde hallaban una presa, estas águilas que imagina Nietzsche en su *Genealogía de la moral* son en verdad[108], también, opuestos naturales a los monos, no exclusivamente a los corderos. Estos

---

[105] Virginie Despentes, *Teoría King Kong,* Barcelona, Random House, 2018, pág. 58.

[106] *Ibíd.,* pág. 59.

[107] Pedro García Suárez, *Legión,* citado en VV.AA., *España salvaje. Los otros episodios nacionales, op. cit.,* pág. 233.

[108] Véase, en este sentido, «Los halcones y las palomas de Nietzsche», en Richard Sennet, *Carne y piedra. El cuerpo y la ciudad en la civilización occidental,* Madrid, Alianza Editorial, 1997, págs. 157 y ss.

cazadores, aves de presa, no son por supuesto imaginados por el alemán exclusivamente como depredadores en un sentido reducido, militar, si se quiere, sino que son criaturas de poderoso apetito (mayoritariamente sexual) que simplemente ejercen esta capacidad dominante porque les es propia.

En este sentido, se produce aquí además un ejercicio de presentación simultánea curiosa: el animal (otro) y la mujer, criaturas sacrificiales por antonomasia de la visión androcéntrica, reaparecen en estas imágenes contemporáneas de raptores de los años treinta y desfilan como criaturas culpables, como lo hicieran en aquellos *mondi alla riversa,* uniéndose en maridaje eterno que las configura definitivamente como chivos expiatorios relacionados y vinculados para siempre.

A este respecto, la construcción que se hizo desde la Sección Femenina de este liderazgo resultaba cuando menos contradictoria: dotadas de capacidad de acción, las dirigentes de la Falange —Sección Femenina— eran al mismo tiempo líderes y sumisas[109], sometidas a aquel ideal franquista de la abnegación que las convertía, por encima de todo, en figuras subsidiarias de un proyecto político que reconstruía la feminidad a partir de los ejemplos de liderazgo de Isabel la Católica o santa Teresa de Jesús pero que relegaba a las mujeres a sus hogares. La elección nada simbólica del castillo de la Mota como el espacio destinado a la formación de cuadros de mando de la Falange de Pilar Primo de Rivera reflejaba como ningún otro elemento el pastiche y el sinsentido irresoluble del proyecto falangista: reconstruido pero hecho de nuevo, consagrado a convertirse en la fortaleza de mujeres solteras y sin hijos —requisito necesario para las lideresas *azules*— destinadas a velar por una España de mujeres encerradas en sus cocinas, encadenadas en sus labores domésticas, vinculadas únicamente a sus obligaciones maritales y a sus hijos. La Mota se revelaba, así, a un mismo tiempo como cárcel y como fortaleza, separando simbólicamente dos formas de entender la feminidad bastante incompatibles y dos tipos de espacios contenedores de características herméticas parecidas: los castillos (aunque fueran de cartón piedra) y los hogares franquistas.

En este sentido, las famosas fotografías que realizase Compte para su serie de postales «Mujeres de la Falange» [39] [40] resumen con precisión algunas de las tensiones internas más importantes que afectaban a estas heroicas abnegadas. Sorprende poco que la teatralidad trucada de Compte, en realidad prácticamente idéntica a la de otras series realizadas por el mismo artista —pienso en sus fotografías de actores y actrices de teatro, realizadas el mismo 1939—, resultase casi idéntica en dos formatos de instantáneas destinadas en teoría a representar realidades opuestas: la fantasiosa, la impostada, del teatro y aquella en realidad también bastante construida de estas mujeres, rivales empoderadas de los simios y de los Pacos y los Me-

---

[109] Véase, en este sentido, María Rosón, *Género, memoria y cultura visual en el primer franquismo,* Madrid, Cátedra, 2016.

39. José Compte, «Mujeres de la Falange», huecograbado sobre cartulina, 9 × 14 cm, 1939, Biblioteca y Centro de Documentación MNCARS.

40. José Compte, «Mujeres de la Falange», huecograbado sobre cartulina, 9 × 14 cm, 1939, Biblioteca y Centro de Documentación MNCARS.

nazas *alla maniera* de Falange, naturalmente. La serie dedicada a las mujeres entregadas, dueñas de su destino, teóricamente abnegadas, insisto, por voluntad, por intuición «natural» y vocación propia; la disposición absolutamente medida de las protagonistas en el número de *Vértice* de 1938 que precede al juego de postales y a las instantáneas de los actores desvela un mitologema similar y responde a un mismo *habitus,* que habría dicho Bourdieu[110], sistema de reglas referidas al cuerpo atrave-

[110] Lourdes Méndez, *Antropología del campo artístico: del arte antiguo al contemporáneo,* Madrid, Síntesis, 2008.

sado inequívocamente por toda una serie de remanentes, restos vivientes y fobias de clase que sitúa, en este caso, a las señoritas falangistas —mujeres que simulan ser rurales sin serlo, al menos las de las fotografías— por encima de los verdaderos campesinos.

Compte, excelente fotógrafo, perfectamente informado —si es que puede usarse esta expresión— y total conocedor del estilo atemporal y grandioso que unía fotografía, cine y escultura de gran formato en Alemania, agrupaba aquí a sus modelos en composiciones que no solo son profundamente escultóricas y dramáticas, sino que en su disposición clásica, apelotonada pero completa —matiz importante, el de la presentación no fragmentaria de los personajes en contraposición con los «pedazos» a los que se reduce a los otros, como recordará quizás el lector—, se despliegan ante el espectador verdaderamente a modo de friso clásico, de gran frontón grecolatino. El panteón triunfal, plenamente femenino, de José Compte es panteón mortal (de carne y hueso, pese a lo artificioso) pero es panteón de pleno derecho en tanto en cuanto ofrece a los lectores de *Vértice* la versión más sublime de la feminidad rural y entregada soñada por el falangismo, esta vez —con seguridad— sin las travesuras de los dioses clásicos. Resulta difícil imaginar cualquier desliz en estas figuras dotadas de la rotundidad atemporal de la mejor Riefenstahl, de la solidez gloriosa de los escultores del proyecto racista alemán, los Arno Breker o Josef Thorak. Como bien han apuntado otros trabajos publicados en esta misma editorial[111], aquella iluminación dramática, finamente orquestada, que caracterizaría algunas de las producciones de pre- y posguerra españolas era también muy alemana, como producto de la influencia directa del que fue uno de los directores de fotografía más importantes de aquel momento, Heinrich Gärtner. No en vano aquel que huyó de los nazis y acabó realizando su actividad profesional en España durante el periodo republicano y *a posteriori* bajo el nombre de Enrique Guerner —menos sospechoso de ser judío que su original alemán, del que se desembarazó diligentemente— fue también responsable de la iluminación dramática de films propagandísticos como *Raza,* de Sáenz de Heredia. Así, el modelo expresionista alemán que reverbera con formas nuevas por igual detrás de algunos de los proyectos en los que participase Gärtner, como apunta Rosón, y en la fotografía dramática de Compte recurre a unos efectos muy *alla* Lubitsch para reconstruir, como lo hiciera el maestro en *Carmen* —salvando las distancias, naturalmente—, una suerte de arcadia sobrenatural en la que la distancia entre lo real —las mujeres falangistas— y lo ficticio —los actores retratados por Compte o, antes que él, en las películas a las que hacemos referencia— se desdibuja completamente.

---

[111] Me refiero, naturalmente, al trabajo de María Rosón, *Género, memoria y cultura visual..., op. cit.,* de obligada consulta para cualquiera que se interese por el asunto que aquí nos ocupa; véase, en relación específica con el director de fotografía que aquí mencionamos, las págs. 191-192.

Como en la escultura de apología racial que luego fuera fotografiada siguiendo esquemas dramáticos equivalentes —reproduzco aquí, de hecho, un original en papel fotográfico de uno de estos trabajos del escultor fetiche de Hitler—, las mujeres de la Falange se convierten para siempre en muestrarios inmóviles, protagonistas futuras de postales destinadas a importar este ideal de feminidad al mismo tiempo dominada y fuerte. No ocuparían, como sí lo hicieron las esculturas del virtuoso artista alemán, un lugar de honor en el proyecto propagandístico de 1937 —el pabellón alemán en París, precedido apoteósicamente por las imágenes de los titanes desnudos de Thorak, cuerpos que configuraban el auténtico programa político del nazismo—, pero, en clave equivalente, mostraban lo que era la feminidad por venir en un franquismo que, como el caso alemán, probablemente se planteaba durar otros mil años. La escala española puede parecer sin duda más modesta —lo es, en efecto—, pero la voluntad política y el dogmatismo que articulan ambas propuestas, la del pabellón germano y la menos rotunda de sus equivalentes hispánicos, respiran una misma vocación ordenadora que rechaza y aniquila cualquier sombra de diferencia.

En cierto modo, el erotismo que afecta a todos los movimientos de carácter reaccionario —incluso a los más católicos y conservadores, como recuerda Sontag con absoluto tino[112]— palpita detrás de las fotografías de Compte, que también son muy alemanas —inesperadamente laicas— en este aspecto: las muchachas falangistas se muestran en algunas de ellas, como lo hicieran las deportistas de Riefenstahl, plenamente conscientes de una feminidad que no esconden, pese a lo antierótico y a lo pesado de sus overoles, configurando con ello otra (aparente) contradicción interna del falangismo que en realidad no es tal.

La perfección casta, la rectitud, la ingenuidad (virtud no secundaria según las lógicas falangistas, particularmente en las mujeres) de estas jóvenes cara al sol que se protegen casi torpemente con sus primitivos aperos de labranza las convierten en victoriosas triunfales no solo contra la bestia —el gran simio y el dragón, que jamás podrán alcanzarlas— sino contra las propias mujeres «otras», proletarias, vendedoras ambulantes, «fulanas colectivizadas», víctimas y chivos expiatorios a un mismo tiempo, representantes de un paradigma que superar y que se trasciende apoteósicamente en estas fotografías de mujeres apenas sin paisaje que lo podrán todo.

En cierto modo, la propia composición de algunas de las instantáneas de las que hablamos replicaría una misma voluntad en su distribución ligeramente ascendente —menos clara que en la obra de Thorak— que palpita sin embargo detrás del trabajo de Compte y que cuenta una historia parecida: las mujeres falangistas están, como los atlantes desnudos y las mujeres victoriosas con sus laure-

---

[112] Véase en este sentido, su clásico ensayo «Fascinante fascismo», que el lector encontrará recogido en Susan Sontag, *Bajo el signo de Saturno,* Barcelona, Debolsillo, 2007.

41. José Compte, «Mujeres de la Falange», huecograbado sobre cartulina, 9 × 14 cm, 1939, colección particular.

les y sus tan dóricos corceles, *frisificadas;* transformadas *de facto* en habitantes coherentes de un friso heroico que congela para siempre estos arquetipos [**40**] [41]. Es posible que el modelo alemán (original solo respecto al español, que en el fondo es copia de este) sea más evidentemente deudor de una rotundidad y pureza estéticas helenísticas en las que el proyecto nacionalista germano siempre quiso verse reflejado. No obstante —y ahí reside lo verdaderamente interesante de los quiebros inesperados de la cultura y de la supervivencia de las imágenes al más puro estilo Warburg—, en el ejemplo ibérico reverbera una misma voluntad por construir una taxonomía de modelos petrificados que no ocuparán jamás un friso de mármol pero que contarán la misma historia de arquetipos jerárquicos. Compte, constructor de esculturas sin saberlo, sembraba con este tipo de materiales visuales semilla equivalente a la que plantase Breker con sus *Siegerinnen* o Thorak con su *Siegesgöttin*[113]: reconectaba, poco importa si de manera plenamente consciente —como Thorak, que definitivamente tenía en mente los frontispicios helenos—, con una suerte de *phatosformeln,* de fórmulas de expresión dramática, y con unas lógicas ordenadoras (de los cuerpos como estructuras que cuentan una historia) a las que las mujeres falangistas quedan inevitablemente ligadas.

La caída en desgracia del sueño falangista, que se veía truncado definitivamente en al menos dos momentos concretos, el decreto de unificación de 1937 y

[113] Victoriosas y diosas de la victoria, respectivamente.

el distanciamiento definitivo entre el régimen y Alemania a partir de 1942, no impidió que determinadas lógicas políticas muy cercanas a la matriz simbólica alemana pudieran tener lugar en ámbito ibérico. El falangismo jamás contó con su *Märzfeld* propio —con los campos de extensión inmensa que concibió el nazismo en Múnich para sus más sagrados fastos, lugar que debía ocupar el conjunto escultórico de Thorak del que aquí hablamos—, pero en clave equivalente, quizás algo más etérea al estar desprovista de un locus festivo concreto, celebró y musealizó la perfección femenina según la visión del partido a partir de sus espacios particulares.

Tampoco contó —me refiero de nuevo a nuestro Compte— con el espacio privilegiado de Breker, escultor mimado al que el propio dictador alemán regalaría —tal era el valor del constructor de categorías, del artista, del responsable de la ejecución final de aquellos modelos para la eternidad— un taller sublime: mitad templo, mitad fábrica; moderno por industrial, imbuido de un lenguaje arquitectónico que lo vinculaba a edades de oro paganas; pastiche armonioso repleto de restos vivientes, como el propio proyecto político que lo amparaba. Inundado por la luz natural de sus ventanas inmensas, más propias de la factoría moderna que del taller de escultura, lo que allí se fabricaba en el sentido más mecánico de la palabra era en efecto un modelo de masculinidad y de feminidad racial y sublimada que bien merecía el mejor de los *ateliers* posibles. Sin el aplomo aplastante de los campos bávaros y seguro sin la dignidad aplastante del templo moderno que se entregó a Breker para que se ocupase de sus creaciones, el trabajo de Compte alcanzaba, junto a otros materiales que lo acompañaron, objetivos políticos no menos valiosos.

De alguna manera, puede encontrarse un cierto paralelismo en la voluntad falsaria y teatral de Compte y el que fue sin duda uno de los ejemplos más claros de falsedad documental de los años cuarenta. Me refiero, en este caso, al falso documental al que ya hace referencia Jorge Luis Marzo y que supuso[114], en clave distinta, una organización también artificiosa de los cuerpos, en este caso, de los del *otro*.

Estas muchachas falangistas, perfectamente escogidas y dedicadas a labores campestres exentas en realidad de la dureza real del trabajo campesino; precedidas, casi como integrantes de una comparsa, por una suerte de comitiva festiva —pienso en las imágenes en las que estas desfilan sobre los carros de bueyes, acompañadas por mozos que les abren paso—, encuentran su equivalente impostado más fúnebre en el documental también propagandístico *Theresiendstadt* (1944), que presentaba una suerte de comunidad judía autogestionada cuyos integrantes vivían aparentemente con las comodidades de un balneario en una antigua ciudad imperial transformada en lugar de retiro apacible para el enemigo eterno del nacionalsocialismo.

---

[114] Jorge Luis Marzo, *La competencia de lo falso...*, *op. cit.*, pág. 141.

La insistencia en el quehacer diario absolutamente falseado —paseos, lecturas, charlas animadas; trabajo, también, de la tierra y la huerta— acerca a estos dos ejemplos distantes en los que el resultado es distinto pero en los que la puesta en escena es común: los habitantes de la ciudad checa convertida en gueto «de lujo» fueron mandados a Auschwitz poco después de completarse el film y corrieron la suerte que esperaba a todos aquellos que tuvieron la desgracia de atravesar las puertas de aquella factoría de la muerte. Se insiste, en particular, en la vida agradable de las reclusas, que escriben, ríen, conversan, se arreglan y se maquillan —reflejo indiscutible de que la crueldad del totalitarismo fue, por encima de todo, una crueldad jamás desprovista de sorna, de recursos destinados exclusivamente al regocijo propio, al disfrute perverso de sus crímenes— preparándose para una suerte de *divertissement* exento de todo control violento que, como a las también sometidas actrices del falangismo, les será negado para siempre.

Las chicas de la Falange, heroínas rurales, «mujeres fuertes», encontrarían en la realidad que el nacionalcatolicismo reservaba a las mujeres un escenario muy distinto a aquel repleto también de actores y actrices que pretendían representar las escenificaciones siempre artificiosas de trabajos como el de Compte. La permanente observación y lógica de vigilancia y castigo que articula el proyecto totalitario encuentra en el ejemplo fílmico alemán, como en el neologismo que citábamos anteriormente —que revelaba en su estructura la propia trampa, el carácter mentiroso, recordemos, aquello de «falsos cargos»—, su versión más desnuda, y desenmascara en su presentación falsaria de los definidos como «alegres quehaceres femeninos» de las reclusas-actrices el núcleo lúgubre y macabramente burlón de aquellos proyectos autoritarios. El «quehacer alegre» era, como el «falso cargo», auténtico *Ersatz,* sustituto de algo que se esconde sin esconderse del todo.

Heroicas fechorías: el «resto» *trickster,* masacres y miniaturas

«Salir del fuego»: héroes audaces, tramposos válidos

> La nave amarra y saltas a tierra.
> Y eres Ulises, aunque no quieras.
> Aunque seas un niño[115].

El *percorso* por los niveles freáticos de la cultura, la labor subterránea que persigue el resto cultural como aquí lo hemos definido quedarían en cierto modo incompletos si no dedicáramos al menos unas reflexiones algo más pormenoriza-

---

[115] Álvaro Cunqueiro, «Ulises sale a la mar», en *Fábulas y leyendas de la mar,* edición y prólogo de Néstor Luján, Barcelona, Tusquets, 2011, pág. 145.

das a otro retornado —por escapista, pero también por omnipresente— como es el arquetipo del *trickster,* figura prototípica de rasgos heroicos contradictorios y de difícil categorización que ya ha aparecido mencionada de manera más somera en páginas anteriores. La enorme ambigüedad no exenta de metamorfosis, de equilibrismo de opuestos incompatibles, de incoherencias, también, de este paradigma que podemos definir como el del *tramposo-virtuoso* a lo largo de la historia de las culturas hace su estudio, su persecución, su localización y su disección crítica enormemente complejos. Ajustar, así, los límites que acotan la definición de este héroe sui géneris que es *tramposo capaz —pícaro* que también hace su aparición entre bambalinas en el caso de la cultura política del franquismo— se antoja, de este modo, ejercicio contra natura, incompatible con la propia naturaleza inexplicable del modelo que aquí nos interesa. En este caso, me referiré a su aparición retornada particularmente entre las figuras heroicas infantiles, construidas a partir de retales por el aparato visual franquista, por ser las más sugerentes y por estar claramente más imbuidas de determinados elementos que podemos considerar rasgos definitorios de este héroe-creador de procedimientos tramposos.

El lector advertirá que ignoro en ocasiones premeditadamente algunos de los «rasgos» *trickster* —la capacidad de perpetua transformación, por ejemplo— que sí destacó Jung en su trabajo en torno a esta figura[116], elemento constituyente que he destacado y que ha resultado útil en el análisis de otros *restos vivientes* en capítulos y reflexiones anteriores[117]. Me mantengo, en este caso, en una definición más general del tramposo-virtuoso, similar a la que manejó Girard en su ya muchas veces mencionado *El chivo expiatorio* o Dumézil en *Mito y epopeya*. Considero, sin embargo, como apuntase ya C. G. Jung en un estudio sobre la figura fantasmagórica del héroe tramposo, que este reaparece no solo en mitos y mitologías que trascienden con mucho la antigüedad, sino que, como dice el médico y ensayista helvético, toma forma en el «hombre civilizado que no sospecha nada»[118]. Nosotros interpretamos esa ausencia de sospecha y esa reaparición fantasmagórica como un acto de repetición de una lógica antigua que permite la postvida de estos arquetipos de virtud resolutiva de manera inconsciente —carente de sospecha— operando y generando aquí episteme político a partir de una serie de restos que articulan discursos, modelos, paradigmas.

---

[116] En el caso del alemán, me baso de nuevo en Carl Gustav Jung, *Four Archetypes...*, *op. cit.* Por otro lado, el trabajo de Jung al que aludo se refiere exclusivamente —o específicamente— al *trickster* amerindio, razón por la cual está compuesto también de algunos elementos particulares que aquí ignoramos.

[117] Me refiero, en este caso, a las reflexiones que el lector encontrará en el capítulo dedicado a la variante Starcatherus, específicamente en la pág. 127 de este volumen.

[118] Carl Gustav Jung, *Los arquetipos y lo inconsciente colectivo,* Madrid, Trotta, 2002, págs. 246 y ss.

Este arquetipo pseudoheroico del tramposo ganador se caracteriza por su proceder siempre sinuoso. Dumézil, al llamarnos la atención sobre la equivalencia curiosa entre mitologías y epopeyas romanas y védicas que reflejan, particularmente, las «concordancias entre las formas hindú y romana de la muerte del adversario», hará referencia particular al pacto de honor entre Indra, el héroe de rasgos *trickster,* y su enemigo, Namuci, marcado, por cierto, por una alusión a lo seco y a lo húmedo como dicotomía de primer orden que no puede pasarse por alto en el contexto de las reflexiones que aquí nos ocupan: *héroe y villano* no podían atacarse ni darse muerte «ni de día ni de noche, ni con seco ni con húmedo». Semejante acuerdo entre rivales que se suponían guerreros *caballerosos* constituía el centro del pacto entre los dos enemigos, llamado a ser quebrantado por el héroe a partir de la trampa «legítima»[119]. El caso romano, al menos tal y como lo recoge el investigador francés, no cuenta con una enunciación explícita de esta dicotomía seca/húmeda, pero sí refleja toda una serie de equivalencias entre la lucha del héroe hindú por antonomasia y la disputa romana con los albanos, representada en la lucha entre Tulo y Mecio. El hilo conductor de ambas epopeyas coincide en el síntoma superviviente de la treta, del truco poco honroso que caracteriza y permite en ambos casos la victoria de los héroes sobre los adversarios, respuesta habitual a una «fechoría inicial»[120] del malvado que suele legitimar la respuesta brutal de su *alter ego* heroico. En todos estos ejemplos, el héroe se mueve en la zona equívoca de aquel que *no respeta las convenciones* —aquí, honor y decencia bélica; humanidad y piedad para con el «otro», también— y que, sin embargo, *no deja de respetarlas*[121]. La ambivalencia equilibrista —poco común en otros arquetipos heroicos, elemento que convierte a estos valientes en pseudohéroes, como digo— y la victoria a través del truco imbuyen de rasgos *trickster* a estos dos héroes fundacionales.

En ambos casos se desarrolla y recurre, en este sentido, a una solución habitual en numerosos repositorios míticos que transforma al héroe en *trickster*[122], en tramposo que rompe con las convenciones y normas caballerescas del guerrero

---

[119] Georges Dumézil, *El destino del guerrero..., op. cit.,* pág. 54.

[120] Vladimir Propp reconoce la fechoría inicial del villano como elemento constituyente de numerosos relatos fantasiosos y mitológicos. En el caso que aquí nos ocupa, es la traición previa de Mecio la que justifica en el ejemplo romano la posterior traición (ruptura de palabra, en este caso) especular de Tulo; véase Vladimir Propp, *Morfología del cuento, op. cit.,* pág. 175.

[121] El mismo autor ruso señala específicamente las lógicas de prohibición/transgresión de la prohibición (en este caso, el pacto entre héroe y villano) como uno de los elementos reconocibles de los relatos heroicos; véase, de nuevo, Vladimir Propp, *Morfología del cuento, op. cit.,* págs. 38-39.

[122] En ambos relatos, védico y romano, los héroes Indra y Tulo rompen la promesa a partir del truco tramposo. La ejecución del enemigo sortea la promesa de no agresión a partir de la solución ingeniosa, otorgada en ambos casos por los dioses: Indra dará muerte a Namuci «con espuma»; Tulo «estira» a Mecio hasta matarlo.

en nombre del fin superior que supone derrotar el villano. Torturar y cometer actos atroces en nombre de Roma se transformaba en el ejemplo itálico, como nos recuerda Dumézil, en ejercicio tolerable por parte de aquel que se tiene a sí mismo como adalid de la virtud incontestable, carente de mácula, cuando se ejecuta en nombre de la patria. La figura del héroe tramposo, que hace su aparición por igual no solo en los casos romanos y védicos, sino también en las mitologías nórdicas y griegas —empezando por los ardides tramposos de Zeus y de Dioniso, entre tantos; reflejada en la figura de Loki, bribón celeste, en el caso del panteón nórdico—, naturaliza el ardid divino y heroico.

Este síntoma reverbera en la propia lógica hagiográfica del Movimiento, y se refleja con particular intensidad en algunos materiales visuales que aquí analizaremos. La transformación sistemática de los jóvenes falangistas y requetés, *flechas* y *pelayos,* en aventureros pícaros que martirizan a sus enemigos a partir de tretas si no espantosamente ilegítimas —como la de Tulo, como la del propio Indra— al menos poco ortodoxas [44] es reverberación, *ma non troppo,* de tantos mitos repletos de soluciones equivalentes, a veces con la función heroica de derrotar al enemigo como en el caso de Indra y Tulo, cuyo reflejo análogo incontestable recoge y ejemplifica bien nuestro Dumézil; otras, permite simplemente el éxito a veces tan poco heroico del héroe o del dios en el terreno bélico o amoroso[123]. Me refiero, en este último caso, y volviendo a los ejemplos clásicos, a las falsas conquistas —puesto que tienen más de ejercicio de agresión sexual que de otra cosa— de los dioses helénicos. Pienso, por supuesto, en el más clásico y conocido de todos, el rapto de Europa, pero también en Némesis, perseguida por el padre de los dioses, que se transformaba en ejercicio de desesperación inequívoco para escapar del *sexual predator* que era Zeus; en Corónide, forzada por Apolo en la linde acuática del Boibeis; en Aura, violentada por Dioniso después de ser tramposamente embriagada por el dios del vino. La treta del héroe y del dios tramposo es siempre truco despiadado; muchas veces, ejercicio de transformación y metamorfosis que permite precisamente, a partir de la trampa del cambio de forma que «sortea» el problema, alcanzar el éxito en la empresa.

El repositorio inventivo de fechorías eficaces que terminan, casi siempre, con la victoria algo discutible de los futuros soldados *boinas rojas* y *camisas azules* se desarrolla y despliega en todas sus formas en las publicaciones infantiles y juveniles, recordando, a aquellos que están llamados a convertirse algún día en sostén bélico y político del Movimiento, que la trampa de los mejores se diferencia mucho de la trampa de los enemigos y de los «otros». El *flecha* guerrero —castigado

---

[123] Las cualidades de estas figuras tramposas, como decimos, enormemente contradictorias, encuentran coherencia en lo que ha sido denominado la «mente *trickster*»; véase, en este sentido, Lewis Hyde, *Tricksters makes This World: Mischief, Myth and Art,* Nueva York, North Point Press, 1998.

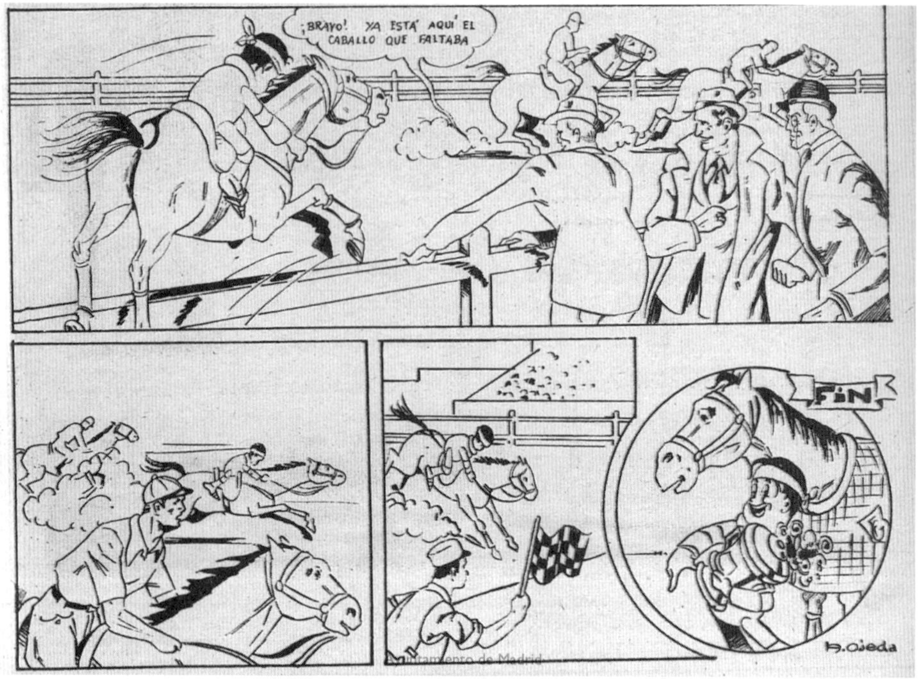

42. Ojeda, «El flecha guerrero en el siglo XX», *Flechas y Pelayos,* núm. 156, 30 de noviembre de 1941.

sin embargo puntualmente en algunas viñetas por su exceso de osadía, por su desdoblamiento pícaro, como el propio *trickster* clásico— escapa de los villanos, captura enemigos, gana carreras en las que no participa [42], supera lances y bretes en los que no se le espera; sale ileso. Triunfa *desde* y *por* la maniobra ilegítima, aquí naturalizada. Pavimenta y normaliza, como explicaré en las próximas páginas, la acción inaceptable de los adultos —soldados y voluntarios *de verdad,* inmersos en conflictos auténticos, en batallas que no son aventuras ni travesura pueril ni gesta de chiquillos— a partir de la escala errónea, de la miniatura eufemística que supone la fechoría del muchacho.

En el caso específico de los jóvenes falangistas, el ardid divertido que servía en realidad como telón lúdico que escondía —muchas veces— el martirio se resolvía de hecho a partir de la fórmula propia de la *flechoría,* juego de palabras que esconde la repetición del crimen simulada y emulada por los niños —del ejercicio de linchamiento, a veces, de la victoria en la batalla, de la ejecución sumaria, como comentábamos anteriormente—, reflejo indiscutible del acto cometido por los hombres. Los *pelayos,* juventudes carlistas que protagonizan muchas de sus publicaciones —no solo cómics juveniles, aunque naturalmente poseen un mayor protagonismo en estos últimos—, carecen de un neologismo que refleje el maridaje entre el quehacer lúdico, la aventura y la treta bélica de pequeña escala, pero

43. Salvador, «El ingenio de Tito», *Pelayos,* 18 de abril de 1937.

practican en las publicaciones del movimiento tradicionalista las mismas argucias que los sitúan a medio camino entre el héroe de valentía casi irracional y el pícaro que, como el *trickster* clásico, se sale a veces con la suya en contra de todo pronóstico. La potencia creadora de este arquetipo de repetición continua se refleja, en muchas de estas historietas, a partir de la capacidad del muchacho falangista o requeté —a veces soldado adulto, también— que, como el modelo reverberante de Ulises, resulta por encima de todo «fecundo en ardides». La inteligencia sin par de todos estos modelos, originales y restos asociados al arquetipo del tramposo, surge de la pulsión primitiva de ser predador y no presa, de la «tensión entre predadores y presas»[124], más específicamente, convirtiendo al pillo en una suerte de héroe predador-creador —de nuevo, elemento en complejo equilibrio, contradictorio.

«El ingenio de Tito» [43], por poner un ejemplo particularmente cercano al modelo tramposo —ingenioso, capaz, genial por sinuoso— que supone en la psique occidental Ulises, el más brillante entre los capaces, se revela particularmente claro en algunos episodios lúdicos de *Pelayos* que nos están hablando de un

[124] Lewis Hyde, *Tricksters makes This World..., op. cit.,* pág. 37.

arquetipo heroico que no es necesario inventar, sino tan solo recordar. El nacido en Ítaca era, sobre todo, «aquel que sabe salir de un brasero ardiente [...] aquel que sabe salir del fuego». Aquel, por supuesto, que a partir del recurso inesperado —como la argucia de Tito y los globos, que lo salvarán de la muerte segura contra todo pronóstico— es capaz de *volver*[125]. Ulises, tramposo heroico por excelencia, se desvela así ejemplo incuestionable del héroe pícaro superviviente, haciendo de los *restos* culturales que se manifiestan en el ingenioso Tito una suerte de «retornos múltiples», puesto que suponen la repetición en un nuevo espacio de pericia heroica de un modelo de *survivor* que vuelve, a su vez, escurriéndose entre las rendijas de la psique occidental deudora de la épica helénica para completar la gesta genial del resolutivo muchacho requeté que, como Ulises, sabe mejor que nadie salir «indemne del brasero» —aquí frente rojo, claro— para protagonizar, completada la argucia sin par, una nueva aventura de ingenio masculino y habilidad tramposa. Vistas en este contexto, las hermosas reflexiones de Cunqueiro que citamos al inicio de este capítulo, realizadas con un cometido bien distinto al que aquí planteamos —presentes, de hecho, en un relato sobre los jóvenes marinos, aventureros natos como Odiseo—, arrojan, sin embargo, luz sobre el asunto que aquí tratamos: como el muchacho del cuento de Cunqueiro, los niños de los relatos infantiles del franquismo son pequeños Ulises «aunque no quieran»; o, dicho de otro modo, sin poder evitarlo, y «a pesar de ser niños». Quizás, precisamente, por el hecho de serlo.

Escapar de una pieza y engañar, habilidades de no poco valor que cuesta imaginar asociadas a otros modelos heroicos como los que hemos analizado anteriormente —el aquileo y el heraclida, en particular—, se revelan, así, como una suerte de *Schwerpunkt,* de punto fuerte reconocible de aquellos «fecundos en ardides» que aquí son, como en el resto de ficciones míticas protagonizadas por habilidosos pícaros, potencia creadora. Como todos aquellos que pertenecen a la muy dilatada y dificultosamente acotable genealogía de los *tricksters,* estos jóvenes son *culture heroes*[126], que

[125] «Odisseo è colui che sa "uscire da un braciere ardent". Nella parola che designa quell' "uscire" *(nostesaimen)* traspare il senso del ritorno (nóstos): l'uscire indenne e un ritornare. Nessuno sa ritornare come Odisseo [...] Odisseo conosce il fuoco, lo incontra, lo sfida. Ma soprattutto, a differenza di tanti uomini e donne vicine al divino, Odisseo sa *uscire* dal fuoco». Manejo aquí la edición italiana del ya citado *Las bodas de Cadmo y Armonía;* véase Roberto Calasso, *Le nozze di Cadmo e Armonia, op. cit.,* pág. 124. La edición española traduce el pasaje como: «Ulises es el que saber salir de un brasero ardiente. En la palabra que designa ese salir *(nostesaimen)* se transparenta un sentido del "retorno" (nóstos): el salir indemne es un retornar. Nadie sabe retornar como Ulises [...] conoce el fuego, lo encuentra, lo desafía. Pero sobre todo, a diferencia de tantos hombres y mujeres próximos a lo divino, Ulises sabe salir del fuego»; Roberto Calasso, *Las bodas de Cadmo..., op. cit.,* pág. 99.

[126] Franz Boas, *Race, Language and Culture,* Nueva York, The Mcmillan Company, 1940, pág. 407. Jon Juaristi emplea, probablemente siguiendo a Boas, la misma calificación al referirse al mito del

entregan desinteresadamente al resto de mortales el valioso legado de su capacidad inventiva, que «dan al mundo su forma»; que construyen, aquí, la Nueva España como el resto de virtuosos de distinto signo heroico llamados a completar el panteón heroico del golpismo como lo completasen los héroes de la épica griega, *vielfältig* (diversa) por naturaleza.

El sentido de *culture heroes* que les concediera uno de los mayores especialistas en la figura de este genial tramposo que supone el *trickster* se manifiesta quizás con más claridad que en otras historietas en la viñetas que narraban los viajes de los jóvenes falangistas y *pelayos* Edmundo y Pelayín, que, como el propio Odiseo —héroe en tránsito permanente, antes que nada—, como Sun-Wukong en la mitología china o en las propias historietas de *trickster* de la mitología nativa americana, viajan sin rumbo claro en la ficción infantil de aquella revista del Movimiento a un espacio de bárbaros que puede no solo descubrirse y recorrerse, sino ordenarse: en el mundo de salvajes por el que caminan los dos muchachos, la inventiva de los jóvenes camisas azules resuelve el peligro —aquí caos cultural desordenado— que deriva en éxito germinal siguiendo al pie de la letra la definición que dedicó a estos bribones creativos el propio Boas. Solucionadores de atropellos, testigos de los márgenes de lo conocido, pícaros victoriosos que desafían a *contenders* temibles siempre a partir de la argucia que garantiza el éxito en el límite con lo posible, estos jóvenes que son Odiseos «aunque no quieran» repiten modelo ejemplar. Así, el forzudo que es gigante clásico al que los dos muchachos engañan, y sobre el que se imponen, a pesar de la diferencia incontenstable de fuerzas, y mediante el ejercicio medido de la trampa justificada, resulta inevitablemente apéndice del cliché repetido, que podría haber dicho Propp, del gigante Polifemo, al que también se doblega —se vence, se manipula—, truco mediante, y no a partir del recurso de la estricta violencia.

Vista desde esta perspectiva, la sección dedicada en *Flechas y Pelayos* específicamente a los viajes de los dos jóvenes muchachos, allá agrupada bajo el título «Viajes de placer» —viajes sin propósito claro, en realidad; *«aimless wandering»*[127], como en el caso del resto de *tricksters* que los preceden—, sitúa a los aprendices de héroes en el locus conocido del «contexto sin contexto», del vagar perpetuo de los

---

héroe cultural helénico Pelasgo. Otros rasgos *trickster* no aparecen, más allá de la capacidad creadora, en la figura de Pelasgo sino en la de su hijo Licaón, que, como explicaré en las próximas páginas, está «marcado» por el síntoma *trickster* que supone la *invención* del rito del sacrificio, en este caso el rito del holocausto infantil dedicado a Zeus. En cierto modo, el hecho de que Licaón sea capaz de transformarse en lobo lo sitúa también inequívocamente en la siempre cambiante genealogía de los tramposos creadores, que Jung veía, como comentábamos, a veces a medio camino entre el humano y el animal; véase Jon Juaristi, *El bosque originario..., op. cit.*, págs. 26 y 27.

[127] Lewis Hyde, *Tricksters makes This World..., op. cit.*, págs. 39 y ss.

Odiseos, de los Coyotes[128], y del resto de héroes y personajes míticos pícaros cuyo elemento identificador es la astucia y el caminar sin rumbo, convirtiéndose *de facto* en antítesis superviviente del modelo que Vladimir Propp identificase como aquel del héroe-buscador. Figura, esta última, que posee un cometido concreto y que se diferencia de aquel modelo heroico, el que aquí nos ocupa, que «emprende el camino sin pretender búsqueda ninguna», como nos recuerda el antropólogo y lingüista ruso[129], conociendo, superando y enfrentándose al fuego, pero, sobre todo —y como afirmase Calasso en su hermosa reflexión dedicada a Odiseo—, escapando de él.

Miniaturas que ocultan: muchachos y linchamientos lúdicos

En un discurso que nos acerca a los pequeños bribones heroicos, vencedores a pequeña escala, resulta pertinente detenerse a analizar algunas de las funciones que desempeñan este tipo de figuras dentro del aparato cultural franquista, poblado, como todos los panteones de *eroi,* ya lo decíamos, de héroes de distinto tipo que desempeñan funciones diferentes. El héroe pillo, valeroso guerrero a pequeña escala, normalizará a partir del lugar común de la treta simpática (treta infantil, en el caso específico de *pelayos* y *flechas,* después de todo) la ruptura de los códigos caballerescos mediante la *miniaturización* de víctimas y victimarios.

Bajo el signo de Saturno, fabuloso ensayo que Sontag dedica en este caso a la figura y a la memoria de Benjamin, nos da algunas claves sobre la función del empequeñecimiento que aquí pueden resultarnos útiles. En él, la escritora e intelectual estadounidense resume con precisión, a partir de la predilección de Benjamin por las miniaturas, por lo pequeño, por lo portátil y por minúsculo, por lo que a través de su escala «exige ser descifrado», también, algunas de las funciones quizás menos visibles del objeto miniaturizado, esto es, antinaturalmente empequeñecido: la miniatura de *algo,* dice Sontag, esconde, oculta; hace invisible e incluso resta importancia. La miniatura permite una suerte de *estar sin estar* que hace posible la vigencia y la presencia de algo sin que podamos, como en el ejemplo que recoge la autora,

---

[128] Me refiero a la figura mitológica, antropomorfa, del personaje mitológico común a tantas culturas originarias en América del Norte, que comparte con otros tramposos curiosas similitudes: como al propio Prometeo, al héroe pillo Coyote se le adjudica, entre los Shoshone y los Karuk —en realidad hay múltiples versiones del mismo hito entre otros pueblos originarios americanos—, haber robado el fuego a los dioses para entregárselo a los humanos. En ambos casos, la capacidad ordenadora del *trickster* parte por encima de todo de la inteligencia que deriva en trampa, que genera, a su vez, el cambio de paradigma.

[129] Me refiero, específicamente, a la categoría o función XI, «El héroe se va de su casa», establecida, de nuevo, por Vladimir Propp en *Morfología del cuento, op. cit.,* pág. 49.

llegar a apreciarlo en toda su complejidad: como los granos de trigo que atesoraban, casi invisible, pero inevitablemente presente, la totalidad de la Shemá Israel[130]. El ejemplo de la miniatura en sentido estricto, musealizada y física, tangible —el grano de trigo, en el ejemplo de la intelectual estadounidense—, no debe despistarnos, puesto que comparte con otro tipo de escalas micro las características que Sontag resume con precisión en el texto. El fragmento de Sontag indica, explícitamente:

> Miniaturizar es ocultar. Benjamin era atraído tanto por lo extremadamente pequeño como por lo que había que descifrar: emblemas, anagramas, escritos. Miniaturizar significa hacer inútil. Pues lo que queda grotescamente reducido es, en cierto sentido, liberado de su significado: su parvedad es lo notable en él. Es al mismo tiempo un todo (es decir, completo) y un fragmento (tan diminuto, la escala errada) se vuelve objeto de contemplación desinteresada o ensueño[131].

Miniaturizar es también, en una reflexión de Stewart que comparte algunos puntos en común con las palabras de Sontag —también algunas divergencias, aunque, en nuestra opinión, quizás no tan relevantes—, un ejercicio que acerca al objeto reducido (en el ejemplo de Stewart, también texto de escala micro) a la interesante categoría de los «*souvenirs* y de los amuletos»[132]. ¿Pero qué es el *souvenir* sino la versión a pequeña escala, banalizada, también, de algo culturalmente infinita y definitivamente más complejo? ¿Qué es el *souvenir* sino un dispositivo llamado a simplificar y a transformar complejidades —culturales y, por tanto, también políticas— en artefacto *portable,* también a partir de la escala errada que destaca Sontag? El *souvenir* testimonia la experiencia de *algo* que ya se ha producido; viene, a la larga, a ser el testimonio, el *Ersatz* simplificador de algo que en dimensiones y en magnitud lo trasciende. El *souvenir* es, como buena miniatura, al mismo tiempo *mostrante* y *ocultante,* tramposo.

La miniaturización que aquí se produce, en las viñetas de los jóvenes y sus *flechorías* y travesuras, es doble y es política. Una miniaturización que afecta a la escala de los agresores —transformados aquí en niños [44], y no en ejecutores, *ocultados* como dijera Sontag bajo la falsa escala tramposa de los chiquillos— y de los agredidos, que ya no son seres humanos (Indalecio Prieto y Azaña, específicamente) sino muñecos de nieve; monigotes de latón, como los que viéramos antes.

---

[130] La Shemá Israel es una de las principales plegarias de la religión hebraica. Sontag hace alusión, en este caso, a una de aquellas miniaturas que fascinaban al autor judeo-alemán; véase, en este sentido, Susan Sontag, *Bajo el signo de Saturno, op. cit.,* pág. 132.

[131] *Ibíd.,* pág. 133.

[132] Me interesan específicamente las reflexiones de la autora en «The Miniature. Micrographia», en Susan Stewart, *On longing. Narratives of the Miniature, the Gigantic, the Souvenir, the Collection,* Durham (NC), Duke University Press, 1993, págs. 37 y ss.; aquí, pág. 44.

44. As, «Payín, domador de fieras» (detalle), *Pelayos,* 10 de octubre de 1937.

Monstruitos, ranas, culebras y batracios de pequeña talla, bolos de vívidos colores. La «escala errada» de la que habla Sontag permite precisamente una forma de contemplación —también de exposición, puesto que lo que estamos presenciando en la portada de *Pelayos* [45] no es sino un fusilamiento, *ma non troppo*— que tiene, como dice la autora, algo de invitación a la observación desinteresada, puesto que ya no es crimen, sino *travesura*. En algunos casos, el resto que reaparece se antoja y se revela, verdaderamente, como una suerte de trampa que ya no es artimaña mortal, que parece *truquillo* inocente (me refiero a los juegos circenses, por ejemplo), jugarreta infantil más que ardid bélico oneroso de resultados fatales. En el martirio divertido de los chiquillos permanecen remanentes de otros arquetipos heroicos —pienso en la inteligencia resolutiva de Odiseo y en el tormento de Polifemo engañado, quizás el más famoso de sus trucos— que aquí sin embargo ya son, como digo, *resto viviente miniaturizado,* si fusionamos el término burckhardtiano y las reflexiones de la propia Sontag, de algo infinitamente más complejo.

De algo, por supuesto, mucho más mortal que el juego y la imitación presente en tantas portadas del semanario infantil, de las que lógicamente no reproduciremos todas las mencionadas. Juego mortal que aquí es facsímil en múltiples sentidos, en el que los chiquillos engañan y juegan con el enemigo, lo tientan con jamones, lo asustan con globos, lo atan y lo someten, repitiendo el tormento de Gulliver encadenado por los liliputienses; lo recogen, lo coleccionan y lo acumulan en cestos como si de setas se tratase [46] reinvirtiendo en este caso la escala de víctima y victimarios; lo derriban, transformado en bolos, ante la atenta mirada de muchachos y animales [45]. Escenas que reproducen otro mito trucado como es el de la muerte —primero, *no muerte,* a manos de los Ases— del dios Baldr que recoge Girard: si Baldr no fuera invulnerable, nos recuerda el francés, es *evidente* que no sobreviviría al trato que le dispensan los Ases[133], que, armados hasta los dientes, rodean al dios en un juego que se antoja en realidad imagen erosionada de algo más complejo y más mortal, por supuesto. En ambos casos, tanto en nuestra escena de los muchachos que juegan con bolos y bolas de nieve y que apuntan y disparan contra monigotes que asemejan políticos amenazados como en el mito nórdico del asesinato *que no era* —que no podía ser, puesto que Baldr era *prácticamente* un inmortal, y el ataque no era más que un juego—, la dimensión lúdica sirve de hecho para ocultar la repetición de un sacrificio curativo tantas veces presente en la historia y en la cultura popular de los pueblos, que en el caso nórdico, como es sabido, la mitología resuelve y enmascara de manera curiosa. Merece la pena detenerse sobre este mito trucado de la cultura nórdica para explicar algo mejor los que aquí analizamos.

En un ejercicio que tiene mucho de entretenimiento infantil, el dios boreal es atacado *ad aeternum* por todos los presentes; tan solo el accidente provocado por el

---

[133] René Girard, *El chivo expiatorio, op. cit.*, pág. 91.

45. As, sin título (detalle), *Pelayos. Semanario infantil,* núm. 83, 24 de julio de 1938.

hermano invidente, armado con una hoja de muérdago y dirigido tramposamente por el *trickster* de los nórdicos, Loki, acabará contra todo pronóstico con la vida del desdichado Baldr. Por supuesto, y como no se le escapa al propio intelectual francés, lo extraño de esta escena no es tanto la muerte provocada por el brotecillo inofensivo, sino todo lo demás, que precede al ejercicio natural de la muerte del que es hostigado por todos: es, de nuevo, la escala extraña, la miniaturización del homicidio colectivo —aquí camuflado en el esparcimiento lúdico de los dioses, sorteado a partir de la compleja historia del pacífico muérdago y del verdugo ciego— cuyo único objetivo es ocultar el carácter homicida de los héroes y de los

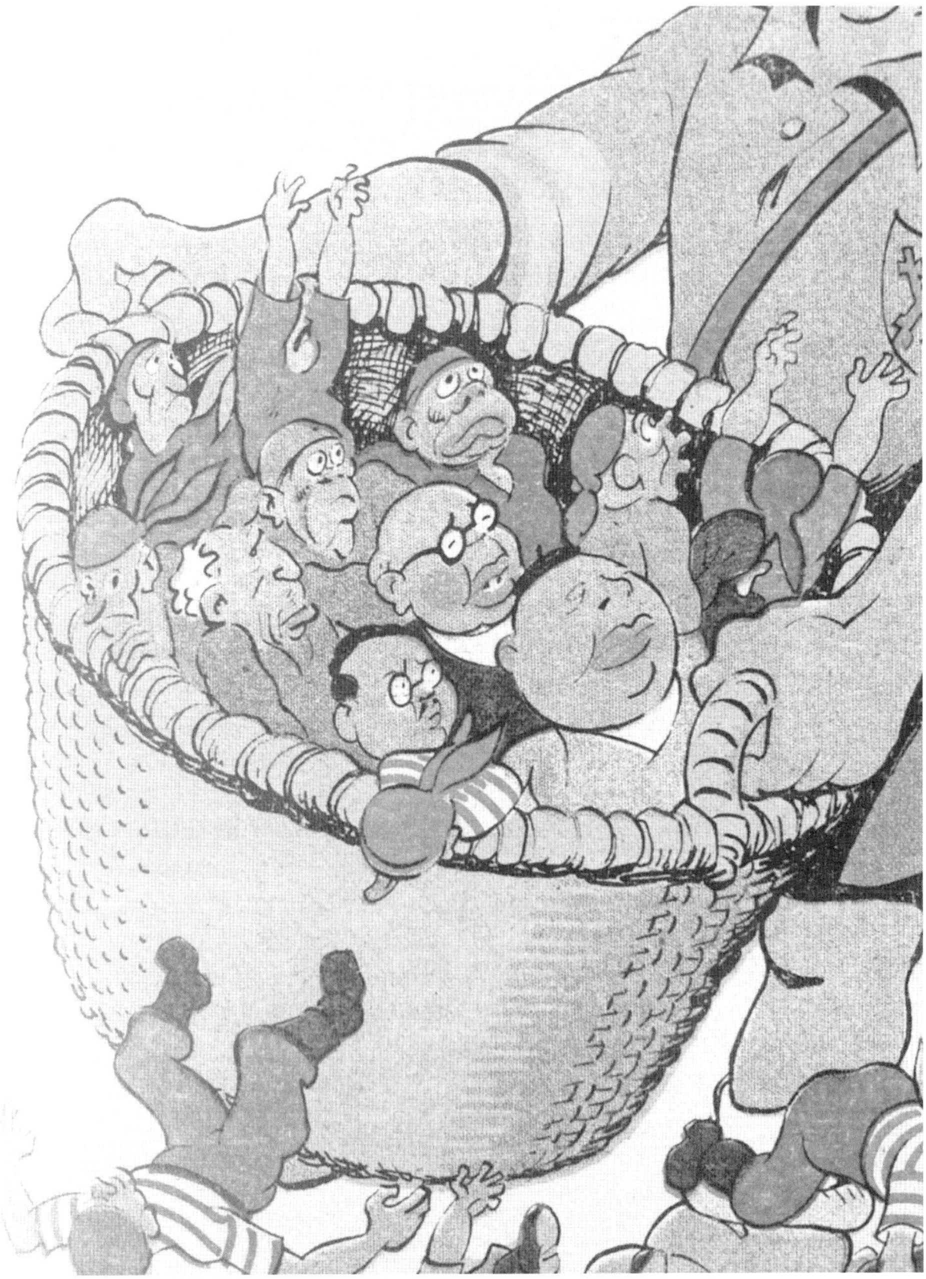

46. As, sin título (detalle), *Pelayos. Semanario infantil,* 12 de junio de 1938.

dioses, eximidos para siempre de la responsabilidad a partir del requiebro metafórico del *juego*.

El mito, hasta el momento en que se produce la muerte, *¿no prevista?*, del más mimado entre los dioses del panteón nórdico, Baldr, *esconde una escena de homicidio colectivo* en clave equivalente a la que aquí encontramos. Me explico: si los ministros del gobierno no fueran artificialmente, tramposamente, transformados en bolos y sus verdugos no fueran simples muchachos que juegan bajo la atenta mirada de las ocas y de otros chiquillos, es *evidente* que estaríamos ante la escena de un asesinato. Bolos, brotes vegetales, invidentes bienintencionados, juegos, patos y cestos *trucan* el asesinato con la misma voluntad ocultadora que evita al colectivo propio —aquí, *in-group* franquista— aceptar el carácter homicida de los héroes de su propio panteón sublimado, simples matones, simples matarifes.

Lo completo y lo fragmentado que permite la escala errónea mencionada por Sontag, aquí también producto de un ejercicio metafórico que miniaturiza *de facto* lo que está ocurriendo, hace posible este proceso de ocultación/exaltación simultánea; a diferencia de otras versiones camufladas, «trucadas» *alla* Dumézil, dotadas de homicidio colectivo —pienso de nuevo en el pasaje clásico de los Curetes rodeando a Zeus, episodio tan trucado o más que el de Baldr—, la escena del muchacho y los bolos puede prescindir de un hierofante, revelando con mayor facilidad la dosis de asesinato y holocausto colectivo que en realidad esconde a partir de la desactivación efectiva que permite esta suerte de *small scale*.

Todas estas escenas y dibujitos no tan bienintencionados ofrecen, de este modo, auténticas *muestras inútiles por grotescamente reducidas*, como dijera Sontag, en imágenes tan poco inocentes —por ser reflejo de una persecución y ejecución que son *reales*, y no simuladas— como aquella pretendidamente divertida que dedicase As a la ejecución ritualizada, aquí faena taurina imaginaria, de Indalecio Prieto en el ruedo. No en vano, y como nos recuerdan puntualmente algunos especialistas en la materia[134], el *trickster* es, en tantas culturas —elemento que queda particularmente claro cuando comparamos diferentes figuras de tramposos creadores—, nada más y nada menos que el inventor *de facto* del propio ejercicio

---

[134] Jean-Pierre Vernant considera a Hermes autor del primero de los sacrificios; véase, en este sentido, Jean-Pierre Vernant, *The Cuisine of Sacrifice Among the Greeks*, Chicago, The University of Chicago Press, 1989; Hyde, aparentemente algo más cauto, reconoce sin embargo que una comparación sistemática entre los mitos de los tramposos revela indiscutiblemente la cercanía entre las figuras transculturales de los *tricksters* y el ejercicio del sacrificio ritual de la carne. Me refiero, en este caso, a «Meat Sacrifice», en Lewis Hyde, *Tricksters makes This World..., op. cit.*, pág. 34. Nos movemos, en todo caso —elemento que naturalmente no escapa a los propios investigadores que aquí citamos—, en una *temporalidad mítica* en la que la idea de antes y después queda completamente desdibujada, como ya comentamos anteriormente en relación con la superposición entre juventud y madurez de los dioses —Zeus, en particular— comentada por el propio Kerényi.

del sacrificio ritual; de la ejecución ordenada que persigue algo infinitamente más complejo que la simple muerte del adversario.

El dios Hermes, *trickster* griego por antonomasia, ha sido identificado como el primero entre los *héroes y dioses* helenos en establecer las lógicas internas del sacrificio; pero también el propio titán Prometeo, que en aquel famoso episodio que lo enfrentaba a la astucia de Zeus —pienso en el truco de la carne que le saldría tan caro al gigante, benefactor de los humanos— pagaría su osadía transformándose él mismo en sujeto martirizado, destinado a sufrir para siempre el tormento, encadenado. El titán embustero, incapaz de superar en picardía al más tramposo entre los dioses del panteón griego, inventaría y sentaría las bases, sin embargo —como buen estafador de potencia creadora inagotable—, de los sacrificios rituales, uniéndose a la dilatada lista de pícaros ingeniosos a los que se adjudica habitualmente la «invención» del ritual humano del sacrificio.

En ambos casos, independientemente de los resultados diversos que obtienen en la mitología griega el dios y el desdichado titán —el truco de Hermes funciona; el de Prometeo, por el contrario, le garantiza el tormento eterno del que jamás llegará a morir del todo—, se produce, a partir del *invento* del sacrificio y de las lógicas que lo rigen, un *Drehpunkt,* una suerte de cambio de paradigma que transformará para siempre al ejercicio ritual de la ejecución en el elemento llamado a provocar cambios a gran escala.

En este sentido, el mito de Tulo y Mecio al que ya nos hemos referido supondría una versión más «pura» que aquella de la tradición védica con la que la compara Dumézil —si confiamos en el planteamiento de Hyde en torno a *tricksters,* trampa, carne y holocausto ritual— de un psicologema primitivo en el que al sacrificio realizado *a partir de* la trampa le sigue, como en el caso del mito prometeico, una suerte de reparto ritual que en el mito griego toma forma mediante la división de la carne del buey entre Zeus y Prometeo (truco descubierto que desencadena acontecimientos). En el romano, se manifiesta en el descuartizamiento horrible —reparto cárnico a pesar de todo—, reapareciendo metafóricamente a partir de la mutilación del maltratado Mecio, *buey* simbólico cuyo despiece genera también a su manera cambios a gran escala en el rumbo histórico de los itálicos. La existencia no irrelevante de un «dos partes» en el propio mito romano coincide[135], de hecho, con las «dos porciones» del griego, confirmando en la insistencia en el detalle del despiece ordenado —que replica la doble traición de Tulo sobre Mecio— una suerte de reflejo que es todo menos casual o arbitrario.

Jung verá supervivencia tenaz de esta lógica antigua en múltiples manifestaciones culturales en las que esta reverbera, de manera nebulosa y fantasmagórica, a

[135] Según es explicado en el relato de Tito Livio, citado en Georges Dumézil, *El destino del guerrero..., op. cit.,* págs. 52 y ss.

través de la figura incomprensible del tramposo en su forma más primitiva, más contradictoria y por lo tanto menos deformada, siendo esta —y en esto parece coincidir con Didi-Huberman, cuando hablaba de la supervivencia de lo más oscuro y de lo maldito— la más tenaz por ser la más arcaica. Esta forma pretérita, producto de una estructura psíquica de máxima antigüedad, será arrastrada, como nos explica el propio Jung, a lo largo de los milenios como «extraño apéndice» que sigue reproduciendo lógicas antiquísimas, por camufladas que estas parezcan[136]. Apéndice, en este sentido, no exento de toda clase de reproducciones y reformulaciones *mestizas,* en las que las proporciones entre los fragmentos importados, las creencias truncadas, los conceptos privados de contexto[137], los elementos eliminados por erosión mítica o desechados política y culturalmente, también, varían en proporciones siempre cambiantes.

El ejercicio de tortura, ardid y acoso que resulta inherente, de hecho, a la propia faena de la tauromaquia que se representa en «Brindo por Ezpaña... y por tooz vozotroz» *[sic]* [47] cumple, en este caso, múltiples funciones: recurre a un elemento de incuestionable raigambre ibérica, acotando de nuevo y como fuera habitual la frontera cultural entre el *in-group* político propio y el espacio de las criaturas monstruosas, ítems sacrificiales. Encubre, en la hazaña deportiva ejecutada por los muchachos —si es que el toreo, gesta dirigida y encaminada a la muerte, puede englobarse dentro de las categorías *sportivas*—, las expectativas de muerte certera de unas víctimas (ministros y políticos electos, en la ilustración) a manos de unos verdugos que quedan, en esta suerte de multiminiaturización —de escala, de edad, de formato, de locus sacrificial—, ocultos y visibles, «completos y fragmentados» como en las propias reflexiones de Sontag que aquí nos ocupan. *Estar sin estar* y, simultáneamente, *respetar* [las convenciones bélicas: como decía, el honor, la palabra propia; la decencia del militar honesto] *sin llegar a hacerlo* se convierte así en la doble contradicción —o en la dualidad de dificultosa comprensión— que caracteriza, de nuevo, a unas criaturas heroicas que, como dijéramos antes, son seres *bifrons,* constituidos como personajes que «abarcan lo incompatible», que hacen posible lo imposible[138].

---

[136] Carl Gustav Jung, «Acerca de la psicología de la figura del trickster», en *Los arquetipos y lo inconsciente..., op. cit.,* págs. 244 y ss.

[137] Vuelvo sobre las reflexiones que dedica Gruzinski a las lógicas de adaptación, repetición, yuxtaposición y creación de nuevos contenidos artísticos, culturales, míticos, que el autor expone en «¿Un atractor?»; véase, de nuevo, Serge Gruzinski, *El pensamiento mestizo..., op. cit.,* págs. 206 y ss.

[138] De nuevo me baso en la descripción de estos héroes —y divinidades, en el trabajo de Dumézil— dobles que «abarcan lo incompatible», que posibilitan la coexistencia de contradicciones, que se revelan como héroes bifrontes; véase, de nuevo, Georges Dumézil, *El destino del guerrero..., op. cit.,* págs. 80 y ss.

47. As, «Brindo por Ezpaña... y por tooz vozotroz», *Pelayos,* 28 de noviembre de 1937.

Tal régimen de aparente incompatibilidad no debe contemplarse, como han apuntado algunas investigaciones clásicas en torno a la figura del *trickster*[139], a nuestro juicio erróneamente, como un «deterioro» de un mitologema original que se ha visto *manchado,* contaminado, si se quiere, por una serie de elementos posteriores, añadidos y apéndices poco honrosos. Más al contrario —y en esto coinciden otros clásicos, de Boas a Girard—, el carácter criminal, egoísta, villano (por tramposo, por poco ortodoxo, por poco heroico, al final) de estos héroes y entes divinos en extraño equilibrio es *precisamente* el elemento original y genuino que los constituye. Podemos considerar que el camuflaje cultural que ha permitido el blanqueamiento de tantas figuras heroicas supone efectivamente el elemento y síntoma de «deterioro» y no al revés, en un ejercicio —como han explicado nuestros especialistas franceses, Girard y Dumézil— de rescate en el que los héroes de comportamiento poco honorable son salvados a partir del añadido, de la justificación, absueltos de la quema simbólica que los condenaría a la categoría de asesinos y traidores; de pérfidos, crueles y miserables. El ejemplo que aquí nos ocupa demuestra que el proceso de transformación que unos llamarían «deterioro» y que otros simplemente ven como una modificación casi inevitable de las «verdades» míticas puede acelerarse enormemente, viéndose reformado por un mitógrafo-*bricoleur*[140] que a un mismo tiempo busca la integración del relato dentro de una serie de narraciones *que se le parecen,* así como también la sanción positiva de la comunidad.

Así, y siguiendo con el propio término empleado por Boas, la escena de tauromaquia practicada por los chiquillos que aquí nos ha ocupado supone en sí misma testimonio de un «deterioro» narrativo en el que el camuflaje metafórico opera a muy distintos niveles, *erosionando* la escena original, mitologema y *happening* deformado, para su consumo apto: por un lado, el sacrificio terrible, sin contemplaciones, del distinto, transformado en chivo expiatorio —aquí animalito caricaturizado a escala micro—; por otro, y ya no en un plano mítico, el proceder estricto del aparato militar franquista: el fusilamiento en su sentido más genérico, por supuesto, pero más allá, el crimen certero, crimen colectivo, contra tantos que fueron pasados por las armas precisamente en plazas de toros, con el caso más tristemente célebre de la matanza de Badajoz en agosto de 1936. El relato de varios corresponsales estadounidenses deja pocas dudas de lo allí ocurrido:

---

[139] Boas se refiere, en este caso, a los trabajos que preceden al suyo de Daniel Garrison Brinton, *The myths of the New world: a treatise on the symbolism and mythology of the red race of America,* Nueva York, H. Holt, 1876, pág. 194, y Walter James Hoffman, *The Menomini Indians,* Legari Street Press, 2022 [1896], en la primera edición que cita Boas, pág. 162.

[140] Juaristi hará uso del mismo término que maneja Lévi-Strauss, el de bricolaje, al que de hecho nos hemos referido anteriormente. Aquí, parto de las reflexiones del autor vasco sobre los cambios en las narraciones míticas que el lector encontrará en Jon Juaristi, *El bosque originario...*, *op. cit.*, pág. 24.

They were young, mostly peasants in blue blouses, mechanics in jumpers, «The Reds». They are still being rounded up. At 4 o'clock in the morning they were turned out into the ring through the gate by which the initial parade of the bullfight enters. There machine guns awaited them. After the first night the blood was supposed to be palm deep on the far side of the ring. I don't doubt it. Eighteen hundred men —there were women, too— were mowed down there in some 12 hours. There is more blood than you would think in 1,800 bodies...[141].

Escoger semejante escenario como portada de un semanario juvenil, apenas un año después del infame acontecimiento de Badajoz —que causó, como era de esperar, estupor entre la opinión pública europea; que ocupó a los corresponsales extranjeros, que dio lugar a interpretaciones, relatos y contrarrelatos—, bien puede interpretarse como símbolo inequívoco de las lógicas políticas, propagandísticas y antimemorialísticas que articulaban el pensamiento franquista: la repetición, simulada, edulcorada, transformada en diversión lúdica, de un asesinato conocido y reconocido a partir de la *small scale* que supone el cómic, *oculta sin ocultar* el crimen que ocupaba la mente de tantos, generando el verdadero «deterioro» del acontecimiento a partir de la miniaturización desinhibida que suponen los muchachos —aquí sin ametralladoras, claro— que contemplan divertidos el martirio desde los mismos burladeros que sirvieron en la localidad extremeña, como sabemos con certeza, como puestos de tiro. Como en tantos otros procedimientos de ejecución sumaria que salpican mitos y relatos populares, el simultáneo ejercicio de exhibición obscena / ocultación simbólica encuentra compatibilidad anómala en un producto apto para todos los públicos que celebra sin celebrar la matanza curativa, expiatoria, del rival político, del disidente y del enemigo.

Las múltiples lecturas que permite este tan particular *Tatort* (lugar del crimen) no pueden pasarse por alto, al margen de la propia vigencia histórica de la masacre de Badajoz. Cabría preguntarse, de hecho, si existe hoy día, al menos en lo que podemos considerar el universo de la *Western Culture,* de la cultura occidental, alguna práctica aún vigente que con más claridad reproduzca hasta sus últimas consecuencias (la muerte en el toreo *es* real, y no simulada, escondida tras múltiples metáforas que nos protegen del significado real, genuino, originario del rito) la ejecución sumaria de una o varias víctimas escogidas, aquí bovino humanizado en la figura reconocible de Prieto; rodeada por sus verdugos, ejecutada mediante toda una serie de elementos que constituyen la esencia del toreo —artimañas tramposas, también, dirigidas a quebrar la fuerza y la voluntad del gigantesco animal que a todas luces aventaja a aquellos que le dan caza— ordenados, de re-

---

[141] Jay Allen, «Slaughter of 4,000 at Badajoz, City of horrors», *Chicago Tribune,* 30 de agosto de 1936; disponible en los archivos digitales del periódico.

48. Martí Bas, «Fusilamientos en la plaza de toros de Badajoz» (detalle), 1937, óleo sobre lienzo, 221 × 327 cm, Museu Nacional d'Art de Catalunya.

petición y ejecución absolutamente medida que acaban, naturalmente, con el holocausto de uno celebrado por muchos.

Preston menciona específicamente la presencia en aquella matanza a gran escala de terratenientes portugueses que habían colaborado en la detención de refugiados que huían al país vecino, posteriormente devueltos a las autoridades franquistas y ejecutados en la plaza por «desafectos». No hay mención alguna, en los testimonios que recoge el hispanista especialista en la Guerra Civil, de las damas de la alta sociedad o de los religiosos y guardias civiles que aparecen en la pintura de Martí Bas que aquí reproducimos [48], de 1937, pero coincide, en todo caso, con los dos testimonios visuales —la ilustración y el lienzo monumental de Bas— que hemos recogido en estas páginas: el ritual del sacrificio —que era también aviso a Madrid, como recuerda el propio Preston— era, como buen ritual, algo que debía ser contemplado; estaba destinado a una función. Seguía, como cualquier ritual, un orden en absoluto improvisado, en cierto modo preestablecido. No era, independientemente de la pulsión homicida de los rebeldes, «muerte sin más», en tanto en cuanto buscaba, como buen holocausto litúrgico, el desencadenamiento de acontecimientos de mayor calado: en este caso, y como recordaba el británico, nada más y nada menos que la rendición de la capital.

La viñeta de *Pelayos* recoge, en realidad, la versión «liberada de significado», empequeñecida, de nuevo, de un ritual de asesinato que *sí tuvo lugar* y que fue infinitamente más complejo y más marcado por una *Inszenierung,* por un orden y una puesta en escena, como digo, de los que se desprenden toda una serie de elementos más desarrollados que aquellos que aquí aparecen. La tortura sádica a la que habían sido sometidos los reos[142], no solo fusilados, sino, en el caso específico de las mujeres, objeto de toda clase de abusos sexuales, había estado precedida —detalle importante; hablamos de rituales y ritos— por un desfile triunfal en el que no faltarían ni la música ni los corceles que asoman tímidamente en la viñeta del semanario ilustrado[143]. La prensa internacional que llegase a la ciudad extremeña se encontraría con una serie de explicaciones por parte de los sublevados que no hacen sino evidente que detrás de la matanza (política) reverberaba una suerte de apéndice arcaico como aquel que mencionase Jung en una serie de reflexiones que aquí hicimos nuestras; apéndice ritual que se manifiesta en la presencia de otro modo injustificada de bandas musicales, jinetes, procesiones, incineraciones y posteriores declaraciones —de Yagüe, en este caso— que inciden en la existencia de un proceso de sacrificio y «limpieza» que salvaría y *reespañolizaría* la ciudad rendida. A partir del ejercicio ritual del sacrificio que es definido como ejercicio de «limpieza» (no solo política, sino ritual), España —en este caso Badajoz, claro— se *reiniciaba,* como se reinician todas las culturas —aquí, cultura política— tras el ejercicio de la aniquilación simbólica del otro[144].

A la vista de la información recopilada por el británico, la viñeta de As se antoja auténtica miniatura a la deriva; testimonio marcado por el silencio explosivo, testimonio desactivado, que, como en las reflexiones de Sontag con las que hemos querido abrir este capítulo, ofrece una suerte de episteme al tiempo completo e incompleto destinado a mostrar y a oscurecer para siempre el suceso ocurrido de las masacres en plazas y ruedos. La viñeta, en su vinculación inevitable con el suceso real que la precede, se transforma y se revela ante nosotros como auténtico territorio de comportamiento antimicrográfico, pues genera el efecto contrario a la ciencia de las miniaturas *parlantes* de Robert Hooke[145] —que se jactaba de mostrar lo que antes estaba oculto y lo que no podía leerse a través de sus milagrosos microscopios— en un proceso que efectivamente aquí busca y hace posible exactamente lo opuesto: oculta —o, al menos, tamiza, dulcifica, banaliza en gran medida— lo que antes podía verse. La capacidad narrativa que posee la miniatura

[142] Véase, en este sentido, Paul Preston, *El Holocausto español. Odio y exterminio en la Guerra Civil,* Barcelona, Random House Mondadori, 2011, pág. 432.

[143] *Ibíd.,* págs. 433 y ss.

[144] Vuelvo sobre el texto de Eliade, *Lo sagrado y lo profano, op. cit.,* págs. 60 y ss.

[145] Me refiero a las reflexiones del autor en su trabajo *Micrographia: or Some Physiological Description of Minute Bodies Made by Magnifying Glasses: with Observations and Inquiries Thereupon, by R. Hooke, Fellow of the Royal Society,* Londres, John Martyn, 1665.

para «reescalar y resignificar automáticamente todo lo que le rodea»[146], elemento y capacidad, de hecho, que algunas especialistas han visto en general en los relatos literarios en los que participa lo maravillosamente minúsculo, bien puede extenderse a los dispositivos artísticos no textuales, permitiendo en este caso —y siguiendo lo que aquí hemos definido como una «ocultación que muestra»— un reescalado del crimen, del acontecimiento de la persecución y hostigamiento político que se desprende de aquellas viñetas de bolos y cestos, de muñecos de nieve y muchachos armados, de ficticias corridas taurinas protagonizadas por matadores pueriles. Como en el cuento de Pulgarcito sobre el que se detiene Stewart, los *pelayos* y los *flechas*, también sus *pequeñas víctimas* de las fábulas pictóricas franquistas, no dejan de ser versiones minúsculas de un canon de mayor tamaño en las que todos los elementos —como en el propio cuento— mantienen una armonía respecto al modelo originario. Mágicamente, milagrosamente, inevitablemente, como en el relato del prodigioso niño miniaturizado, lo que rodea y lo que entra en contacto con los *flechas* y los *pelayos* también encoge; adquiere nueva apariencia, camuflando a partir de aquella capacidad de metamorfosis que irradia de lo pequeño la propia naturaleza —criminal y victimaria, política y persecutoria— de lo que ha sido reducido.

Acosados por rejoneadores, tratados como toros de lidia, los líderes republicanos que mueren plácidamente en aquella viñeta —pienso en el gesto neutral de aquel Prieto de cuerpo bovino, que reposa más que agoniza— maquillan en su versión *simpática* para todos los públicos el suceso real de la muerte espantosa de los desdichados, en realidad proletariado rural, criadas y costureras —verdaderos *contenders* de clase, verdaderos rivales, verdaderas víctimas de la masacre de Badajoz; sujetos que venían a invertir el orden establecido— que allá perecieron. Como en tantos ejercicios míticos de sacrificio, la víctima aquí es culpable que no requiere explicación; la autodefinida condición nacionalcatólica del Movimiento no impide, en este sentido, la repetición de unas lógicas que son profundamente prebíblicas, «antibíblicas»[147], en realidad, que articulan *de facto* el *kern* ideológico

---

[146] En el relato maravilloso sobre lo extrañamente pequeño, todos los elementos parecen convertirse en otra cosa por acción e influencia directa de lo minúsculo, dotado de una enorme capacidad redefinidora y reordenadora que no se le escapa a la autora: Stewart parte de la narración de Gulliver y el famoso cuento de Pulgarcito, en el que los elementos que rodean al pequeño se transforman en otra cosa a partir de su relación con el protagonista; es la presencia de Pulgarcito lo que transforma la cúpula de la bellota en cuna y, posteriormente, la cáscara de la nuez en cama; véase, de nuevo, Susan Stewart, *On longing. Narratives..., op. cit.*, pág. 46.

[147] Recomiendo al lector revisar las interesantes reflexiones de Girard en torno a las divergencias de las figuras de Edipo y José, entre mito clásico y relato bíblico, en las que precisamente se ve con claridad la diferencia de destinos entre la figura mitológica y la figura testamental. En este sentido, y como recuerda el francés, el relato bíblico diverge notablemente respecto al mito en tanto en cuanto «perdona» a la víctima: «La diferencia entre el relato bíblico y el mito de Edipo, o cualquier

y ritual del franquismo —y del resto de fascismos continentales, por supuesto— por cuanto ven siempre criatura sacrificial en la víctima y la entregan, como en el ejemplo que aquí tratamos, a la furia de las masas. Este detalle, que puede parecer superfluo (puesto que estamos habituados a la muerte de la víctima, y no a su salvación), separa definitivamente al franquismo de aquella aparente versión *light* del fascismo que pretende suponer lo nacionalcatólico, desprovisto como estaba el Movimiento de cualquier forma de piedad para con el otro como la que identificase Girard en el centro de las lógicas testamentales. Los «héroes» y las víctimas de 1936-1939 se antojan, en su formulación, comportamiento y destino, infinitamente más antiguos.

En el gesto de Badajoz —del que esta miniatura infantilizada de *Pelayos* jamás podrá desprenderse— se celebraba, como en tantos sacrificios, la condición depredadora del *in-group:* del golpismo, en este caso, y, a partir de la presencia de terratenientes y otros asistentes simbólica y políticamente enfrentados a los asesinados, la de aquellos que los apoyaron. Sujetos, al fin y al cabo, desafiados por las reformas de la República y por los deseos de libertad de los eliminados, sujetos habituados a pertenecer a una escala superior dentro de las lógicas predadoras de la sociedad de clases que se habían visto temporalmente reducidos, de nuevo, a la condición de cazados. La pulsión sádica que ejerciera el cruel Tulo sobre el desdichado Mecio, que no solo murió indecorosa y traidoramente, sino que fue desmembrado por su adversario, carnicero implacable, se reproduce aquí con la saña habitual que caracteriza todos los holocaustos rituales en los que pervive aquella lógica antigua.

La masacre que reproduce sin reproducirla esta viñeta reinterpreta, como tantísimos sacrificios a lo largo de la historia de los pueblos[148], el momento en el que el predador (aquí clases desafiadas) «era presa» de aquellos a los que, simbólicamente, se da muerte en el locus sacrificial que supone, por supuesto, la plaza de toros. No era necesario que el golpismo ejerciera y reprodujera *conscientemente* toda una serie de ritos que preceden y dan sentido al holocausto. Estos sobreviven y reaparecen, como el propio mito del *trickster,* «espontánea y auténticamente»[149].

---

otro, es tan grande que no puede haber una mayor. Es la diferencia entre un mundo donde triunfa la violencia arbitraria sin ser reconocida como tal y un mundo en el que, al contrario, esa misma violencia es expuesta, denunciada, y finalmente, perdonada»; en René Girard, *Veo a Satán caer como el relámpago, op. cit.,* págs. 149 y ss.; aquí, pág. 152.

[148] Vuelvo sobre algunas reflexiones de Ehrenreich, particularmente aquellas que introduce en «El primer sacrificio de sangre», en Barbara Ehrenreich, *Ritos de sangre..., op. cit.,* págs. 95 y ss.

[149] Carl Gustav Jung, *Los arquetipos y lo inconsciente..., op. cit.,* pág. 246.

Ruinas que funcionan: *débris* y restos zombi

Necesitamos ruinas recientes, cenizas nuevas, frescos despojos...[150].

En un momento dado de su carrera, el maestro Godard recurriría a restos visuales y acústicos para alcanzar una nueva, verdadera (por genuina, por auténtica) forma de contar historias. A partir de imágenes y sonidos que el intelectual acumularía y combinaría con la intención, valiéndose de la ruina de estos —puesto que estaban deliberadamente escogidos por su estatus como escombros, como naufragios, si se quiere, como materiales acústica o visualmente deteriorados por el paso del tiempo—, de generar relatos nuevos. Godard veía en esta forma de construir a partir de este *débris,* de esta *chose brisée,* una cierta novedad —como mínimo en su propia práctica fílmico-artística, pero intuyo que no exclusivamente— que en realidad constituye, en contra de lo que pudiera pensar el laureado director francés, la base misma de cualquier lógica narrativa. La lengua francesa define el resto (el *débris,* en particular) no como entidad viviente, como lo habría definido Burckhardt[151], sino como material habitualmente poco útil; como lo opuesto, si se quiere, a algo con capacidad de narrar y funcionar: el *débris,* en el Larousse, es catalogado como: «Reste, morceau, fragment inutilisable d'une chose brisée, écroulée ou mise en morceaux»[152].

El contenido semántico en torno a lo inutilizable que asoma y caracteriza la definición francesa se acerca inevitablemente a la sorpresa de Enzian —personaje ficticio de Pynchon que ya mencionamos anteriormente en aquel pasaje literario sobre las ruinas que funcionaban *en contra de todo pronóstico*— y a la intuición godardiana, que parecía vislumbrar alguna forma de novedad en la puesta en marcha de lo deteriorado, como si lo ruinoso no hubiera constituido desde siempre la base de tantísimos —¿quizás todos?— de nuestros relatos. Como si lo ruinoso no funcionase *siempre.* Como si la ruina constituyese, en general, más un fragmento inútil que un resto vivísimo, como habrían afirmado nuestro Burckhardt o nuestro Warburg. Desprovisto ya el mitologema originario —aquí, en una metáfora que parece arquitectónica, pero que no tiene por qué serlo— del lustre primigenio del edificio, artefacto o dispositivo completo, el resto se ha

---

[150] Agustín de Foxá, «Arquitectura hermosa de la ruina», *Vértice,* núm. 1, abril de 1937.

[151] Habiendo como hay una cierta diferencia entre el *débris* y los *Reste* en clave burkhardtiana, esperamos que los lectores sean aquí cómplices de la lectura de amplio espectro que quiero realizar sobre lo que permanece, sobre lo que pervive; sobre el resto que todavía tiene tanto que decir, y que se resiste a agotarse definitivamente.

[152] Tal y como puede leerse en el diccionario francés de la lengua Larousse, en su edición más reciente de 2023.

transformado definitivamente en naufragio operativo, y es capaz de contar historias nuevas, precisamente a partir de las cualidades que le otorga mágicamente la erosión implacable de su superficie original.

Como en los restos recuperados por Godard, el *débris* cultural «no ha dejado de contar» —quizás al contrario—, simplemente ha cambiado su apariencia. Benjamin, antes que Godard, ya había visto en el cine —interesante casualidad— la capacidad de generar ruinas (a partir de su capacidad explosiva, decía) que no dejaban de ser, al menos tal y como parece deducirse de las reflexiones del alemán, restos de todo menos inservibles o inútiles. Al margen del propio *Schwerpunkt* que ambos conceden a lo fílmico, lo cierto es que puede afirmarse sin problemas que aquella capacidad de los residuos —operativos, que sirven para algo, que cuentan cosas— no es en absoluto exclusiva de la ruina producida por la explosión del cine, como dice Benjamin, sino que puede atribuirse a otros formatos de *débris* proyectado, como parece sugerir el germano, donde no se lo espera, lejos del lugar donde se generó la primera explosión que los propaga. A lo largo de estas páginas saltaré de manera premeditada y consciente entre diferentes modelos de *débris* —a veces arquitectónicos, a veces compuestos de carne humana, y de las ausencias que en esta se generan—, ampliando en la mayor forma posible la categoría que aquí nos interesa analizar en su sentido más extenso.

Inevitablemente, esta voluntad de acercar diferentes restos (corporales, arquitectónicos) a veces sublimados (por propios) o negados y transformados (por otros, por malditos) se ve motivada e incentivada, aunque simbólicamente, por episodios que, si bien no afectan a nuestra Guerra Civil ni tienen nada que ver con el escenario ibérico, inevitablemente nos hacen pensar en la cercanía ritual que poseen el *débris* arquitectónico y la ruina humana, carne segada. Pienso, en concreto, en el ejercicio de enorme potencia simbólica, mágica, casi, que supone, en la gestión de las ruinas de los otros, la acumulación voluntaria, buscada, política, profundamente militante, también, de personas y escombros que les pertenecen, que les definen culturalmente[153].

---

[153] De nuevo, llamo la atención del lector sobre un episodio que refleja, desde mi punto de vista, la cercanía entre los tipos de restos que aquí analizaré conjuntamente: en la guerra croatobosnia, los musulmanes asesinados eran comúnmente enterrados en fosas sobre las que se situaban —detalle estremecedor pero definitivamente parlante, paradigmático— los escombros y restos de sus edificios más emblemáticos, de su patrimonio cultural material, traído ex profeso desde otras partes de la ciudad, desde otros puntos del país. En este ejercicio, con el caso más conocido de la mezquita Aladza, usada para cubrir los cadáveres de musulmanes asesinados lejos del lugar donde esta se encontraba, es imposible ver simplemente pragmatismo (suponemos que los cascotes no eran un recurso escaso en la muy destructora guerra de los Balcanes) sino más bien gesto ritual. En ambos casos, el patrimonio del otro, transformado ahora en ruina buscada, es ubicado en conjunto (unido voluntariamente) y trasladado al espacio subterráneo donde quiere consignarse; véase Robert Bevan, *La destrucción de la memoria. Arquitectura en guerra,* Valencia, La Caja Books, 2019, págs. 72 y ss.

Tratar ruinas y restos con sumo cuidado y con la justificada cautela de aquel que maneja un elemento explosivo (y en absoluto un elemento inerte) parece ser, en cierto modo, una política común que acerca espacios y contextos tan distintos como el que describiese Jorge Luis Marzo en su paso por Zacatecas[154], donde las ruinas (parlantes y entendidas como vivísimas, desde luego; de lo contrario no se entendería el gesto) de la iglesia de San Agustín —sus molduras barrocas, específicamente— reposaban en una *petroteca* concebida *ad hoc* para albergar, casi como espacio a medio camino entre la prisión y la colección taxidérmica, los restos ruinosos de un pasado colonial que todavía era capaz de hablar, proyectando pasado y futuro a partes iguales. El destino que esperaba a las imágenes producidas durante el periodo republicano en España, confinadas para siempre en una suerte de cárcel de iconos tras la guerra, no puede entenderse mas que como resultado de una pulsión política equivalente: los restos —y aquellos eran *lebensfähige Reste,* ruinas de un mundo con el que se quería acabar a través de la Cruzada, al fin y al cabo— estaban tan vivos que su lugar no era el museo o el cementerio, sino una suerte de archivo que se antoja cuando menos patíbulo.

Así, los restos de la petroteca son interpretados como dispositivos *narrantes* a pesar de su estado deteriorado o de su eventual traslado a otro espacio; presa inevitable del paso inexorable del tiempo sobre las superficies y las historias, el deterioro parcial del resto no impide, como no lo hiciera con los fragmentos de Godard, que estos estén plenamente vivos, dotados de una *Lebensenergie* que los constituye, al igual que al resto de ruinas, como auténticos muertos vivientes. La diferencia entre los retornados de nuestras leyendas, mitologías, historias e historietas de terror y los *lebensfähige Reste* reside y radica, claro está, en el carácter aparentemente inesperado de esa energía vital: en el caso del zombi, del muerto viviente, resulta contra natura, pero se da por hecha; en el caso de la ruina y del resto, supone el centro mismo de su propia existencia. Vivir después de muertas es lo que les otorga precisamente su estatus ruinoso, su condición de *parlanti ruine,* alejadas de la inutilidad que pudiera otorgarles la malograda —o al menos deficitaria por incompleta, por sesgada— definición francesa del *débris.* En cierto modo, el hecho de que muchas de las viejas estructuras ruinosas se hayan empleado (militantemente, creemos) para usos diferentes de aquellos a los que estaban destinadas no hace sino confirmar la sospecha de que la ruina en cuestión está siendo intencionadamente silenciada, amordazada, pero sobre todo transformada: San Francisco de Tlatelolco, nos recuerda de nuevo el propio Marzo, fue empleada como establo y como carbonera; el Partenón es famoso por haber servido

---

[154] Jorge Luis Marzo, «La ansiedad barroca de la ciudad mexicana», *Replicante,* México, 2006. Una versión reducida de las reflexiones aquí planteadas por Marzo puede encontrarse en su libro *La memoria administrada. El barroco y lo hispano,* Buenos Aires y Madrid, Katz, 2010, págs. 163-166.

como polvorín de los otomanos durante el sitio de Atenas en 1687; la sinagoga sefardí de Sarajevo se convirtió en un garaje durante la ocupación alemana. El caso más cercano al espacio cultural que aquí nos interesa, naturalmente, es el de los templos que durante la Guerra Civil desempeñaron numerosas funciones —entre ellas, la de establos, coincidiendo con el caso mexicano—, demostrando con la repetición tenaz de casuísticas y prácticas similares que en el uso del resto cultural del «Otro» hay algo más que simple pragmatismo: se constata, creemos, una firme vocación que acerca estas prácticas falsamente espontáneas a la percepción speereriana de la ruina como dispositivo mostrante, como artefacto viviente; constituyendo un ejemplo claro de epistemicidio dirigido contra elementos más o menos claramente considerados como *parlanti ruine,* que dijera antes que él, en una clave parecida pero no equivalente, Piranesi[155]. El *silencio* del que aquí hablamos es complejo, puesto que no implica, de hecho, siempre una desaparición absoluta cuando se aplica al patrimonio de los otros: «exterminarlos y recordarlos para siempre» era el destino que esperaba a los judíos[156] a partir de la aniquilación de sus cuerpos y la transformación macabra de su patrimonio, de sus manifestaciones culturales, en ruinas que ahora contaban *otra cosa*[157]. En aquella aniquilación sistemática había también, por lo tanto, una existencia *post mortem,* un vagar después de la muerte, si se quiere, al servicio de la narrativa de los verdugos.

La formulación del italiano, en todo caso, incide y marca con seguridad cualquier percepción posterior de la ruina (aquí no solo arquitectónica, aunque sea inevitable volver sobre ella continuamente) como *débris* dotado de vida y, sobre todo, como apéndice capaz de articular palabra, de construir memoria, de proyectar futuro *desde atrás;* como materia a partes iguales enigmática y dinámica, inspiradora y peligrosa, en definitiva. Piranesi, a partir de sus *Vedute,* no solo reconocía

---

[155] «Mi hanno riempiuto lo spirito queste parlanti ruine, che di simili non arrivai a potermene mai formare sopra i disegni, benché accuratissimi, che di stesse ha fatto l'immortale Palladio, e che io pur sempre mi teneva innanzi agli occhi...»; Piranesi, citado en John A. Pinto, *Speaking Ruins. Piranesi, Architects and Antiquity in Eigthteen Century Rome,* Ann Arbor (Mi), The University of Michigan Press, 2012, pág. 99.

[156] Como afirma, creemos acertadamente, Elizabeth Domansky al hablar del espacio museístico que se reservaba en la Praga ocupada a la cultura judía. Como hemos visto anteriormente, este tipo de prácticas que musealizaban al otro no son en absoluto extrañas a las lógicas del fascismo; en Elizabeth Domansky, «*Kristallnacht.* The Holocaust and the German Community», *History and Memory,* IV, I, 1992.

[157] Este proceso afecta a cualquier epistemicidio o genocidio cultural/humano, como recuerda el ejemplo paradigmático en los Balcanes del puente de Mostar, testimonio simbólico de la unión entre culturas y credos que el ejército croata quiso destruir a partir de la voladura performática de la estructura otomana —de la transformación en un resto que contaba a partir de entonces otra historia. En la muerte del puente, recuerda la escritora croata Slavenca Drakulić, «morían todos, para siempre»; en Robert Bevan, *La destrucción de la memoria..., op. cit.,* pág. 42.

la capacidad parlante de las ruinas, sino que las activaba de manera particular, haciéndolas hablar como a él le interesaba. El cambio de escala y la perspectiva imposible de algunas de sus vistas (pienso en especial en las que realiza el italiano de los cimientos del mausoleo de Adriano, pero no exclusivamente) generaban, de hecho, una potencia parlante nueva, en tanto en cuanto era construida por el recuperador de ruinas y no por el *débris* mismo. Aquella que dedicase a la tumba de Nerón adolece del mismo defecto: deformada por el entusiasta de las ruinas, mostraba una realidad nueva, generando una suerte de memoria alternativa a partir de la exposición creativa del resto. Visiblemente sublimada, esta alcanzaba unas dimensiones otras que deformaban no solo la representación del monumento en sí mismo sino también, y quizás esto es más importante, la propia memoria que este invocaba. Este fenómeno, en todo caso, el de la extorsión al resto —obligado a hablar en la dirección del interesado, forzado a contar una *historia que no es* del todo cierta, si se quiere—, puede naturalmente extenderse a tipos de ruina que trascienden con mucho el escombro arquitectónico y la inmensa estructura pétrea, como aquella de nuestro ejemplo.

En clave estrictamente opuesta a la miniatura sobre la que hemos reflexionado en páginas anteriores, este cambio de escala (no a menos, sino a más) proyectaba de hecho una imagen potenciada de la grandiosidad romana que, si bien es constatable sin necesidad de exagerarla o magnificarla, era de todos modos engrandecida por el arqueólogo en sus grabados. *Vedute* como la que aquí reproducimos recuerdan inevitablemente a algunos de los trabajos de Tejada, también aquellos aparecidos ya en plena guerra y publicados en la *Historia de la Cruzada,* en los que la visión sublime de la estructura arquitectónica inmensa —a veces imaginada, a veces ruinosa, a veces vista lejana de la villa asediada, como en la panorámica «Milicianos ante Morella», aguada de carboncillo sobre papel del artista que conserva el Museo Reina Sofía— contrasta con la escala minúscula de los soldados y milicianos que, por bucólicos y arcaicos, por gesticulantes y teatralizados, tienen también algo de pastores piranesianos. La formación clásica del autor, y sobre todo la transición a formas más tradicionales a las que nos hemos referido ya en páginas anteriores, acercan el trabajo del navarro a las vistas de Piranesi [49]: la transformación vibrante de los cabreros de la *Tomba di Nerone* en expresiva soldadesca desaliñada, situada frente a la imagen melancólica de la doble ruina que supone Morella, primero por la vista, reconocible, imponente, de su castillo en lo alto de la villa; de su estructura amurallada, recogida también en la ilustración de Tejada. Pero asimismo, y aquí reside el interés de la superposición y el *kern* más puramente spengleriano —al que dedicaremos unas reflexiones más adelante—, por la presencia simultánea de diferentes estratos ruinosos que se desprende de la ilustración de Tejada: el medieval, por supuesto, pero también el contemporáneo, producto de la guerra del 36 que el pintor navarro refleja en vivo, en tanto en cuanto es ruina produciéndose en el momento, naciendo, si se quiere, ante los

49. G. B. Piranesi, *Tomba di Nerone (Sepolcro dei Domizi)*, en *Antichità romane* (1756).

ojos del espectador, y que parece recordar inevitablemente que aquello que *ha sido* volverá a ser. El espectro de la decadencia, el *Untergang* en clave Spengler, sobrevuela así inevitablemente esta ilustración del muralista, como tantas otras, coincidiendo con la mirada melancólica del propio Piranesi, en clave renovada.

La ruina está capacitada, además, para generar los sentimientos —y los acontecimientos, de ahí su enorme peligro— más inesperados: en el conflicto de 1936-1939, los restos ya ardientes, ruinas después de todo, de las iglesias saqueadas arrancaban algunos «vivas» a las vírgenes ajusticiadas en las piras y piropos de toda clase, insospechados en semejante contexto, de las mismas multitudes que firmaban, en plazas y callejuelas, su sentencia de muerte[158]. Pocos ejemplos reflejan con mayor claridad la capacidad de intromisión mutua, la reciprocidad en lo invasivo que tienen los restos sobre los sujetos y aquellos que los contemplan sobre los propios escombros, ardientes o simplemente desmoronados: las ruinas de Piranesi *hablaban* en la clave que este deseaba, deformando a partir de su reproducción caprichosa el pasado que revelaban; los restos incinerados de las quemas de iglesias, todavía dotados de una *Lebensenergie* incontenible, provocaban júbilo (y más que eso; ¡generaban una inesperada devoción!) entre aquellos mismos que habían decidido destruirlos. La capacidad de moldeado entre sujeto y *débris* es por tanto mutua, bidireccional.

Carne y piedra: despojos que viven

Quizás más claramente que muchos —al menos si nos mantenemos en el plano de lo estrictamente arquitectónico, que no es el único en el que se desarrolla el interés político e ideológico sobre la potencia vital de la ruina—, la *Ruinenwerttheorie* de Albert Speer resultaba, cuando menos, testimonio evidente de una comprensión del *débris* como artefacto operativo vigente en el pensamiento del fascismo continental de los años treinta y cuarenta de la que no puede excluirse a los intelectuales del franquismo. Ejemplos tan conocidos como el monumental complejo del monasterio del Escorial —que había impresionado al propio Speer[159]— sirvieron como inspiración para una comprensión germana de la *Ruinenwerttheorie* que partía, también, de la admiración del arquitecto por determi-

---

[158] Testimonio de Juan del Campo, recogido por Pedro G. Romero en *Sacer. Fugas sobre lo sagrado y la vanguardia,* Sevilla, UNIA, Arte y Pensamiento, 2004.

[159] El germano había descrito el edificio, no en vano, como majestuosa «construcción casi melancólica». Veía en ella la misma escala que en la arquitectura hitleriana, pero provista de unas formas «insuperablemente contenidas» que harían pensar, de hecho, que la situaban en una escala superior; véase Albert Speer, *Memorias,* Barcelona, Acantilado, 2001 [1969], pág. 342.

nados precedentes imperiales peninsulares que podían consolidar su propia percepción de una arquitectura pensada para su fase ruinosa. El Escorial no supone un ejemplo estricto de una estructura arruinada, venida abajo, pero sí cuenta la historia de un imperio que *ya no es*. Una narración que se esperaba, también para un futuro muy lejano, para la *Welthauptstadt* Germania —que jamás se llegó a construir, como es sabido—, proyectada por el arquitecto fetiche de Hitler y concebida otorgándole más valor como ruina futura que como certeza cercana y sustituto previsto para Berlín. La percepción que articulaba la *Weltanschauung* de estos totalitarismos, ibéricos o centroeuropeos, consolidaba la enorme utilidad de todo tipo de restos y de naufragios parlantes que hablasen a los grandes públicos de la temporalidad mágica *alla* Leibniz y de un *regressus* —ya hemos hecho alusión a este concepto anteriormente— en el que se ubicaban monstruos y héroes que eran nuevos y viejos; en el que convivían ruinas *reales* y ruinas *buscadas*[160]. Construir —edificios y monumentos de todo tipo, pero también cualquier otra clase de dispositivo capacitado para transmitir un mensaje en el futuro— pensando esencialmente no en el estado actual de cuerpos y estructuras, sino en su fase ruinosa en su sentido más amplio, más piranesiano, también, encajaba así a la perfección con las lógicas, visibles también en los textos que aquí se han citado, que veían en los «hombres que no habían pasado» una suerte de ruinas sublimes sobre las que volver constantemente; sobre las que inspirarse, igualmente, para construir el lenguaje propagandístico, heroico, el modelo de potencia patriarcal, en igual medida, que debía dar forma a los hombres de la Nueva España.

La diferencia, claro está, entre estos dos restos reaprovechables reside en el carácter tangible de unos (los arquitectónicos) y el etéreo de los otros (los héroes eternos que habitan en la literatura o en las artes plásticas), pero coincide en el hecho de que ambos pueden, como los escombros de Piranesi, abordarse desde perspectivas que los resignifican —que los secuestran, igualmente— y que los ponen en movimiento en la dirección que más convenga. En una clave diferente al italiano, pero generando también una reinterpretación, un secuestro y un reescalado, si se quiere, de los restos del Alcázar de Toledo, José María Sert fantaseaba con la posibilidad de completarlos y ponerlos a hablar en clave piranesiana a par-

[160] Pienso en este caso en las ruinas que el franquismo empleó militantemente con fines políticos, como aquellas de Belchite o del Alcázar. La distinción que aquí hago no pone naturalmente en duda el hecho de que sean producto *real*, en este caso, de una contienda bélica, sino que pretende diferenciar entre las que son resultado del paso del tiempo y aquellas que sin ser «anticipadas» —como reflexiona de hecho Marzo— tienen algo de impostadas, o al menos de buscadas, por cuanto han adquirido fundamentalmente su sentido *desde* que son ruinas. Sí comparten, con aquellas anticipadas que describe el investigador catalán, el carácter explosivo, de bomba de relojería (idea muy benjaminiana, por cierto), puesto que están dirigidas a provocar una explosión futura; véase Jorge Luis Marzo, *La ruina anticipada*, https://www.soymenos.net/ruina_anticipada.pdf (original 1997, revisado en 2003).

tir de una serie de grandes pinturas murales[161], aumentando así la teatralidad del conjunto, pero sobre todo, y como aquí decimos, obligándolo a hablar en la dirección apropiada. Aunque el proyecto no llegó a ejecutarse, cuesta poco imaginar que el trabajo monumental de Sert habría activado con facilidad unos restos, como los del Alcázar, que ya estaban vivos (por humeantes, por cargados de un pasado traumático enormemente reciente) y que tenían de por sí una dimensión parlante manifiestamente pronunciada sin la necesidad explícita de intervenciones *a posteriori.*

La reflexión literaria a la que aquí me refiero en torno a los «hombres que no han pasado» de Ximénez de Sandoval insinúa, de hecho, que esa ausencia de final real asociada a aquellos modelos masculinos vendría a transformarlos en ruinas en un sentido estricto, situadas, como cualquier *débris* que se precie, sobre la tierra inerte —aquí limo inspirador y fecundo, como recuerda el escritor a partir de la formulación apasionada— que alberga y sustenta todos los restos vivientes y todas las ruinas que esperan, silenciosas, la llegada del hierofante experto. En este caso, el hecho de «no pasar» —de no desaparecer del todo, manteniendo una presencia silenciosa a la espera de que alguien vuelva a observarlos— reubica a estos modelos que esperan en la compleja y más extensa constelación de los arquetipos parlantes, otrora enteros, ahora despedazados, que aguardan la llegada de una mirada como la de Spengler sobre la antigua Roma y sus ruinas: recordando que lo que *ha sido* ya *no es,* pero podrá *volver a ser;* que lo que *es* volverá a *no ser.* En este aspecto, muertos y escombros monumentales de piedra convergen, resultan inseparables, articulan por igual la mirada melancólica de aquel que, preñado de deseos de palingenesia y renacimiento, busque en lo arrasado un modelo para el futuro.

Sea como fuere, la potencia de las ruinas aparecería reivindicada en uno de los textos más explícitos en este sentido publicados en la revista *Vértice.* Agustín de Foxá, en «Arquitectura hermosa de las ruinas», texto con el que abrimos este capítulo, lanzaba un verdadero alegato a favor del fresco despojo y la ruina reciente que no puede entenderse sino como la mayor declaración de intenciones —temprana, además, si tenemos en cuenta que se publica en los primeros meses de 1937— de la intelectualidad franquista. Aquel «ya está Toledo derruido; es decir edificado» atesora, en su formulación epatante, algo más que una *boutade* política. Foxá entiende y resume con precisión pasmosa el carácter esencialmente sustentante y germinal del despojo, en una ascensión entre «escombros y polvo» que aleja a los españoles del viaje decadente de los kodaks y los bailes flamencos de fin de semana —seguimos con las expresiones empleadas por el escritor— y los acerca a aquel camino «mucho más nuestro», que habría dicho Caballero, en el

---

[161] *Ibíd.,* pág. 84.

que la ruina se entiende definitivamente como el destino último. En el que la sobrepoblación de restos parlantes resulta altamente productiva: aquel «Toledo nunca ha estado más completa» de Foxá desenreda en realidad el núcleo del pensamiento a contracorriente de aquellos que, como el escritor o el propio Speer, veían en la sobrepoblación del despojo rico en historias e historietas la antítesis exacta de la noción tradicional del *débris* como artefacto inservible. Así, a partir de su atomización sangrienta, Toledo empezaba a servir para algo, abandonando el camino de lo inútilmente estático —pienso en las alusiones de Foxá a las «pacíficas palomas en las cornisas de los palacios»— para adentrarse apoteósicamente en el universo desvelado de los héroes y de los mártires, de piedra o de carne y hueso.

El término «desvelado» que emplea el escritor para describir una ciudad que antes dormía y ahora despierta —su despertar se antoja, en gran medida, desvelo *post mortem,* pues es el de una estructura herida de muerte— invierte interesantemente las lógicas habituales asociadas a los naufragios arquitectónicos estáticos y ve en el andamiaje arrasado y en el testigo humeante del Cristo calcinado por los revolucionarios aquello que nos aleja del verdadero peligro de los pueblos con abolengo: los museos, paradigma de lo secuestrado y lo inmóvil —dice el madrileño—, capacidad nociva y adormilante (silenciosa, también) que refuerza el escritor a partir de la sugerente imagen de los objetos de marfil que, narcotizados, reposan tras las vitrinas, separados para siempre de todo contexto. El abismo inmenso que les construyen los museos —aquí, como digo, supuesto opuesto irreconciliable de las ruinas parlantes— toma forma en los números de catálogo y los «cordoncitos de seda roja» que alejan por toda la eternidad al resto en su sentido más amplio de la posibilidad —propagandística, germinal, patriótica— de seguir contando historias.

Con la habilidad del experto hombre de letras, Foxá alcanza lo que no consigue enunciar con equivalente claridad la *Ruinenwerttheorie* del alemán: en el tiempo congelado, extraño del fascismo, el vacío de unos —por sobrepoblación ruinosa— es el lleno de los otros; un «menos es más» sui géneris en el que el *menos* que constituye el despojo (por ser resto incompleto) transforma la urbe arrasada en ciudad entera, terminada: la *Weltanschauung* golpista, alimentada y provista de naufragios y retornos útiles, ve en el paisaje lunar de posguerra un escenario *wertvoll* de infinita mayor potencia evocadora que la ciudad carente de mácula bélica[162]; el mutilado de guerra, ruina de carne y hueso, desempeña en las lógicas del fascismo la misma función y se antoja —Millán-Astray, despojo viviente a quien ahora nos dedicaremos, es el ejemplo paradigmático de ello— enormemente operativo. La cercanía entre despojos parlantes de distinta materia que aquí planteamos quedaba ya insinuada

---

[162] Empleo el concepto en su formulación alemana, con permiso de los lectores, para ceñirme a la terminología utilizada por el propio Speer en su juicio sobre el despojo operativo: la *Ruinenwerttheorie* incluye, en el neologismo del arquitecto germano, aquello de lo valioso *(Wert; wertvoll)* que aquí recojo e incorporo a mi discurso.

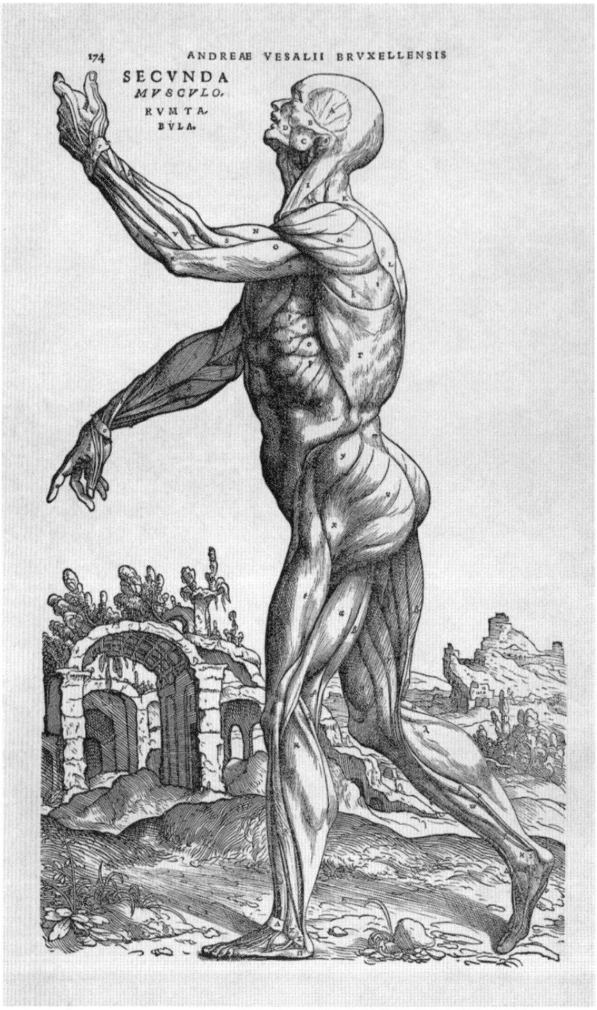

50. Andreas Vesalius, *Secunda musculorum tabula,* en *De humanis corporis fabrica,* libro séptimo, edición de 1725.

con absoluta claridad en el grabado de Andreas Vesalius *Secunda musculorum tabula* [**50**], en el que el desposeído incompleto posa sin tapujos frente al espectador, acompañado por el resto sublime de la ruina arquitectónica. Se muestra, de igual manera que el ejemplo que aquí desarrollaremos —a su manera, imagen *alla* Vesalius—, transparente y listo para ser leído como los modelos fisionómicos de Lavater[163], en los que la armonía entre exterior e interior (como en la fisionomía en general, pienso de nuevo en nuestro Lombroso) resulta evidente.

---

[163] Véase, en este sentido, «The Body in Perspective: Sophie von La Roche's Geschichte des Fräuleins von Sternheim», en Gabriela Stoicea, *Fictions of Legibility. The Human Face and Body in Modern German Novels from Sophie von La Roche to Alfred Döblin,* Berlín, Transcript Verlag, 2020; aquí, pág. 56.

Sin resultar monstruoso —al menos no a ojos de la lógica propagandística del franquismo, naturalmente—, el ejemplo contemporáneo de Millán-Astray coincide con el grabado de Vesalius en tanto en cuanto *muestra* lo que hay a partir de la carencia. Revela lo que *es* a partir de lo que *ya no es* o, más específicamente, a partir de lo que no está: la piel trascendida del modelo imaginado por el médico hispano-belga; la falta física, por mutilación real y no simulada o fantasiosa, del soldado africanista. La exposición de ambos resulta poderosamente exhibicionista, coincidiendo en una equivalente apología de la ausencia. En el caso español que nos ocupa, al cuerpo de Astray lo atraviesan una serie de lógicas plenamente lombrosianas en las que la armonía entre dentro y fuera se expone aquí de manera inequívoca, mediante un juego en el que lo incompleto muestra lo completo. En el que la ausencia producto de la mutilación (física; visible) es reflejo de un interior *no visible* —aquí patriotismo, entrega, valentía, paradigma del hombre necesario— pero idéntico; de ahí lo lombrosiano del caso, que, como en el grabado de Vesalius, que muestra lo que no puede verse, queda perfectamente insinuado en la imagen propagandística del soldado herido. Como el Doríforo de Policleto, como el Hércules del Vaticano —pienso aquí en los ejemplos de *cuerpos* segados, mutilados, que maneja Spengler[164]—, Astray era más digno de admirar *precisamente* porque estaba incompleto. La comparación es audaz, aunque hablemos de dos ruinas de hombres armados[165], pero ayuda a contextualizar este *Stimmung* spengleriano, de indudable presencia en ámbito hispánico que nosotros vemos, también, manifestado con enorme claridad en la sublimación del cuerpo incompleto, y no solo del Alcázar, claro, que llamó la atención de Foxá.

En este sentido, resulta inevitable y absolutamente pertinente establecer una comparación entre el discurso del escritor español sobre Toledo y sus despojos y la imagen de la masculinidad a un mismo tiempo completa y mutilada, entregada a la patria, que representa, por encima de otros dispositivos visuales, el famoso retrato que realizó Alfonso Sánchez Portela del malogrado general africanista [51]. Aquel que fuera autor de magníficas instantáneas —algunas enormemente célebres, de la declaración de la Segunda República; retratos de Lorca, José Antonio, Valle-Inclán y otros tantos intelectuales— ofrecía en esta fotografía una imagen de masculinidad al mismo tiempo derruida y arrasada (como el Toledo de Foxá) y, precisamente a causa de ello, *completada,* que en su presentación fantasmal recupera una cierta aura piranesiana, constituyendo al militar africanista como imagen consumible, puesta en movimiento como las ruinas recogidas por el italiano. Ampliado, amplificado, también, como las pro-

---

164 Recurro en este caso, de nuevo, a la edición en lengua española; véase Oswald Spengler, *La decadencia de Occidente, op. cit.,* págs. 452 y ss.

165 El atleta, portador de la lanza, y el legionario, respectivamente.

51. Alfonso Sánchez Portela, *Retrato del general Millán-Astray.*

52. Alfonso Sánchez Portela, *El gobierno de Cataluña en la cárcel Modelo,* 1935, Museo Nacional Centro de Arte Reina Sofía.

pias *Vedute.* Testimonio de un pasado de cuyos despojos no podemos sino maravillarnos (en el caso de Millán-Astray resulta más complicado, aunque esta fuera sin duda la intención que buscaba la instantánea orquestada por Sánchez Portela), evidencia, también, de una transición sutil desde el retrato de los antes vivos y completos, entonces ya muertos y asesinados (pienso en Lorca, por encima de todos; también en Primo de Rivera, ambos fotografiados por Alfonso Portela), hacia la figura apoteósica, vaporosa, situada frente al espectador verdaderamente como ruina sublimada, que supone Millán-Astray retratado en el estudio de «Alfonsito» Portela.

La propia *transición* profesional y temática —si se le puede llamar así al simple impulso de supervivencia— de Alfonso Sánchez Portela, reconocido simpatizante de la República, hacia la figura ruinosa de Astray asoma con claridad en el *percorso* que plantean curiosamente, como decía, sus fotografías tempranas, anteriores a la guerra, de hombres libres —José Antonio, de nuevo; Lorca; Paulino Uzkudun, si se quiere, cuando era exclusivamente una célebre estrella del boxeo y no un simpatizante declarado y un soldado del golpismo— a hombres presos, con el caso más claro y más célebremente triste del *president* Companys cautivo en 1935 en la cárcel Modelo [52], todavía libre del tormento que precedió a su muerte, al ser capturado de nuevo en 1940 y fusilado por el joven régimen.

Testigo de aquella España que celebraba con júbilo la destrucción sistemática que la llevaba paradójicamente a una versión «más completa de sí misma», el trabajo de «Alfonsito» desemboca sin quererlo —no vemos intencionalidad ninguna, naturalmente, en la sucesión de imágenes realizadas por el fotógrafo, testigo privilegiado y víctima, en cierto modo— en la *ruina anticipada* de Millán-Astray. Como en el ejemplo que manejase Marzo de la iglesia que se alza silenciosa entre los restos de la Varsovia judía destruida[166], proyectándose hacia el futuro, la ruina de carne y hueso que supone el mutilado solitario habla y narra sin cesar, constituyendo un tenebroso *mahnung* a partir de su supervivencia buscada y deseada. Podría decirse que aquel hombre incompleto era lo que quedaba después: no como consecuencia y desenlace de un bombardeo sistemático y «quirúrgico» (como el que se llevó a cabo en el gueto de Varsovia, buscando respetar exclusivamente la supervivencia del templo cristiano), pero sí como resultado, en este caso, de la extirpación de los miles de hombres no aptos a los que el franquismo categorizó de inútiles, de afeminados, de rebeldes, de tarados, de mal afeitados. Como en la foto que reproduce Marzo, donde ya solo puede contemplarse la solitaria iglesia entre vacíos, el resto permitido, allá templo, aquí hombre de carne y hueso, está preñado de ausencias y de advertencias.

El recorrido no deseado —no buscado— del fotógrafo Portela se aproxima inevitablemente, a partir de la acumulación de acontecimientos que nos lleva de los vivos a los cautivos, a los muertos y a los ajusticiados, al mismo lugar celebrado por el escritor, Foxá quiero decir, anhelado y reivindicado desde *Vértice,* como si la mirada atenta de Sánchez Portela articulara sin pretenderlo a partir de la captura de instantes sucesivos que van de la vida a la muerte un anómalo y sorprendente —muy a la Foxá, por otro lado— «somos menos [por los que faltan, por los que se fueron, por los que murieron], por lo tanto, somos más». Los intelectuales de izquierda y derecha, los madrileños con sus cocidos improvisados, los voluntarios con sus meriendas, las costureras y las modistas, los violinistas callejeros retratados por el artista, los milicianos y sus bodas improvisadas, capturadas por Portela... desaparecen y dejan el escenario a una España vacía que se dice llena, en la que solo parece titilar, desafiante, la imagen *post mortem* de aquella ruina capturada por el fotógrafo: el retrato del tullido africanista, testimonio, como cualquier despojo, de la desaparición paulatina de lo que otrora lo rodeaba, integrado para siempre en una España de fantasmas.

La eliminación de excedentes, de aquello que sobra, que descompleta, si seguimos con la particular lógica foxiana de la que habló Giménez Caballero tras la entrada, específicamente, del ejército franquista en la ciudad de Bilbao —poco des-

---

[166] Pienso, de nuevo, en el texto del autor *La ruina anticipada,* https://www.soymenos.net/ruina_anticipada.pdf (original 1997, revisado en 2003).

pués de Gernika, precisamente *por* Gernika, como es bien sabido, ejemplo ensayado de la ruina buscada, de la ruina que habla—, no puede interpretarse sino como una misma manifestación consciente e inconsciente de la misma voluntad de *arruinaje* o *ruinificación,* ejercida por igual sobre cuerpos, sobre estructuras, sobre pueblos, sobre identidades, sobre ideas, sobre la propia imagen de la patria.

La formulación de Foxá, en fin, puede figurar en la lista de lo que Unamuno identificase *de facto* como las incomprensibles paradojas del régimen, la más cercana y famosa —fabulosa coincidencia— de las cuales fue aquel «viva la muerte» íntimamente vinculado a nuestro sujeto ruinoso por antonomasia, Millán-Astray, quiero decir, al que el intelectual vasco consideraba inteligentemente profeta, precedente, de una España por venir que cristaliza definitivamente en el retrato del legionario como *débris* viviente. El episodio y el desencuentro entre el escritor y el militar son de sobra conocidos, pero quizás sea necesario recordar algunos de sus pasajes, en particular aquellos que aluden a la voluntad del general —dice Unamuno— de crear una España mutilada, *nueva,* a su propia imagen. Suponemos que el escritor bilbaíno no tenía en absoluto en la cabeza el paralelismo entre diferentes tipos de restos celebrados y aclamados que aquí planteamos militantemente entrelazados, humanos y arquitectónicos. Aun así, parece recoger inconscientemente parte de este maridaje a partir de la paradoja inmensa que supone edificar lo nuevo a partir de lo dañado —ejercicio que confluye en la imagen de una España nueva a semejanza del tullido, habitualmente apodado el «Mutilado glorioso»— y que nosotros vemos multiplicada en general en las lógicas del franquismo y en el discurso del propio Foxá:

> He pasado toda mi vida creando paradojas que enojaban a los que no las comprendían, he de deciros como autoridad en la materia que esa paradoja me parece ridícula y repelente. De forma excesiva y tortuosa ha sido proclamada en homenaje al último orador, como testimonio de que él mismo es un símbolo de la muerte. El general Millán-Astray es un inválido de guerra. No es preciso decirlo en un tono más bajo. También lo fue Cervantes. Pero los extremos no se tocan ni nos sirven de norma. Por desgracia hoy tenemos demasiados inválidos en España y pronto habrá más si Dios no nos ayuda. Me duele pensar que el general Millán-Astray pueda dictar las normas de psicología a las masas. Un inválido que carezca de la grandeza espiritual de Cervantes se sentirá aliviado al ver cómo aumentan los mutilados a su alrededor. El general Millán-Astray no es un espíritu selecto: quiere crear una España nueva, a su propia imagen. Por ello lo que desea es ver una España mutilada, como ha dado a entender[167].

---

[167] Palabras de Unamuno pronunciadas el 12 de octubre de 1936 en el paraninfo de la Universidad de Salamanca.

Refleja en gran medida, además, la llegada de una España incompleta, por inválida, en un sentido que creemos también, en las palabras del escritor, trasciende el de los simples «caballeros mutilados», como se les llamaría en la posguerra a los varones que resultaban, en su carácter de cuerpo cercenado, el modelo de la extraña España más completa, por herida, que patrocinaba el propio Foxá. Como la ruina que se revela contra su propia inutilidad, el modelo masculino que florece y toma forma en la retórica de posguerra se resiste, en su carácter cercenado, a definirse como inservible, como reflejan con absoluta claridad unas reflexiones de Franco al viejo soldado del que aquí nos ocupamos. El entonces denominado Benemérito Cuerpo de Mutilados por la Patria debía esquivar, a toda costa, la noción —y el consecuente estigma antimasculino, claro— de inválido, resituando el *débris* humano en lo más alto: «Los soldados, por muy amputados y estropeados que estemos, ya lo sabes tú, nunca se nos puede llamar inválidos, ya que el espíritu y el entusiasmo no se invalidan jamás en los buenos soldados»[168]. Al igual que el Modulor de Le Corbusier —también algo exhibicionista, en realidad; reflejo inconfundible del cuerpo posante, extrovertido, consciente de ser observado, consciente de servir de medida absoluta, cuerpo *alla* Vesalius, también, el del Modulor del suizo—, la fotografía de Sánchez Portela parece ofrecerse al espectador como escala equivalente, como canon patriótico, si se quiere, en el que el decorado ruinoso de Vesalius ya desaparece, resulta redundante.

La escala de todo a partir del hombre que desarrollase el arquitecto suizo es, al menos sobre el papel —puesto que se publica en los cuarenta, aunque sea producto de una investigación de años—, posterior a la imagen que aquí nos ocupa, pero permite repensar la imagen del tullido a partir de las reflexiones que le dedicase Unamuno desde una sugerente perspectiva. Permite entender, si abusamos (como es aquí habitual, y esperamos con permiso del escritor) un poco de las reflexiones del intelectual vasco, aquella España nueva a imagen de Astray como resultado de una aplicación sistemática del modelo —aquí Modulor sui géneris, profundamente *unheimlich*— que reverbera poderosamente en el icono político y patriarcal orquestado por Alfonso. Hay algo fantasmagóricamente velazquiano, también, en la figura capturada del legionario mutilado, que, como los retratos más sintéticos del pintor sevillano —por carentes de paisajes, de centros de flores, de salones y horizontes—, deja al militar solo ante el espectador, acompañado exclusivamente por una suerte de aura vaporosa como la que rodea al veterano de guerra en la fotografía de Alfonso. De manera sutil y absolutamente inevitable, Astray entra así a partir de este retrato fotográfico, que nosotros vemos preñado

[168] Francisco Franco en conversación con Millán-Astray, citado en Stephanie Wright, «"Caballeros mutilados" y "mujeres deshonradas". Cuerpo, género y privilegio en la posguerra española», *Historia y Política,* 47, 2022, págs. 163-192.

de reminiscencias a imágenes precedentes de la historia del arte español, en la constelación hispánica de hombres que se bastaban a sí mismos —o que aspiraban a que así lo pareciera—, dialogando de manera inequívoca con aquellas que integrarían un eventual atlas warburgiano de prohombres ibéricos. La legión, y por encima de ella, claro, su máximo exponente, el propio Astray, suponía —y en esto debemos volver sobre la influencia recíproca que el mito ejerce en el lenguaje, y el lenguaje en el mito— el paradigma de la masculinidad total (según esta óptica patriarcal, según la lógica militar rebelde) completamente incompatible con un fantasma de invalidez que podría interpretarse, también, como estrenada incapacidad sexual producto de la herida de guerra. La novela bélica ibérica producida durante la contienda por los propios soldados —desde *Legión* hasta *Tras el águila del César,* de Luys Santa Marina; los poemas como aquel dedicado al alférez provisional, coleccionista de mujeres; los textos de García Serrano, centrados también en las hazañas del tercio— ya había incidido en la importancia de aquel matiz, ampliando el mito a partir del lenguaje, como dijera Cassirer[169]. El retrato de Astray como ruina mejorada, como hombre acabado, también es producto y resultado, en su escenificación exhibicionista, casi obscena, de esa misma ampliación mitológica.

Concebida con la finalidad de sublimar los millares de ruinas vivientes que pulularían por la España nueva después de la guerra, la organización —el ya mencionado Benemérito Cuerpo de Mutilados— encargada a Millán-Astray, el más maltrecho de todos ellos, debía evitar la musealización penosa de los heridos de guerra, situados estratégicamente —como las ruinas del Alcázar; como Belchite, como el resto de despojos que interesaban a la narrativa del joven régimen— en lugares y puestos donde pudieran ser vistos, admirados, transformados en modelos dignos de ser seguidos, en modelos vigilantes, en modelos dinámicos, antiinválidos. Guardias, porteros o, más interesantemente, transformados en alcaldes de pequeñas poblaciones[170], los inválidos-válidos de la España poscruzada trascendían —sospechamos que simbólica y propagandísticamente, más que realmente— la imagen sugerente del cordón de seda y habitaban, como sujetos parlantes de pleno derecho, aquel *museo* sin paredes destinado a no parecerse nada al despreciado por Foxá en sus tempranas reflexiones de 1937.

En este sentido, aquella ilustración que apareciera en el número 7-8 de *Vértice* [53], realizada por José Caballero, parece insinuar un horizonte en el que el solda-

[169] Volveré sobre este asunto en las próximas páginas, dedicándole una explicación más completa a la reflexión planteada por el alemán.

[170] Wright da cifras específicas del número de mutilados al frente de consistorios en la España de posguerra, una proporción bastante superior a la de tullidos entre la población peninsular tras la contienda; véase, en este sentido, Stefanie Wright, «“Caballeros mutilados” y “mujeres deshonradas”...», art. cit., págs. 168-169.

53. José Caballero, sin título, aparecida en la revista *Vértice,* núm. 7-8, 1937.

do roto —que no inválido, como habrían dicho seguramente los dos soldados, Franco y Millán-Astray, quiero decir— desempeña un papel esencial en la España que amanece. Es cierto que la figura fragmentada (partida, si se quiere) ya desempeñaba, como no resulta sorprendente en un vanguardista surrealista como Caballero, un papel en su producción de preguerra. Dibujos como *Escena erótica* o *La lujuria (ca.* 1935), que aquí no reproducimos, ya plantean composiciones en las que el cuerpo humano aparece fragmentado, ausente-presente. Sabemos que la filacteria que figura en la zona inferior de la composición debía recoger la leyenda «ha ganado el Ángel» —formulación muy pemaniana, por cierto, que sería sustituida a criterio de Caballero por una más neutral, «número extraordinario», que no celebraba nada. Dicha filacteria pretendía completar una composición que verdaderamente supone acumulación (¿gloriosa?; a pesar de las sensibilidades políticas de Caballero, por supuesto) de ruinas de todo tipo. Desde el ángel en sí mismo, que se antoja estructura agrietada, hasta el tocón sobre el que reposa; la concha vacía, testimonio, ruina, resto de *algo* orgánico que ya no vive pero que sigue presente como naufragio, como *débris;* la propia osamenta, por supuesto, pero por encima de todo, el soldado roto, habitante de un horizonte enigmático poblado de ruinas con el que aparentemente los hombres al frente de *Vértice* no tenían ningún problema, más bien al contrario.

Caballero, artista engranado a la fuerza, con seguridad no vería en este *landscape* de tundra inerte lo mismo que los intelectuales fascistas al frente de *Vértice;* la misma ilustración, poblada de ruinas, era lo suficientemente abierta a interpretaciones como podía serlo el propio Alcázar destruido o el cuerpo del legionario herido. Esta representación extraña de «victoria» en el horizonte atomizado rezuma, en este sentido, una misma contradicción muy propia de la mentalidad que aquí comentamos, en la que la destrucción que completaba se antojaba resultado deseable.

Débris, *mártires, amalgama: del cuerpo de Millán-Astray al Valle de Cuelgamuros*

Interesantemente, las reflexiones que introduce el siempre genial Fernández Mallo en torno a los cuerpos y a su constante cambio pueden retomarse aquí bajo la luz específica que arroja el cuerpo de Millán-Astray, mostrado sin tapujos a todos los españoles. Me refiero, en este caso, a las que concede el autor gallego a los límites de los cuerpos, «sus velocidades de la luz», dice Mallo en formulación elocuente, que harían imposible la equivalencia entre cuerpos *de antes* y cuerpos *de ahora.* En los ejemplos barajados por el ensayista, un cuerpo que habita los mapas de la Tierra, hoy terminados, hoy completos, no podría ser igual al cuerpo que habitaba el orbe todavía entendido y asimilado como superficie plana, aún por descubrir[171]; el cuerpo que se ubicaba en un mundo en el que la musculatura masculina tenía como único fin el trabajo manual no es igual que aquel en el que las partes del cuerpo —femeninas y masculinas, puesto que Mallo habla de músculos (masculinos, específicamente) y de senos— cumplen una función de orden estético y político[172]. Pues bien, lo interesante del cuerpo de Millán-Astray, sobre todo si nos tomamos plenamente en serio lo dicho por Unamuno, es su voluntad militante de proyectar «cuerpos de antes» hacia delante, generando los «cuerpos de mañana» a partir de su imagen destruida, derruida. El cuerpo del soldado africanista es el resultado, al fin y al cabo, no ya de la propia experiencia de la Guerra Civil, sino específicamente de los últimos estertores del colonialismo español, del choque con nuestra alteridad predilecta —la imagen demonizada del «moro», quiero decir— que acompaña al militar colonial y que se incorpora con naturalidad a la imaginería de la Nueva España. No sabemos si Vesalius habría dibujado a Millán-Astray, tan muestrario y exhibicionista como los propios modelos rampantes, también incompletos, del artista; sospechamos que no, pero resulta inevitable imaginarlo.

Esta voluntad ejercida y reflejada, desde nuestro punto de vista, en el retrato del militar encaja perfectamente con las mismas lógicas que planteaban, a partir de los dispositivos visuales puestos a disposición de los grandes públicos —pienso de nuevo en *Ya viene el cortejo* (1939), de Carlos Arévalo—, una superposición no exclusivamente de figuras heroicas, como dijimos anteriormente. También una suerte de *overlap* de cuerpos, en un sentido más amplio, en el que, como antes mencionábamos, la superposición fílmica permitía un proceso disolutivo de pleno derecho que fundía para siempre aquellos dos cuerpos masculinos destinados a parecerse eternamente, el del soldado medieval y el del centinela solitario que nos muestra Arévalo. Sin embargo, quizás la manifestación, la confirmación, si se quiere, más clara de la voluntad combinativa del régimen, interesado en que los cuerpos de antes convivieran y se fusionasen para siempre con los cuerpos de aquel ahora —transformados en este caso en héroes contemporáneos que van a fundirse para la eternidad con la historia—, la encontramos en la apoteosis *exaltatoria* que supone la cúpula realizada por Padrós en la basílica del Valle de Cuelgamuros (antes Valle de los Caídos, como es sabido) entre 1951 y 1955. Resulta complicado saber con certeza si cuando se inició aquel proyecto monumental, ideado a partir de la constitución de la Comisión de Estilo en las Conmemoraciones de la Patria —organismo controlado en gran medida por Pedro Muguruza—, se pensaría en el Valle y en sus diferentes elementos todavía en clave Speer como si estos fueran a convertirse en ruinas sublimes, en algún futuro lejano, equivalentes a aquellas que proyectase el arquitecto alemán con la firme inten-

---

171 Agustín Fernández Mallo, *Teoría general de la basura...*, *op. cit.*, pág. 129.
172 *Ibíd.*

ción de que algún día fueran *débris* parlante, elementos muestrarios a disposición de las generaciones futuras. Sí podemos constatar, en todo caso, que aquel dispositivo estaba llamado a contar su propia verdad orgánica —incluso antes de venirse abajo melancólicamente, como las ruinas de Piranesi— a los españoles a partir de la reunión frenética, en su cúpula, de cuerpos ruinosos de inequívoca raigambre hispánica, mártires que en su carácter completo-incompleto venían a representar lo mejor de España.

Los hombres que ahí se acumulaban eran estrictamente lo contrario a las «ruinas insignificantes» contra las que cargaba Spengler[173]; representaban, como el propio Alcázar, que está mejor destruido que intacto, la «verdadera España». Los paralelismos, en realidad, entre la lógica spengleriana y el discurso de Foxá son absolutamente evidentes, puesto que ambos coinciden en un elemento fundamental, el de lo genuino (lo genuinamente romano, lo genuinamente hispánico) que rebrota de la ruina ideal desprovista de los añadidos molestos, melifluos, si se quiere, que Spengler ve en los muros arrasados y en la mole del Coliseo una vez esta ha sido *limpiada* por el paso del tiempo y de la historia de los añadidos innecesarios, «decoraciones pretenciosas»[174], dice el alemán, que no hacían sino ocultar la *verdadera* Roma. Vista en conjunto, no cuesta imaginar un peso ideológico de los planteamientos spenglerianos en la *boutade* retórica —que por supuesto es algo más, como decía— de Foxá, que queda quizás aún más clara si la imaginamos a la inversa, con un emocionado Oswald Spengler clamando: «Ya está el Coliseo destruido, es decir, ¡edificado!», como habría hecho Foxá unas décadas después ante la visión lastimosa del Alcázar.

En este sentido, el Alcázar aniquilado que idolatra en clave equivalente Foxá es un ejemplo absolutamente evidente, como lo es, a su manera, la ruina sublimada que representa nuestro compañero de viaje, el soldado Millán-Astray, quiero decir, que comparte esta inesperada virtud con el resto de los *débris* que aquí nos ocupan. La cúpula del Valle, final triunfal de un tránsito monstruoso que lleva al visitante del espacio angosto de la nave —angosto en tanto en cuanto es manifiestamente subterráneo, efecto inevitable del remate de las bóvedas; angosto por comparación con la cúpula; no se insinúa aquí que sus dimensiones sean precisamente contenidas— a la explosión impetuosa, reverberante, que supone aquel océano de teselas doradas navegado exclusivamente por lo mejor de España, en su versión genuina —*alla* Spengler— desecada: ya solo quedan los mártires, ya solo quedan los santos, ya solo permanecen los reyes y los mejores, representantes de la *verdadera* España que resurge, desprovistos, como

---

[173] Oswald Spengler, *Ich beneide jeden, der lebt. Die Aufzeichnungen «Eis heauton» aus dem Nachlaß,* Düsseldorf, Lilienfeld Verlag, 2007, pág. 55.

[174] Oswald Spengler, *The Decline of the West,* Nueva York, A. A. Knopf, 1957, pág. 44.

54. Juan Miguel Pando, *Valle de los Caídos de noche,* 1960, Archivo Pando, IPCE, Ministerio de Cultura y Deporte.

el Coliseo que arrancó lágrimas de emoción y admiración al filósofo bávaro, de adornos innecesarios, de «decoraciones pretenciosas» —de vidas segadas, en realidad— que pudieran estorbar en el proyecto palingenésico imaginado por el franquismo.

A juicio de quien escribe estas líneas, resulta de hecho imposible no interpretar el espacio que precede a la cúpula (hablo de nuevo de los tapices, pero también en particular de los plementos que se suceden en la nave central) como otra cosa que como un *percorso* parlante que contrapone dos realidades: la majestuosa de los santos, los prohombres y los mártires, condensada en la cúpula, y la peligrosa y acechante, subterránea, sensación acrecentada por el efecto para nosotros no exclusivamente pintoresco de la roca viva —particularmente puesto que es un efecto escultórico *buscado,* más que una ausencia de trabajo sobre el material— que parece surgir entre los arcos fajones [54]. No nos interesa aquí detenernos demasiado en el análisis de los distintos elementos arquitectónicos, ofreciendo una descripción excesivamente pormenorizada de las partes que los componen, sino interpretar este contraste, desmontando y visibilizando el *Mahnung* que en cierto modo se desprende de la oposición y la tensión entre los dos espacios: el de riesgo

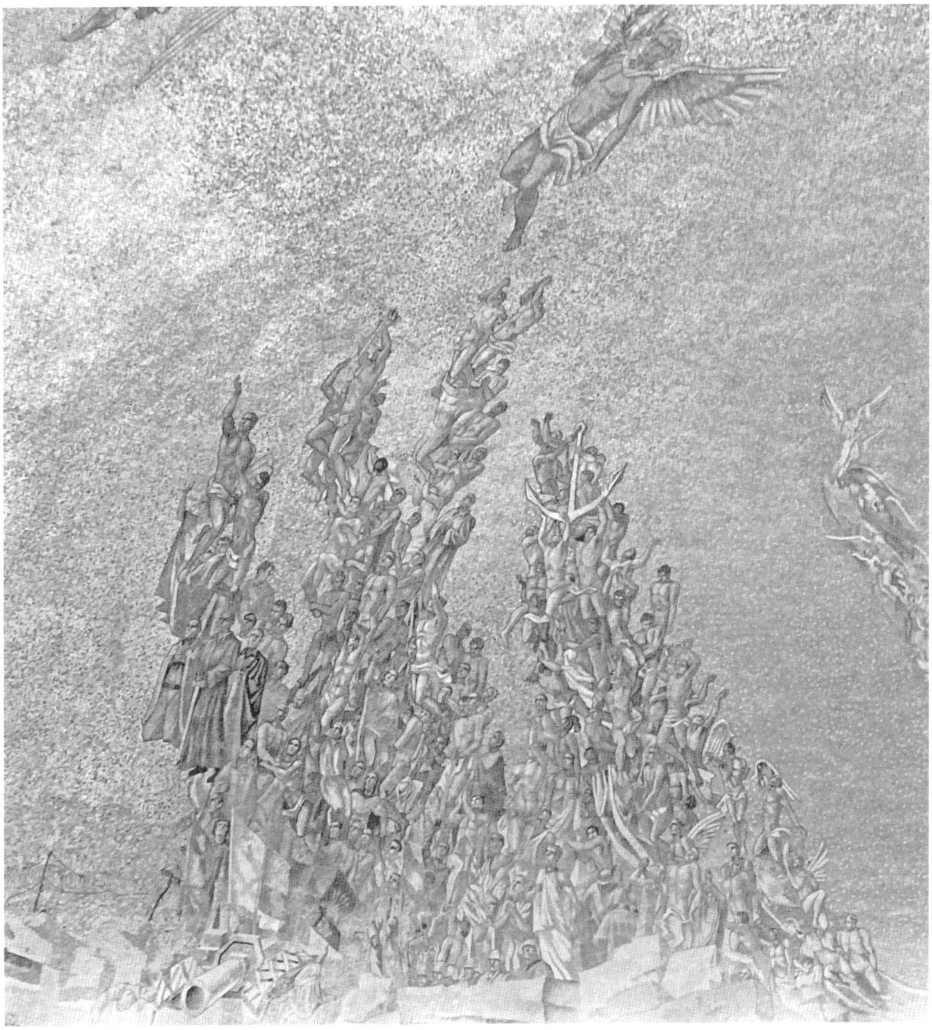

55. Santiago Padrós, mosaico de la cúpula de la basílica del Valle de Cuelgamuros, fotografía del autor.

y *Kampfzeit* del tránsito angosto de la nave[175], que parecería advertirnos sobre la entrada eventual de un mundo sin modular, sin ordenar, que asoma entre los fajones, y el de la propia cúpula, precedida por este.

En la obra monumental realizada por Padrós [55] en el no tan conciliador proyecto que supone la megaestructura parlante —esta relata sin parar antes de

[175] Describo este espacio como un espacio de «tiempo de lucha», puesto que está plagado de referencias apocalípticas que preceden al posterior triunfo majestuoso de aquellos que se encuentran representados en la cúpula. En este sentido, como digo, una lectura de este espacio transicional, oscuro, sin desbastar, hasta el locus triunfal posterior, resulta a nuestros ojos absolutamente pertinente.

ser ruina, a diferencia de las de Piranesi— del Valle de Cuelgamuros encontramos[176], en verdad, toda una constelación de cuerpos martirizados y, por lo tanto, por definición, incompletos como los del propio Astray, claro. Estos cuerpos *débris* —no exclusivamente, puesto que en la cúpula figuran también prohombres y mujeres de la historia de España a los que no sometieron a tormento, como ya hemos mencionado en páginas anteriores— son tratados aquí como auténtico *Baustoff,* como *Baumaterial;* como materia premeditada y voluntariamente fundida en un único cuerpo ascendente, ondulante —aquí masa patriótica, al mismo tiempo ordenada y desordenada—, en el que en verdad la diferencia entre «antes y después» queda completamente desdibujada. A su manera, este espacio genera una suerte de «espacio puro sin límites» cuyo cuerpo es la cultura occidental (aquí hispánica, exclusivamente) que tiene algo de manifestación fáustica por ilimitada, como habría dicho, de nuevo, Spengler[177]. La ordenación escogida por Padrós, si bien establece una diferencia en términos compositivos entre históricos y contemporáneos, o entre mártires y confesores[178], busca sin ningún género de duda un *totum revolutum* de descodificación sencilla, en el que, al contrario de lo afirmado por Mallo, los cuerpos martiriales, incompletos y por tanto perfectos[179], de los santos ibéricos eran lo mismo que los de los caídos en la mal llamada *Cruzada.* La «velocidad de la luz» de los cuerpos que imagina el escritor gallego se atomiza y desaparece en el Valle y da lugar a una temporalidad mítica que no conoce más velocidad que la suya propia. No hay una *simple* ruptura que produzca una nueva

[176] Introduzco aquí este comentario, en torno a lo escasamente conciliador del Valle, quiero decir, puesto que esta es la narrativa hegemónica de muchas derechas —nostálgicas y no tan nostálgicas— que han defendido el discurso del Valle y el propio dispositivo como una prueba incuestionable de la voluntad del franquismo de generar una cierta reconciliación nacional a partir de Cuelgamuros. Una reconciliación que asociaciones como la de Defensa del Valle de los Caídos ven reflejada, entre otras cosas, en la presencia de cuerpos «nacionales» y republicanos, obviando naturalmente que estos últimos fueron cuerpos secuestrados.

[177] A decir verdad, y por seguir con las reflexiones del alemán, el espacio *no lugar* en el que se ubican todos estos cuerpos —que son en realidad el cuerpo unitario de la cultura hispánica según la cosmovisión franquista— mantiene paralelismos con aquel Walhalla que no está en ninguna parte y del que habla Spengler; véase, en este sentido, Oswald Spengler, «Alma apolínea, alma fáustica, alma mágica», en *La decadencia de Occidente, op. cit.,* págs. 331 y ss.

[178] No nos extenderemos mucho sobre esto para no desviarnos de lo que aquí verdaderamente nos interesa. El artista, como puede verse en los dibujos preparatorios que donó a la propia abadía, separaría a mártires de confesores (aquellos que no obtuvieron la palma martirial) pero mantendría en la ordenación y composición general de la cúpula el sentido aglutinador y de «temporalidad mítica» que aquí nos ocupa.

[179] Creemos que esta lógica de la perfección didáctica que genera el cuerpo castigado del mártir *convencional* —el mártir cristiano, quiero decir— es análoga a aquella que se desprende del cuerpo exhibicionista de nuestra ruina-modelo, el cuerpo de Millán-Astray que nos sirve aquí como eje vertebrador del discurso en torno al *débris* corpóreo del mártir franquista.

ordenación de los trozos de una narración destruida (la historia hispánica, con sus héroes y sus mártires arrasados) y luego reordenada —vuelvo aquí sobre la comparación que establece Mallo, de hecho, sobre la práctica fílmica de Godard frente a la de Lynch—[180]; hay un tiempo *nuevo,* una nueva configuración conceptual que ofrece, como lo hiciera Lynch en el ejemplo de Mallo (soy consciente de lo forzado del paralelismo), no una reorganización ni una versión de algo, sino una rearticulación radical del pasado-presente hispánico como tiempo que no es verdadero tiempo; este es carente de toda *sucesión,* y de hecho se consolida solo y exclusivamente como un pasado que es futuro, generando, de nuevo, un tiempo idéntico que tiene algo de aquel tiempo prehistórico del que nos hablase Cassirer y, antes que él, Schelling[181]. En este contexto, parece imposible no hacer referencia a la propia reflexión que concede Cassiser —siguiendo a Usener, en realidad[182]— al origen de los propios términos griegos de «templo» y «tiempo», entre sí relacionados en tanto en cuanto ambos denotan la existencia de una *intersección*[183], de una división, de un «corte»[184]. De un «espacio dividido», dice el filósofo prusiano, que no llega desde luego a producirse jamás en el mundo aparte que supone el cosmos particular de la cúpula del Valle, mundo de mitos y, por lo tanto, mundo sin cortes, sin «duración uniforme». La curiosa contradicción que se desprende de este espacio parlante —no decimos que sea el único, pero sin duda es elemento que lo constituye— es demasiado obvia, llegados a este punto, como para no subrayarla: el templo que aquí es basílica recurre a la división binaria entre enemigos y mártires, pero rehúye voluntaria y militantemente cualquier línea divisoria que separe entre sí a los monstruos (a los presentes de los insinuados) y a los héroes (a los míticos de los contemporáneos), revelándose en este sentido como verdadera estructura *antitempus,* como dispositivo anticortes.

---

[180] Agustín Fernández Mallo, *Teoría general de la basura..., op. cit.,* págs. 198 y ss.

[181] Friedrich Joseph von Schelling, «Einletung in die Philosophie der Mythologie», art. cit., pág. 182.

[182] Me refiero a Hermann Usener, *Götternamen. Versuch einer Lehre von der Religiösen Begriffsbildung,* Bonn, Friedrich Cohen Verlag, 1896, págs. 191 y ss.; primera edición digitalizada por el Harvard College.

[183] Un *Schneidung,* un *Kreuzung,* según la formulación original de Usener: «Die Grundwörter *temenos(tempus) templum* bedeutetet nicht anderes als schneidung, kreuzung: zwei sich kreuzende dachsparren oder balken bilden noch im mund der späteren zimmerleute ein templum»; en Hermann Usener, *ibíd.*

[184] Según las reflexiones de Cassirer, y en directa relación con lo expuesto por Usener, «las palabras primitivas *temepós* (tempus) y *templum* no significan otra cosa que corte, intersección; en la terminología posterior de los carpinteros, dos travesaños o vigas que se intersecan constituyen todavía un templum; de ahí se fue desarrollando por un proceso natural la significación del espacio dividido así; *tempus,* la zona del cielo (por ejemplo, oriente), pasó a significar la hora del día (por ejemplo, la mañana) y por fin, tiempo en general; en Ernst Cassirer, *Filosofía de las formas simbólicas..., op. cit.,* pág. 144. Mircea Eliade dedica también algunas reflexiones a este asunto en «Templum-tempus», en *Lo sagrado y lo profano, op. cit.,* págs. 56 y ss.

El ejercicio de unión simbólica entre santos y héroes conocidos y reconocibles que se produce en la cúpula, pero, sobre todo, la vinculación explícita de los cuerpos de los mártires, unidos aquí inteligentemente a los caídos de carne y hueso de 1936-1939 —militares, falangistas, boinas rojas—, funcionan como maridaje entre dos épocas y dos espacios, replicando una lógica comparativa (y simplificadora, precisamente porque es resultado del ejercicio torticero de la analogía) que encontramos ya en los tapices que preceden al trabajo de Padrós, uniendo el plano mitológico y el real para siempre. La edad de oro española, locus al que pretende retornar simbólicamente el proyecto franquista, se une aquí de forma apoteósica a la España posterior a 1939, posible según el discurso nacionalista a partir del holocausto y sacrificio de los mejores, entregado a las generaciones futuras. En ese constructo discursivo-simbólico, no hay espacio alguno para los distintos; tampoco para los completos deficitarios. El metrónomo franquista es, como anunciaba lastimosamente Unamuno, producto del *tempo* propio del mártir desmembrado, que no es otra cosa que un tullido —destruido por la guerra o por el fanatismo de los otros, sean quienes sean— ampliamente celebrado. Mucho menos hay espacio aquí para una reconciliación incompatible con todo el despliegue del programa empleado en este dispositivo: transformados *de facto* en lastre monstruoso susceptible de correr la misma suerte que el resto de chivos expiatorios, los «otros» brillarán por su ausencia en un proyecto de España redimida que predica el Valle.

El doble solapamiento de villanos míticos y reales (monstruos y rivales políticos) y de taxonomías heroicas (santos tradicionales y reyes, por un lado; soldados, *boinas rojas,* por otro) otorga un carácter absolutamente unitario y discursivamente simétrico al espacio inferior de monstruos y enemigos que se desarrolla en la nave central y al panteón celeste particular imaginado por la propaganda franquista, transitado exclusivamente por héroes y mártires. La propia geometría de la cúpula como lienzo y como estructura, su circularidad sin principio, sin fin y sin fisuras, permite además la inauguración efectiva de una temporalidad mítica, ajena como todas las temporalidades legendarias al paso natural del tiempo, en el que santos, soldados y mártires se unen en un curso «otro» que no tiene comienzo ni posee un final. El sentido viscoso por amalgamado, si se quiere, u ondulante, como dije, que se otorga a estos sacrificados incompletos trasciende con mucho lo estrictamente compositivo y constituye un magma combinativo que va mucho más allá del propio conglomerado frenético de hombres y mujeres compactados en la cúpula. La solidez rotunda de estos arquetipos recuerda el trabajo de algunos de los artistas alemanes junto a los que se formó el autor, a los que ya hemos aludido anteriormente: me refiero a los inconfundibles Arno Brecker y Josef Thorak, de los que Padrós parece haber heredado rotundidad monolítica en la ejecución de sus modelos masculinos. Como en aquel *Denkmal der Arbeit,* amasijo de músculos, estructura ascendente, fuerza incontenible proyectada hacia delante, la masa de cuerpos poderosos de Padrós habla el idioma universal de los regímenes que han visto en la *Leistungsfähigkeit* masculina (vigor, en su sentido más amplio) potencia y fuerza suficiente para articular todos los objetivos del proyecto político y cultural del movimiento. De nuevo, la sensación de fértil estrato —de capa sedimentaria, de limo fecundo, casi— que ofrecen estos cuerpos apelotonados acrecienta poderosamente el discurso de la fértil ruina, multiplicando el mensaje de que lo de *antes,* compactado con lo de *ahora,* indistinguido, indistinguible —mezclado como solo pueden revolverse y combinarse los remanentes de los naufragios, de las grandes estructuras venidas abajo—, supone el verdadero andamiaje del proyecto del futuro, aquí horizonte cultural, político, nacional, programático.

Aún más, y de manera inesperada —o al menos no *buscada,* con seguridad— las criptas que se encuentran en espacios adyacentes a esta cúpula de estética y composición *mezclantes* han generado un efecto similar en los restos allí situados (estos restos humanos de verdad, y no producto de la mano ni del *totum revolutum* de Padrós) de los llamados «caídos»: sometidos al efecto no buscado de filtraciones en el edificio, los restos mortales de los allí depositados han cumplido a su manera la propia fantasía carente de inicio y de final del propio dispositivo que supone la cúpula, haciendo inevitable percibir al Valle verdaderamente como una estructura con la capacidad de transformar tiempo y materia.

El Valle de los Caídos, contemplado sobre todo con la perspectiva histórica que otorgan los años, se ha convertido en el dispositivo superviviente que con mayor potencia narrativa y simbólica sigue irradiando aquello que ahora denominaríamos *Alternative facts* de pleno derecho. Las historias que cuenta, mitos trucados por antonomasia, siguen adhiriéndose con vehemencia a la auténtica verdad, casi como un vertido persistente del que fuéramos incapaces de desprendernos. También, por supuesto, la historia, narrativa política, verdad orgánica, de *débris* gloriosos que cuenta a partir de la elipsis eterna que genera el paso circular por los san Lorenzos —cocinado en la parrilla, como es sabido—, los san Víctor —decapitado por ayudar a los cristianos cautivos que custodiaba—; los san Aurelio, santa Natalia, san Cugat o san Fermín (esperable en una cultura política tan permeada por navarros y requetés), también decapitados, *completados* a partir del martirio que los desmiembra; santa Eulalia de Barcelona, despellejada, quemada viva, mutilada.

El muestrario (pues esto es lo que es, al fin y al cabo) elaborado por Padrós es demasiado extenso para mencionarlo y recorrerlo aquí en su totalidad. Resulta, sin embargo, necesario hacer mención del efecto buscado por el autor y obtenido con eficacia: la temporalidad mítica ibérica que relaciona en este recorrido circular a los martirizados por Diocleciano no es un *percorso* cerrado que desemboca finalmente en los muertos de 1936-1939, sino que vuelve a iniciarse, llevando de nuevo al espectador de los boinas rojas caídos por España ante los *débris* muestrarios de santa Sabina, de san Vicente, de san Sebastián Montañola. El torbellino compositivo, magma ascendente que relaciona sin fisuras a todos estos hombres y mujeres, confirma *de facto* lo que ya dijera desde la literatura, insistimos, nuestro Xandoval y permite que la contradicción provocadora de Foxá reverbere con equivalente presencia en la cúpula a partir de la extraña naturaleza que rodea y constituye la esencia de la figura martirial: como el propio Alcázar destrozado, el carácter edificado —completado, en este caso— de san Lorenzo y santa Eulalia, como el del mártir contemporáneo que supone Millán-Astray (mártir viviente, pero ruina parlante al fin y al cabo), se produce definitivamente con la destrucción de sus cuerpos, que al cercenarlos los completa, otorgándoles definitivamente sentido. En este ejercicio, mito, imagen y lenguaje se completarán y se alimentarán recíprocamente, en un proceso también circular y ascendente en el que los calificativos y las metáforas lingüísticas atribuidos a los héroes —y a los enemigos— del franquismo generarán «nuevos enriquecimientos»[185] en los propios repositorios míticos.

¿Qué sería san Lorenzo sin su martirio en la parrilla? ¿Qué sería Astray, también, sin el testimonio inevitable de sus múltiples ausencias en vida? Los «torbellinos», las «indecibles embriagueces» que recomendaba Giménez Caballero para las masas en el ya citado *Los secretos de la Falange* se revelan, de nuevo, como el secreto bien aplicado que florece clara y abrumadoramente en una cúpula que es por encima de todo exactamente eso, un torbellino —en todos los sentidos posibles, incluido naturalmente el compositivo— que atrapará sin miramientos al observador desprevenido introduciéndolo sin piedad en la contemplación de mitos antiguos —los mártires *in illo tempore*— que son como los nuevos. En un encuentro imaginario entre Piranesi y el complejo arquitectónico y paisajístico que supone Cuelgamuros y todos sus dispositivos, es imposible no especular sobre la reacción del italiano: Piranesi pensaría, probablemente, que no merecía la pena dibujarlo para hacerlo hablar, puesto que aquel monstruo de granito, a medio camino entre tantos lenguajes artísticos, era ya dispositivo vetusto desde sus inicios —a su manera sui géneris— sin que nadie lo sublimase, preso de la melancolía contemplativa. Quizás pensado como la arquitectura de Speer para ser un día artefacto parlante presa de los líquenes, víctima de los derrumbes, del paso implacable del tiempo, ya irradiaba un discurso, hablaba por los codos. No requería, al modo de otras ruinas piranesianas, un hierofante; se había provisto a sí mismo de sus propios apéndices ruinosos: los mártires de carne y hueso que habitan con velocidad propia la cúpula de teselas, armada ya de por sí median-

---

[185] Cassirer explica este proceso de ampliación recíproca entre lenguaje y mito a partir de un ejemplo que bien vale para exponer lo que aquí nos interesa, que es la fusión entre los repertorios visuales desplegados, entre otros muchos espacios, en la cúpula del Valle, y los textos que los acompañaron. El filósofo reconoce en las figuras divinas de los lituanos al dios «mugiente», que, a partir del atributo del mugido portentoso, iba ampliándose, enriqueciéndose, siendo el lenguaje —el adjetivo en sí mismo— el que alimenta al mito que en primer lugar lo ha engendrado, lo ha justificado. Las múltiples ampliaciones que permiten la categorización de la figura mitológica a partir del adjetivo «X» acaban ampliando «hacia atrás», si se quiere, los propios horizontes mitológicos, en un proceso de «influenciación recíproca», dice el judío alemán, del que ambos son exteriorizaciones, manifestaciones y «etapas diversas»; en Ernst Cassirer, *Esencia y efecto del concepto de símbolo,* México, Fondo de Cultura Económica, 1975, pág. 154.

56. NO-DO, «Piedras históricas». Traslado de los postes de Juanelo. 17 de octubre de 1949. Filmoteca Española.

te una técnica que la vincula inevitablemente a un pasado al que no pertenece, pero no solo. También los Juanelos, secuestrados sin contemplaciones, recuperados de una campa donde se comportaban como lo que eran: despojos con discurso, sí, pero sin espectadores y sin adeptos.

Destinados quizás a un segundo Ingenio de Juanelo Turriano, pudieron haber servido —se especula, sin saberse a ciencia cierta el fin exacto para el que fueron concebidos— como contrapeso de un complejo sistema hidráulico como el desarrollado por el ingeniero precisamente para el Alcázar de Toledo. Un mismo elemento, en todo caso, acercaba su función inicial (aparente, insisto) a aquella que les esperaba en el Valle: los Juanelos *activaban* algo, ponían algo en movimiento: dispositivo acuático complejo o discurso político de no menor envergadura, iniciaban a partir de su peso enorme una suerte de fuerza motora cuya última consecuencia ocurría más allá: al final del ingenio; al final (si es que este recorrido tiene un punto culmen exacto, como nosotros creemos) del *percorso* que se inicia en los dispositivos pétreos y que culmina en la cúpula de la basílica, en lo más profundo de la montaña de Cuelgamuros.

Llevados en procesión solemne y ritual hasta la entrada teatral del complejo de Cuelgamuros [56], avisaban sin avisar del todo al espectador de que a partir de ese punto se iniciaba un recorrido ruinoso, un *percorso* carente de tiempo. Trasladados, por cierto, en inmensos camiones Reo como los que usaba el ejército estadounidense para desplazar sus carros de combate y otras armas pesadas de largo alcance, los Juanelos tenían, en su procesión triunfal, algo de arma celebrada, reconociendo en sus siluetas proyectadas y en su dimensión inmensa, motorizada, los enormes misiles balísticos que las grandes potencias paseaban —y siguen paseando— encima de vehículos similares. En la procesión de los gigantes pétreos hay, por tanto, algo de desfile de exhibición militar, por supuesto, en el que la ruina activada se transforma en el lastimoso *Ersatz* del proyectil intercontinental que, a lomos del camión prestado, protagonizará este anómalo ritual sustitutorio de aquel régimen que no es potencia y de aquel imperio que no es tal.

Resulta imposible no pensar en la broma, también broma triste, puesto que pone de manifiesto una carencia indeseada, de aquel famoso fotomontaje de Hearthfield —el conocido *Hurra, die Butter ist alle!* [«¡Hurra, se acabó la mantequilla!»]— en el que los comensales, una familia de clase trabajadora alemana, se alimenta de tuercas y herrajes; de acero y de proyectiles, también, porque la carrera armamentística del nazismo ha desviado todos los recursos a la producción de acero y a la industria bélica. Aquí, el *drama* sucede a la inversa: lo que falta no es la mantequilla —que también—, sino las armas, claro. El misil que no es tal, ruina de potencia militar —imperial, inmensa, sublimada— transformada aquí en falso cohete, es el único dispositivo de largo alcance del que es capaz de proveerse el maltrecho franquismo. El NO-DO, en unas imágenes que en verdad recuerdan el seguimiento de un desfile militar, o la cobertura que recibiría propagandísticamente la exhibición de cualquier portento balístico, acercaría a los grandes públicos a la infinita estructura, despojo parlante, constatando la importancia que tienen los muertos vivientes en la parafernalia simbólica del proyecto totalitario ibérico.

En realidad, en esto el franquismo no estaba solo, pues se acercaba una vez más al modelo del que trataría de desprenderse en lo político y en lo artístico —pienso en el cambio de rumbo del Ministerio del Aire, primero manifiestamente germano, después acaloradamente herreriano. Las memorias de Speer recuerdan que la megalomanía incontenible de Hitler le llevó a priorizar las autopistas, las obras del Partido, los proyectos de Núremberg y Berlín por encima de las necesidades acuciantes de una campaña del Este que empezaba a torcerse. A finales de 1941, y con una situación militar complicada que anunciaba complicaciones todavía mayores, Hitler firmaba decretos que ampliaban notablemente los contratos con Suecia, Noruega y Finlandia, sus mayores proveedores de granito —divertida coincidencia que nos lleva de nuevo a los gigantescos Juanelos de cuarzo, feldespato y mica—, destinando sumas inimaginables a la compra de este material que a todas luces eran necesarias para el esfuerzo en el frente[186]. Superar a Roma, según la visión aplicada de aquella *Ruinenwerttheorie* que se había fraguado después de la

---

[186] En Albert Speer, *Memorias, op. cit.*, págs. 336-337.

visita, pasaba, entre otras cosas, por el propio granito[187]. La «ruina anticipada» de cancillerías y edificios monumentales de roca ígnea a mayor gloria del nacionalsocialismo y de su canciller visionario era más importante que las armas. El giro es curioso, y exigiría una revisión de la parodia de Heartfield, transformada aquí quizás en un inesperado *Hurra, die Waffen sind weg!,* en el que el producto de la *Stahlindustrie*[188] —dispositivos militares de todo tipo incluidos— termina acompañando a la mantequilla contra todo pronóstico, superados por la importancia imbatible de la ruina futura, nuevo alimento de los alemanes y obsesión manifiesta del dictador germano. Quizás en esto el modesto dictador español superó en claridad (posiblemente sin advertirlo del todo, en realidad) a su homónimo centroeuropeo, haciendo desfilar aquellos monstruosos pilares, auténtico *débris* zombi, en una de las manifestaciones más evidentes del culto a la *ruina engranada*[189], al despojo transformado en programa.

Sea como fuere, el Valle supone un ejemplo anómalo por poco habitual de capas ruinosas: una existente, sacada de contexto, puesta a hablar —extorsionada, casi—, representada y condensada en el despojo útil que suponen los Juanelos, llevados hasta Cuelgamuros en esta procesión que recorrería todo Madrid; que tendría la importancia y la visibilidad que se esperan de un régimen que apuesta tanto por el ritual político que tiene algo de conjuro. Dotada, si se quiere, de un cierto carácter *ready-made,* de significado ampliado, que diría Marzo[190], producto de su traslado y su reanimación portentosa en un espacio que le resulta extraño. Otra proyectada, anticipada, como diría el mismo investigador catalán, futura. El Juanelo, con su escala inmanejable, como aquella de las ruinas deformadas por amplificadas de Piranesi, precede en su constitución como *débris* secuestrado a una declaración de intenciones para con toda la lectura del Valle de Cuelgamuros, espacio definitivamente activado por aquellas cuatro moles que lo preceden, que inician su narrativa, que alejan definitivamente, a partir de su propia desubicación absoluta, al propio Valle de un lugar específico en la historia. Hay algo ritual y, sobre todo, hay algo involuntariamente *mágico* y performático en todo aquel proceso.

---

187 Véase, en este sentido, «With the End in Mind: The Nazi Empire's Neo-Roman Mimesis and the Ruined Stage of Rome», en Julia Hell, *The Conquest of Ruins. The Third Reich and the Fall of Rome,* Chicago, The University of Chicago Press, 2019, págs. 307 y ss.

188 Me refiero aquí a la industria del metal y del acero, en un sentido general, por seguir con la famosa parodia de los alemanes devoradores de herrajes, tuercas y armas de guerra imaginada por Heartfield.

189 Recurro aquí de nuevo a aquel concepto de *engranado* o *alineado* político, de traducción dificultosa, que derivaría de la noción de *Gleichschaltung* empleada por el totalitarismo alemán para referirse a la adecuación de cualquier estructura, institución, persona o grupo de personas a los fines del Partido.

190 Me refiero de nuevo a las reflexiones del autor en el citado texto *La ruina anticipada.*

En este ritual político y simbólico, es el apéndice secuestrado, es el naufragio imperial recuperado el que da sentido y activa, en gran medida, todo el conjunto. La *Kulturkritik* de Spengler asoma[191], a juicio de quien escribe estas líneas, tímida pero rotundamente tras la superposición de elementos ruinosos, unos constatados, como ya indicaba (los Juanelos), y otros futuros (el propio Valle), recordando al visitante que *lo que fue* —la caída del imperio, representado en aquellas columnas-ingenio de tiempos de Carlos V— *volverá a ser*[192]. Recordándole, también, la circularidad en repetición de acontecimientos que nosotros vemos representada asimismo en su máximo exponente en la cúpula arriba analizada, en la que el *Ursprung* (el origen, el comienzo) se mezcla para siempre con su continuación, volviendo a iniciarse eternamente. Constatando, de manera sutil, pero para nosotros incuestionable, que algo de ruina proyectada hacia delante *alla* Speer había en todo aquel conjunto que mezcla foresta (la de Cuelgamuros, escenario melancólico, fronda mediterránea inconfundible y sublime, de potencia visual indiscutible) y rotundidad granítica.

Con seguridad, Foxá no pensó jamás en ninguna *foto finish* de aquel régimen incipiente ni de aquella guerra recién terminada ubicando en un mismo plano —destinados a fundirse y confundirse para siempre como los fotogramas de Carlos Arévalo— a Millán-Astray, al maltrecho Alcázar toledano y a los monolitos graníticos que aquí nos ocupan. Todos ellos generan, sin embargo, una imagen que es, como indicaba, *Ersatz* tramposo para tiempos de posguerra y autarquía: Astray, como completo-incompleto; el Alcázar que *ya no es,* paradigma de la España edificada que resurge de la miseria de la guerra; los Juanelos imperiales, remanente lastimosamente reactivado (y *reactivante,* también) de una potencia imperial extinta. Destilan, de manera indiscutible, la misma contradicción en su exhibición obscena que arrancaría el Alcázar toledano al brillante escritor madrileño: ¡ya está España —con sus Astray y sus monstruos de piedra; con todos sus restos útiles, con todos sus fantasmas; con todos sus *débris* y todos sus naufragios— derruida; es decir, edificada!

---

[191] Me uno, en este sentido, a las consideraciones de Hell en torno a la *Kulturkritik* de Spengler; véase, en este sentido, Julia Hell, «Before the End: Faustian Imperialism and Caesarism», en *The Conquest of Ruins..., op. cit.,* págs. 301 y ss.

[192] Tal y como afirma el propio Spengler; véase, en este sentido, Oswald Spengler, *Der Untergang des Abendlandes: Umrisse einer Morphologie der Weltgeschichte,* Múnich, Deutschen Taschenbuchverlag, 2007 [1918, 1922], pág. 612.

Algas, osamentas, estructuras (conclusión sui géneris para un *percorso* sin final)

> ¿Cómo nos consolaremos los asesinos de todos los asesinos? [...] ¿Con qué agua lustral podremos limpiarnos? ¿Qué fiestas expiatorias, qué juegos sagrados tendremos que inventar?[1].

A lo largo de estas páginas, he tratado de realizar un viaje a las profundidades de las lógicas político-culturales del franquismo —lógicas heredadas, lógicas trucadas; lógicas preñadas de mitos que son mitos de otros y sobre los «Otros»; lógicas de sacrificio expiatorio— con la voluntad del inspector de alcantarillas, imagen tan de Gecé, que se adentra sin cartografía previa en la profundidad del volcán cultural; del espacio explosivo, plagado de vapores que se asemejan a primeras erupciones, como nos recordaba Girard, de las que ya *solo* conservamos restos vivientes, mitos trucados. Algas, como constataba metafóricamente en aquella preciosa reflexión sobre el mito Roberto Calasso. Algas y sedimentos que no tenemos más remedio que retirar para observar, por un instante, la osamenta mitológica original que reverbera debajo de todos los mitos fundacionales y relatos nacionales de lo propio y de lo ajeno, construidos en nuestro caso de estudio por el franquismo, aparato político cultural entre tantos. El viaje a este espacio ideológico está inevitablemente marcado por la experiencia abisal, de nuevo, y, como podría haber afirmado Kerényi, por el ejercicio de descenso que nos permite encontrar con mayor facilidad aquello que asciende desde las simas más profundas, repositorios universales de la cultura.

En ese acto de poda y recuperación subterránea, si se quiere, en el que se retira la materia, aquí metáfora orgánica de constitución vegetal como la imaginaba el intelectual italiano, resulta igualmente necesario conservar ambas —algas y estructuras que son osamentas, quiero decir— observándolas en conjunto,

---

[1] Friedrich Nietzsche, *Die Fröhliche Wissenschaft*, s 125, KSA 3, pág. 481; cito por la edición española: *La gaya ciencia*, Barcelona, Gredos, 2011, pág. 125.

entendiendo que todas ellas forman parte de una suerte de *atlas,* como le habría gustado llamarle a Warburg, en el que producto original (mitologema, estructura, hueso cultural primario) y vegetación (mito trucado duméziliano, apéndice jungiano, resto que vive, *alla* Burckhadt, *alla* Tylor) merecen ser tratados con sumo cuidado. Este libro constituye un primer intento de atlas muestrario ibérico en el que monstruos y héroes del *ahora* franquista colisionan, se alimentan, se completan, se complementan; en el que se encuentran, también, en aquellos cruces de caminos en los que mora habitualmente la criatura monstruosa —pero no exclusivamente, deberíamos decir, ampliando con esto la reflexión en torno a los *crossroads* culturales del propio Cohen—, los de antes y los de ahora, coincidiendo por un momento drevlianos, sajones, caribes; «Pacos» y «apaches», «hombres de asfalto»; Amadises de Gaula, *Flechas* y *Pelayos.* Todos ellos *son* intersección eternamente ampliada, articulando así al mismo tiempo el lugar de encuentro *(son* el propio cruce de caminos) y ubicándose en este —*habitan* el cruce, la *Überschneidung* en sí misma, que les da forma, que los define, que los caracteriza.

Como el *logos epitaphios* de los atenienses, los dispositivos que aquí hemos manejado, artefactos visuales y textuales de producción hispánica, no pretendían, en realidad, generar conocimiento nuevo. O, dicho de manera más precisa, este no era con seguridad, como en el caso griego, su principal objetivo, el centro de su cometido político. Quizás esto constituía precisamente la base de su utilidad, como en el ejemplo heleno de los epitafios que nos recuerda Juaristi[2], cuyo cometido es por encima de todo la construcción (ordenada) política, cultural e ideológica de la comunidad. Como los *epitaphios,* imágenes y textos muestrarios fundamentaban la voz reconocible del poder —del Estado ateniense, en el primer caso; del golpismo ibérico, en nuestro análisis— a partir de la repetición bienvenida de tópicos y, al mismo tiempo, de la *vox populi* que, como tal, se transformaba en relato aceptado y aceptable porque resultaba reconocido y reconocible. Los «sin alma y sin luz» de la literatura de Xandoval, los enemigos subterráneos de Agustín de Foxá; los devoradores de carne humana de Tomás Borrás, los milicianos que parecen «apaches» que «parecen obreros»[3]; los comerciantes de plasma, también, eran enemigos ideales porque en su esencia fantasmal y retornada se asemejaban a indios, a rifeños; se parecían, también y a su manera sui géneris, a las amazonas y a los bárbaros de los relatos helenos.

---

[2] Me refiero de nuevo a Jon Juaristi, *El bosque originario..., op. cit.,* pág. 35.

[3] Vuelvo aquí sobre el artículo, a mis ojos absolutamente paradigmático de este miedo de clase, que recordaba que los criminales llamados «apaches», hampa de principios de siglo en Barcelona y Madrid, «parecían obreros», en un ejercicio de terror de clase en el que la categorización de los obreros antifascistas como matones que parecían apaches resulta, cuando menos, fascinante y curiosa. También coherente, como parte de un discurso burgués que temía al distinto y al diferente.

Se parecían —como si este recorrido hacia atrás en los terrores humanos que acechan fuera del espacio de lo seguro tuviera un final conocido— a aquellos que se muestran sutilmente donde el camino termina o, mejor dicho, donde se iniciase *ab origine* en el lugar donde el *percorso* monstruoso encuentra definitivamente su mitologema primario, indiscutible, manifiestamente primero, acercándose a la maldad insectil, voraz, sedienta y depredadora que reaparece analizada como en el nuestro en el trabajo de Ehrenreich. En las investigaciones de Urbeltz, por encima de todo, que tan útiles nos han resultado en la persecución de estos malvados glotones que se antojan primera «masa de caza», a la Canetti, a quien tan solo se puede derrotar imitando sus métodos, ejerciendo la violencia con la misma intensidad que esta.

Enemigos, todos ellos, que no se alimentaban del producto germinal de la tierra, sino que simplemente esquilmaban y consumían aquello que los acercaba inevitablemente a los licántropos carnívoros, a los devoradores de hombres. Eran, por igual, seres y habitantes de cruces de caminos, de nuevo, incoherentes ásperos, húmedos; destructores de cultura, caracterizados por formas de comportamiento que los transformaban en *involucionadores* natos. Eran útiles y eran perfectos —en términos de idoneidad muestraria, quiero decir— porque eran los de siempre sin serlo: la propia sentencia carlista, aquel «los rojos de hoy son los moros de ayer» a la que nos hemos referido anteriormente, desmontaba la treta ante cualquier observador minucioso y revelaba al mismo tiempo estrategia y trampa, exponiendo sin rubor el «truco» dumeziliano y la hoja de ruta del movimiento político. El mito de *ahora* era naufragio de otro mito visiblemente desvelado, pero no importaba, pues en la articulación del *in-group* golpista aquello era ideal, era aconsejable. Era manifiestamente idóneo, pues funcionaría como había funcionado siempre.

En este sentido, el retorno hacia figuras sacrificiales humanas reverbera por igual en todos los fascismos, peninsular y centroeuropeos, en los que la lógica platónica del sacrificio del chivo expiatorio se invierte, y detrás del caballo que sustituyó al holocausto del hombre —Platón aconsejaba, interesantemente[4], «tapar» el holocausto humano con el del animal equino o cualquier otro lo suficientemente importante— reaparece el individuo: los judíos y el resto de señalados, romaníes, discapacitados, homosexuales, disidentes políticos, en el caso germano; los republicanos, los del «gen rojo» y todos los «Pacos», en el caso ibérico. *Tapar* al modo platónico se antoja recurso trucado deficitario para estos totalitarismos, pues vuelven a exponer sin complejo u artificio la necesidad de la ejecución sistematizada, repetida, ritual, holística, de todo lo que supone alteridad en pos de una serie de acontecimientos que nos salvarán a todos. Tan solo el lenguaje —aquellas «eliminaciones de excedentes», los *paseos,* los *stücke* de los alemanes, en fin, todos

[4] Véase, en este sentido, «La voz de los inocentes», en Alejandro Llano, *Deseo, violencia, sacrificio..., op. cit.,* págs. 136 y ss.

los neologismos encubridores que ocultaban sin ocultar del todo— *tapaba* mínimamente la masacre sacrificial de los distintos, auténticos protagonistas del *Gesamtkunstwerk* de aquellos regímenes, aparatos rituales por encima de todo.

La pregunta que aterra al insensato de *La gaya ciencia* de Nietzsche con la que abro estas reflexiones resulta, vista en perspectiva, cuando menos curiosa, en gran parte porque está fundamentada en un temor que se antoja preocupación errónea: el juego que sucede al evento sagrado, y que tantas veces esconde en realidad el sacrificio, está tan preñado de restos culturales que no constituye en realidad invento nuevo alguno, como no lo son en verdad ni los monstruos que lo completan ni los héroes que a ellos se enfrentan. Asesinar a aquel que puede sanarnos —o salvarnos en el sentido más amplio de la palabra, a naciones, a pueblos, a individuos— no tiene en realidad nada de nuevo, todo lo contrario, transformando la preocupación del insensato en temor ampliamente *injustificado*. La ficción nietzscheana revela y verbaliza sin tapujos, en gran medida, el centro de las lógicas humanas más antiguas a través de la figura imaginada del lunático que se va de la lengua (que revela secretos culturales, sin saberlo, también), que nos recuerda que después de la muerte sacrificial —de un asesinato que poco importa si es del Dios de los cristianos, del desdichado Baldr, de Zeus devorado y, por tanto, aniquilado— vienen los «juegos», las imitaciones, los «tapados» platónicos[5]; los rituales expiatorios, los *ma non troppo*. La historia de José, origen de las doce tribus de Israel presente en el Génesis, no es sino resto manifiesto (apéndice, naufragio) de un acto de sacrificio colectivo, como el del propio Baldr, claro, en el que la muerte de uno a manos de muchos se enmascara con el «juego» ocultador —por seguir con el término de Nietzsche, por mucho que el *juego* al que se somete a José, vendido como esclavo, resulte bastante dramático en sí mismo— de la sangre del cabrito. La historia del muchacho contra el que se compincharon todos los hermanos demuestra ante un observador atento que no es sino alga sobre osamenta vetusta, que habría dicho Calasso, puesto que repite y oculta, como lo hicieran de forma al tiempo tímida y exhibicionista los juegos de muerte de los chiquillos *flechas* y *pelayos,* aprendices de asesinos enmascarados.

Aparecen, así, las falsificaciones y las copias. Las múltiples rememoraciones, también, que encubren y velan, como la del propio José, asesinato original. Algunas culturas consideraron estas rememoraciones imitativas versiones profanas falsas[6],

---

[5] En relación con el mito de Cronos, Platón afirmaría: «No es necesario contar a los pequeños historias tan abominables; o bien es una broma, y es necesario olvidarla completamente, o bien es verdad, y es necesario revelar el relato para una élite muy prudente, que podrá comprender esas cosas; y en este último caso se tomará la precaución de *taparlo* con un sacrificio importante, el de un caballo, por ejemplo»; citado en René Girard, *Cuando empiecen a suceder estas cosas... Conversaciones con Michel Treguer,* Madrid, Encuentro, 1996, pág. 39 (la cursiva es mía).

[6] Mircea Eliade, *Aspectos del mito,* Barcelona, Paidós, 1963, pág. 19.

por caracterizadas por humanos (héroes, específicamente, pero no solo, en nuestro caso), opuestas a unas primarias que son «verdaderas», por sagradas. Estas últimas serían, de nuevo, el orden latente que permanece oculto bajo cuerpos vegetales —las algas de Calasso, evidentemente— que crecen de manera descontrolada, por imprevisible y expansiva, encima de la estructura primaria mítica y sagrada que los precede, que se ha visto superada e invadida por toda esta serie de versiones humanas y humanizadas.

Es lo que Mallo llamaría quizás «profanaciones sin fin»[7], como podría haber dicho el escritor[8], en las que mitologemas que han sido sometidos al ejercicio del deterioro —o de la expansión, simplemente, quién sabe— florecen y repiten; juegan, si se quiere, elaborando héroes para un *ahora* ibérico que se parecen a retornados herculianos y aquileos. Algunos de ellos, como los legionarios de tercio, marcados por los mismos síntomas paganos, antiguos, que habría dicho Ehrenreich sobre otros guerreros de sello inequívocamente aquileo[9], que los acercaba a los caballeros medievales de la estirpe del hijo de Peleo y Tetis. Soldados de residuo homérico que se reían de los desgraciados, de los pobres, de los débiles, de los pusilánimes y los perdedores, compartiendo con estos caballeros medievales que analiza la estadounidense una visión de la guerra como aventura en pos de la gloria exclusivamente personal que no está al alcance de los miedosos, y en la que el saqueo y la *acumulación* violenta de trofeos sexuales constituyen no consecuencia secundaria, sino objetivo primordial deseable.

Caballeros a veces quijotescos que se enfrentan a los peligros de la modernidad y monstruos sedientos de sangre que asemejan caníbales coloniales, caribes lejanos, amazonas y bárbaros. Monstruos que heredan rasgos insectiles —retornados de auténtico tiempo «fuerte» de los síntomas monstruosos[10], como habría dicho Eliade— también, al igual que aquellos zumbantes moros «glotones» del *Cantar de Roldán,* los peludos de las Molucas, devoradores con debilidades cítricas como los descritos por Pigafetta, o aquellos otros rifeños que parecían nubes frenéticas, carnívoras, de la novela temprana de Borrás que nos han acompañado en estas páginas. En modo equivalente, los malditos sacrílegos de la ilustración pro-

---

[7] Interesante es en este aspecto la definición que cita el escritor de lo profano o del ejercicio de la profanación, en el sentido que interpretaban los romanos: «profano es aquello que, habiendo sido sagrado o religioso, es restituido al uso y a la propiedad de los hombres».

[8] De nuevo, Agustín Fernández Mallo, *Teoría general de la basura...;* en este caso, parto de sus reflexiones en «La interminable profanación», *op. cit.,* págs. 333 y ss.

[9] De nuevo, Barbara Ehreinreich, *Ritos de sangre..., op. cit.,* pág. 263.

[10] Eliade denomina tiempo «fuerte» al momento en que se producen aquellos acontecimientos que posteriormente van a imitarse. Habla de tiempo fuerte para definir específicamente un tiempo de «origen» de algo, en este caso que nos ocupa, de una imagen de peligroso que atribuir después a toda una serie de repeticiones no «fuertes» por imitativas, pero no por ello menos interesantes; véase, en este sentido, Mircea Eliade, *Aspectos del mito, op. cit.,* pág. 39.

pagandística de Tejada, además de difundir una narrativa de verdad alternativa sobre la guerra y sus actores, difundían, sobre todo, una imagen mostrante del enemigo inevitablemente unida a los «tiempos fuertes» o de origen de la cultura (exijo aquí una cierta elasticidad caprichosa al concepto de Eliade de manera consciente), pero también vinculada a la historia del arte y de las imágenes, transformando a los milicianos en sujetos que desfilaban simbólicamente junto a los paganos testamentarios que crucificaron a Cristo; junto a los asesinos lombrosianos, junto a los criminales de bajos fondos retratados en las fichas policiales y en los semanarios ilustrados de principios de siglo, fusionando para siempre a los «Pacos» con una genealogía de malvados y de equivocados de la que no podrían escaparse.

Detrás de estos sujetos, preñados de arquetipos, palpitan las «miles de voces» de Jung, los restos plenamente parlantes, vivísimos, restos que hablan, en fin, de otros tantos lugares culturales transitados, que se antojan «profundidades» permanentemente revisitadas, permanentemente ascendentes[11]. Restos viscosos, como hemos querido recordar en este libro, que enlazan con aquellas reflexiones tan acertadas (como casi siempre) del filósofo madrileño Alba Rico, que resumen toda la problemática del proceso demonizador, atávico, antiquísimo, de aquello que nos traslada simbólicamente al vientre de la bestia; a las tripas del monstruo, a la condición de cazados —de víctimas de *contenders* que pueden ser rivales cuadrúpedos, o enemigos políticos o de clase. La confrontación agonística de distintas texturas y distintas corporalidades que insinúa acertadamente el pensador posee una antigüedad cuyo inicio se nos escapa sistemáticamente entre los dedos —por esquivo, por imposible de delimitar; por omnipresente, casi—, aunque, sin embargo, es fácil localizar su presencia en todas partes, como aquella nube vaporosa, volcánica de Girard, que precede y supera con mucho la primera erupción mitológica. En el caso ibérico y continental, cristaliza en aquella imagen de lo afilado, lo seco, lo resuelto —lo *zackig*, recordemos, en su formulación alemana, poderosamente aglutinadora y fértil en significados—, frente a lo viscoso y lo curvo, anticipándose a la pregunta retórica de Alba Rico, que resume con precisión un problema de siglos:

> ¿Redondo, peludo, húmedo? ¿Liso, seco, alargado? ¿Qué nos da más miedo, lo líquido o lo sólido? Sin duda, como recordaba el filósofo Jean-Paul Sartre, lo que más nos aterroriza y nos repugna es lo pegajoso o lo escurridizo, lo viscoso [aquel *argile visqueuse* de la novela bélica de Léon Degrelle, por supuesto], lo que aún no es sólido o lo que está a punto de ser líquido. En la tripa de la bestia casi todo es viscoso. La noche misma, antes del descubrimiento del fuego, es el enorme vientre de una bestia voraz[12].

---

[11] El lector encontrará algunas reflexiones sobre estas «miles de voces», así como la crítica que le dedica Bloch al pensamiento de C. G. Jung, en Ernst Bloch, «"Imago" como manifestación de las "profundidades"», en *Herencia de esta época,* Madrid, Tecnos, 2019, pág. 317.

[12] Santiago Alba Rico, *Ser o no ser..., op. cit.*, pág. 16.

Resulta inevitable, en este sentido, imaginar un encuentro con el insensato nietzscheano, al que sin duda podríamos tranquilizar recordándole que no era necesario inventar juego, treta o ritual, sino simplemente mirar hacia atrás. Para orientarse en la incertidumbre, los síntomas heroicos y los rasgos victimarios repetidos vendrían a salvarnos del abismo, como los propios rituales del sacrificio, otorgando sentido, separando amigos y enemigos. Generando espacios de lo seguro en los que sentirse a salvo y protegidos, también, en una clave que nos recuerda las zonas inóspitas de Lotman y las oposiciones irreconciliables de Bourdieu.

En la profanación hay, por lo tanto, habitualmente algo de apropiación —de transformación en profano, claro—, proceso en el que siempre hay un *como antes, ma non troppo,* y en el que el juego supone, como manifiesta el loco y como vimos en nuestro capítulo de asesinos infantiles, un ejercicio de imitación que repite, muestra y simultáneamente oculta. Miniaturiza en el sentido más complejo de la palabra, como sugerían las propias reflexiones de Sontag que aquí hicimos nuestras. El *resto,* que Mallo llama *residuo* y Jung llamaba *apéndice* —elemento superviviente en la clave que aquí nos ha interesado; elemento al final de algo, dispositivo sobresaliente, por vinculado y por adyacente—, es la suerte de peaje de paso, de marca de agua imborrable y permanente, si se quiere, que paga todo elemento dotado de una postvida (a veces, postvida *small scale,* como decía) que se repite en otro lugar, en otro espacio, en otro contexto. Calasso, con el estilo único que le caracteriza —al mismo tiempo brillantemente preciso y primorosamente retórico y literario—, define esta zona de paso, entre lo profano (lo imitativo) y lo divino (lo originario imitado), como la «zona de la sangre», del peligro, imán de la violencia[13].

Repensado en esta clave, aquel efectista «¿ya no están? ¿Ya son otros?» de las *Exaltaciones* de Giménez Caballero revela la complejidad de la lógica de metamorfosis y transformación del monstruo sin saberlo —sin ser plenamente consciente Gecé, creemos— en tanto en cuanto pregunta angustiosamente por el esperado y predecible (culturalmente heredado y, por tanto, conocido e intuido) proceso de cambio del distinto, del inasible, del *contender* político. Como a cualquier rival de cultura, que aquí también es rival de clase y rival político, al otro no le queda más remedio que transformarse sin hacerlo del todo, poblándose y proveyéndose de toda clase de residuos que confirman definitivamente su naturaleza sacrificial y su esencia mostrante[14]. Entrando apoteósicamente en la zona de la sangre, también,

---

[13] Roberto Calasso, *La ruina de Kasch,* Barcelona, Anagrama, 1989, pág. 166.

[14] Por supuesto, aunque el propio acto de la metamorfosis monstruosa es un acto reflexivo, que la propia *criatura* aparentemente realiza, la asociación de todos los elementos que están sujetos a aquel «Ya son otros» de nuestro ejemplo constituye restos culturales que el rival político del transformado —en este caso, el propio pensamiento conservador y reaccionario español— atribuye a sus

como habría dicho Calasso, que no es otra que la zona que corresponde al ritual sagrado (aquí religión política y sacrificio político) de la ejecución del elegido.

El «¿Ya son otros?» de Gecé es al mismo tiempo sorpresa macabra y constatación terrible de algo que se espera —el cambio en sí mismo, el retorno a un *Ursprung* monstruoso— pero que no se conoce, pues, ¿quién sabe, al fin y al cabo, hacia dónde se encaminan aquellos habitantes transformantes de periferia, hombres y mujeres que acumulan restos y signos culpables y que ponen en riesgo la supervivencia de la patria? Tan solo su final es conocido, y podríamos decir, culturalmente *inevitable:* una vez convenientemente provista, literaria, política y artísticamente —o estos medios mediante— de los correspondientes signos que la identifican como criatura sacrificial, al otro no le queda más remedio que morir, presa de un *juego* que se parece al sacrificio ofrecido a los dioses pero que aquí simplemente es asesinato, crimen colectivo, crimen político. La pregunta retórica de Caballero constata, veladamente, dos características definitorias de las criaturas monstruosas: la de su desubicación permamente, incompatible con su presencia en un lugar inmóvil, en una posición concreta, en fin, que permita la eficaz taxonomía, cristalizado en el «¿ya no están?»; la de su esencia contra natura, pues solo los dioses y los monstruos son capaces de cambiar indefinidamente. Propp, tan útil en el análisis de los lugares comunes que caracterizan nuestros relatos culturales y literarios, viene en nuestra ayuda al recordarnos que *el malvado* —aquí enemigo republicano, claro— «primero se muestra una vez, luego desaparece»[15] (importantísimo detalle) y finalmente «reaparece como el *personaje que se buscaba*»[16]. Analizado desde esta perspectiva, el «¿ya no están? ¿Ya son otros?» de Gecé es en verdad fascinante confirmación en versión condensada de un proceso reiterativo —el visto y estudiado por Propp— que el escritor madrileño casi parecería conocer, esperar o estar esperando y que podríamos

---

enemigos y relaciona con ellos, como es obvio. Es un bagaje entregado *desde fuera,* aunque en realidad la transformación terrorífica que espanta al escritor madrileño no es un cambio en términos políticos y militantes, que también —el lechero que ahora es miliciano, claro—, sino una metamorfosis cuyo objetivo final no es otro que la justificación del holocausto, y la ubicación efectiva del otro como parte de una genealogía monstruosa también a partir de su capacidad transformadora, que lo confirma como criatura.

[15] En los próximos párrafos, me referiré a la figura del mimo clásico, sobre el que investigaron Reich o Tsitsiridis. Pues bien, en el propio texto del *Charition* analizado por el investigador griego, se produce este mismo proceso: el enemigo —independientemente del carácter satírico de toda la historieta— aparece brevemente, desaparece y retorna, repitiendo la estructura que advirtiese Propp. También la treta del tramposo —el *fool,* que sin embargo se sale con la suya, como el propio *trickster*— con la solución ingeniosa, aquí fechoría imposible que busca la risa del público, claro, de aquel que repele a sus enemigos mediante el poder exclusivo de sus pedos; véase Tsitsiridis, *Greek Mime in the Roman Empire, Logeion, a Journal of Ancient Theatre,* 1, 2011, pág. 188.

[16] Respeto aquí las cursivas que emplea el propio Propp; véase Vladimir Propp, *Morfología del cuento, op. cit.,* pág. 97.

reformular como un eventual «¿ya ha ocurrido lo de siempre, lo esperable, lo inevitable, lo que precede, en fin, a la zona de la sangre?».

Predecir la naturaleza exacta de su «Ya son otros» resulta y se antoja tan imposible como imaginar la próxima mutación divina de Zeus y Dioniso, dioses celestes; *offenders,* también, predadores sexuales y transgresores amenazantes, después de todo; la próxima forma del *trickster,* igualmente, de quien solo podemos esperar, como del propio síntoma heroico odiseico que aquí hemos analizado, la treta, la trampa, la astucia. Pero que no sabemos en qué dirección se encamina, ni qué sorpresas nos prepara. Todos llevan, en cualquier caso, una poderosa carga anacrónica, vienen preñados de un «pasado que se inmiscuye», de un pasado que no ha sido puesto al día, como habría dicho Bloch[17], retornando, héroes y villanos, en un modo que los convierte en contemporáneos «no-contemporáneos». La intromisión *inmiscuyente* de Bloch, que es explosión en el espacio y en el tiempo[18], no es sino una práctica habitual de la cultura que lleva repitiendo ese proceso —el de la detonación, quiero decir, que Girard considera actividad volcánica, y Kerényi, movimiento ascendente— desde mucho antes de la modernidad y de la aparición de aquellos planteamientos en torno a montaje y anacronismo que dieran lugar a las reflexiones del alemán, que lo acercan, por supuesto, al propio Benjamin[19]. Lo que el pensador germano llama «polvo de la explosión de lo no-contemporáneo» producto de aquel estallido que lo invadirá todo y que Girard interpretase como vapores posteruptivos no es sino el mismo fenómeno sobreviviente, pero mucho más extendido en la visión del francés, que nosotros compartimos plenamente.

En aquel inmiscuirse del filósofo alemán palpita en realidad una idea, como el lector ya imaginará, que nosotros interpretamos como muy warburgiana, puesto que, como el fantasma, como el aparecido, como el espectro —como el monstruo en general, naturalmente— que se manifiesta sin pedir permiso a sus probablemente aterrorizados interlocutores, habitantes de este tiempo y no del *Zeitraum* del que proviene el retornado, en este *inmiscuirse* que advierte Bloch no hay en modo alguno ejercicio previo del permiso o la licencia, sino que es intromisión violenta.

A diferencia de los mimos que interesaron a Hermann Reich[20] —actores, figuras farsantes, falsarias, repetidoras e imitadoras de tradición clásica, no lo olvidemos—, los *imitadores* culturales —también aquellos a los que aquí nos hemos

---

[17] Ernst Bloch, *Herencia de esta época, op. cit.,* págs. 208 y ss.

[18] Véase, en este sentido, las reflexiones que dedica Didi-Huberman al pensamiento de Bloch en Georges Didi-Huberman, *Cuando las imágenes toman posición,* Madrid, Antonio Machado Libros, 2008, págs. 157 y ss.

[19] Bloch comienza sus reflexiones a partir del montaje, y en particular, en relación con el trabajo de Brecht y la modernidad, pero puede con facilidad, como digo, extenderse mucho más allá del ejemplo empleado por el alemán, por supuesto.

[20] Me refiero al trabajo del alemán, *Der Mimus; Ein Litterar-Entwickelungs-Geschichtlicher Versuch.*

dedicado— reproducen y repiten ritualmente los gestos de los otros, sin declarar sin embargo jamás sus propósitos ni su esencia mímica. No advertirán, mediante el recurso manido e identificable del disfraz y del atuendo parlante, de la máscara que caracterizaba a estos tramposos reconocidos a los que se referirá Plutarco[21], sus auténticas intenciones, ni desvelarán la esencia trucada, la naturaleza *fake* de su puesta en escena, de su imitación retornada, de su transformación en otro o a partir de otro; los relatos miméticos —ya el propio Didi-Huberman habla de una *mimik* sin referirse a los farsantes teatrales clásicos— generarán metamorfosis y mímesis cultural. Voluntaria a veces (en la repetición de los arquetipos que constituyen lo positivo, lo propio, lo heroico) e impuesta en otros casos y a los demás (síntomas de lo monstruoso, adjudicado a las víctimas, a los chivos expiatorios, a los enemigos políticos, a los rivales de clase) consciente e inconsciente, a partes iguales, en una proporción jamás verdaderamente ponderable.

La aparición inesperada, por contradictoria, la *coherencia* mitológica en lo esencialmente *incompatible*[22], la *irregularidad* que no es imperfección, que diría Fédier, sino advertencia de que algo más complejo debe ser interpretado[23]; la constatación de que es necesario un hierofante caracteriza cualquier encuentro no solo con el monstruo, insólito e incoherente por naturaleza, sino con aquellos que se le enfrentarán en todas las épicas culturales, en todos los relatos literarios, en todas las narraciones políticas, héroes y heroínas preñados de restos vivientes, de bagajes paradójicos, por sorprendentes. De *supervivencias* y postvidas no declaradas, lastres inmensos que arrastrarán indefinidamente, en ejercicio imitativo sin final que recuerda la eterna condena de Sísifo.

---

[21] Plutarco define dos tipos, interesantemente, aquellos de comportamiento irreverente, obsceno, inaceptable —monstruoso, en cierto modo—, imitadores histriónicos, los llamados *paignia,* y otros, más elaborados, que reciben el nombre de *hypotheses:* «There are certain mimes, of which some are called *hypotheses* and others *paignia.* But I think that neither the former nor the latter are suitable as entertainment at symposia: the *hypotheses* due to the length of the plays and the expense of financing them, and the *paignia* because they are full of ribaldry and babbling, making them unfit to be seen even by the young slaves who carry the shoes of respectable gentlemen»; Plutarco, citado en Stavros Tsitsiridis, *Greek Mime in the Roman Empire, op. cit.,* pág. 185.

[22] Me refiero, de nuevo, a aquel pasaje de Calasso, que aquí recojo en su original en italiano: «Le figure del mito vivono molte vite e molte morti, a differenza dei personaggi del romanzo, vincolati ogni volta a un solo gesto. Ma in ciascuna di queste vite e di queste morti sono compresenti tutte le altre, e risuonano. Possiamo dire di aver varcato la soglia del mito soltanto quando avvertiamo un'improvvisa *coerenza fra incompatibili*» (la cursiva es mía); en Roberto Calasso, *Le nozze di Cadmo..., op. cit.,* pág. 36.

[23] François Fédier, en relación con la poesía de Hölderlin, afirmaba específicamente la necesidad de desentrañar aquello que parecía irregular o incoherente en su contexto —aquí dispositivo poético, pero indudablemente expandible— en la forma que aquí nos interesa; véase, en este sentido, François Fédier, *Hölderlin,* Cahier de l'Herne, núm. 57, 1989, pág. 457.

Bibliografía

AFFELDT, Stefanie, «Exterminating the Brute: Sexism and Racism in King Kong», en Wulf D. Hund, Charles W. Mills y Silvia Sebastiani (eds.), *Simianization: Apes, Gender, Class, and Race,* Münster, Lit Verlag, 2015.

ALLEN, Jay, «Slaughter of 4,000 at Badajoz, City of horrors», *Chicago Tribune,* 30 de agosto de 1936.

ARRARÁS, Joaquín, y SÁENZ DE TEJADA, Carlos, *Historia de la Cruzada Española,* Madrid, Ediciones Españolas, 1940.

AZÚA, Félix de, *La invención de Caín,* Madrid, Santillana, 1999.

BALFOUR, Sebastián, «Spanish Military Cultures and the Moroccan Wars, 1909-36», *European History Quarterly,* vol. 30 (2000).

— *Abrazo mortal: de la guerra colonial a la Guerra Civil en España y Marruecos (1909-1939),* Barcelona, Península, 2002.

BALSALOBRE, Gonzalo de, «Relación auténtica de las idolatrías, supersticiones y vanas observaciones de los indios del Obispado de Oaxaca», en *Tratado de las idolatrías, supersticiones, dioses, ritos, hechicerías y otras costumbres gentílicas de las razas aborígenes de México,* México D. F., Ediciones Fuente Cultural, 1953 [1656].

BARANDIARÁN, José Miguel de, *Diccionario ilustrado de mitología vasca,* en *Obras Completas,* tomo I, Bilbao, La Gran Enciclopedia Vasca, 1972.

BARBERÁN CASTILLO, Manuel, *Un héroe de diez años o ¡Arriba España!,* Vitoria, Obispado de Vitoria, 1938.

BAUDELAIRE, *Baudelaire Dufaÿs: Salon de 1846,* París, Michel Lévy Frères, 1846.

— Charles, *Les Fleurs du Mal,* París, Nathan, 1996.

BENAVENTE, Toribio, *Historia de los indios de la Nueva España,* Barcelona, Herederos de Juan Gili, 1914 [1541].

BENJAMIN, Walter, *Libro de los pasajes,* Madrid, Akal, 2005.

— *Obras completas,* libro I, vol. II, Madrid, Abada, 2011.

BERARDI, Franco, «Dynamics of Humilation and Postmodern Fascism», en Susanne Pfeffer (ed.), *A New Fascism?,* Colonia, Walther König, 2018.

BERNARD, Carmen, y GRUZINSKI, Serge, *De la idolatría. Una arqueología de las ciencias religiosas,* México D. F., Fondo de Cultura Económica, 1992.

BEVAN, Robert, *La destrucción de la memoria. Arquitectura en guerra,* Valencia, La Caja Books, 2019.

Bloch, Ernst, *Herencia de esta época,* Madrid, Tecnos, 2019.
Boas, Franz, *Race, Language and Culture,* Nueva York, The Mcmillan Company, 1940.
Borrás, Tomás, *La pared de tela de araña,* Madrid, Marineda, 1924.
— *Madrid, teñido de rojo,* Madrid, Artes Gráficas Municipales, 1962.
— *Checas de Madrid,* Madrid, Bullón, 1963 [1940].
Bourdieu, Pierre, *La dominación masculina,* Barcelona, Anagrama, 2000.
Brass, Tom, *Peasants, Populism, and Postmodernism: The Return of the Agrarian Myth,* Londres, Frank Cass, 2000.
Buyan, John, *The Pilgrim's Progress,* Harmonsworth, Penguin, 1965.
Caballero, José, *La aventura de la creación. Escritos,* Madrid, Síntesis, 2014.
Calasso, Roberto, *Le nozze di Cadmo e Armonia,* Milán, Adelphi Edizioni, 1988.
— *La ruina de Kasch,* Barcelona, Anagrama, 1989.
— *Las bodas de Cadmo y Harmonía,* Barcelona, Anagrama, 1990.
Camacho Carrasco, Luis, «Canción de abril al alférez provisional», en Jorge Villén, *Antología poética del alzamiento,* Cádiz, Establecimientos Cerón y Librería Cervantes, 1949.
Canetti, Elias, *Crowds and Power,* Nueva York, Continuum, 1981.
— *Masa y poder,* Madrid, Alianza Editorial, 2012.
Cardín, Alberto, *Dialéctica y canibalismo,* Barcelona, Anagrama, 1994.
«Carta de Helsinki. La propaganda finlandesa hace mella en el ejército soviético», *Norte. Diario de Falange Española Tradicionalista y de las J.O.N.S.,* 13 de febrero de 1940.
Cassirer, Ernst, *Filosofía de las formas simbólicas II. El pensamiento mítico,* México D. F., Fondo de Cultura Económica, 1972.
Castroviejo, José María, *Altura,* Barcelona, Jerarquía, 1939.
Catalani, Jordanus, *Mirabilia descripta: The Wonders of the East,* Londres, Hakluyt Society, 1863.
Cohen, Jeffrey Jerome, *Monster Theory: Reading Culture,* Minneapolis (MN), University of Minnesota Press, 1996.
Cohen, Margaret, «La fantasmagoría de Walter Benjamin», en Alejandra Uslenghi (comp.), *Walter Benjamin: culturas de la imagen,* Buenos Aires, Eterna Cadencia Editora, 2010.
Colmeiro, José, «A Nation of Ghosts? Haunting, Historical Memory and Forgetting in Post-Franco Spain», *Electronic Journal of Theory of Literature and Comparative Literature,* 4, 2011, 17-34.
— «Tracing Ghost Stories: Phantasmal Memories and Hauntology in Manuel Rivas' *O lapis do carpinteiro*», en José Ignacio Álvarez (ed.), *Approaches to Iberian Cultural Studies,* Berlín, Peter Lang, 2020.
Cunqueiro, Álvaro, «Comerciantes alemanes», *Vértice,* 48, septiembre de 1941.
— *Las mocedades de Ulises,* estudio preliminar de Diego Martínez Torrón, Madrid, Espasa Calpe, 1985 [1960].
— *Fábulas y leyendas de la mar,* edición y prólogo de Néstor Luján, Barcelona, Tusquets, 2011.
Degrelle, Léon, *La campagne de Russie,* Tánger, Le cheval ailé, 1949.

Despentes, Virginie, *Teoría King Kong,* Barcelona, Random House, 2018.
Díaz del Castillo, Bernal, *Historia verdadera de la conquista de la Nueva España,* Madrid, Historia 16, 1984 [1568].
Didi-Huberman, Georges, «Dialektik des Monstrums: Aby Warburg and the symptom paradigm», *Art History,* 24 (5), 2001, págs. 621-645.
— *Cuando las imágenes toman posición,* Madrid, Antonio Machado Libros, 2008.
— *El gesto fantasma. Acto: Revista de Pensamiento Artístico Contemporáneo,* 4, 2008, páginas 284-291.
— *La imagen superviviente. Historia del arte y tiempo de los fantasmas según Aby Warburg,* Madrid, Abada, 2009.
— *Falenas. Ensayos sobre la aparición 2,* Santander, Contracampo Shangrila, 2015.
Dörr, Karin, y Michael, Robert, *Nazi Deutsch, Nazi German: An English Lexicon of the Language of the Third Reich,* Londres, Bloomsbury, 2002.
D'Ors, Eugenio, «Presentación de Rosario de Velasco, Segundo Salón de los Once», Madrid, 1944, en Manuel Sánchez Camargo, *Historia de la Academia Breve de Crítica de Arte. Homenaje a Eugenio D'Ors,* Madrid, Langa, 1963.
Dumézil, Georges, *Mythe et épopée,* París, Gallimard, 1968.
— *El destino del guerrero. Aspectos míticos de la función guerrera entre los indoeuropeos,* México D. F., Siglo XXI, 1971.
Ehrenreich, Barbara, *Ritos de sangre. Orígenes e historia de las pasiones de la guerra,* Madrid, Espasa Calpe, 2000.
Eliade, Mircea, *Initiations, rites, sociétés secrètes,* París, Gallimard, 1959.
— *Aspectos del mito,* Barcelona, Paidós, 1963.
— *El mito del eterno retorno. Arquetipos y repetición,* Madrid, Alianza Editorial, 1984.
— *Mito y realidad,* Barcelona, Labor, 1993.
— *Lo sagrado y lo profano,* Barcelona, Paidós, 1998.
Fanon, Frantz, *Los condenados de la tierra,* Tafalla, Txalaparta, 2018.
Fernández de Oviedo y Valdés, Gonzalo, *Historia General y Natural de las Indias,* Madrid, Real Academia de la Historia, 1851.
Fernández Mallo, Agustín, *Teoría general de la basura. (Cultura, apropiación, complejidad),* Barcelona, Galaxia Gutenberg, 2018.
Fontes de Garnica, Ignacio, *El crimen fue en Guernica,* Madrid, Akal, 2014.
Foxá, Agustín de, «Madrid», *Vértice,* diciembre de 1937.
— «Trincheras frente a Madrid», en *El almendro y la espada. Poemas de paz y guerra,* San Sebastián, Edit. Internacional, 1940.
— *Madrid de corte a checa,* Madrid, Planeta, 1993 [1939].
García, Hugo, «Des cris de couleur: la propagande graphique dans la Guerre Civile», en Jordi Canal y Vincent Duclert (eds.), *La Guerre d'Espagne. Un conflit qui a façonné l'Europe,* París, Armand Colin, 2016.
García Serrano, Rafael, *La fiel infantería,* Madrid, Editora Nacional, 1943.
— «Carta de las ansiedades», *Haz,* ¿1935?, citado en José-Carlos Mainer, *Falange y literatura,* Barcelona, RBA, 2013.
Gárfer, José Luis, y Fernández, Concha, *Adivinancero Popular Español,* Madrid, Fundación Banco Exterior, 1989.

GILROY, Paul, *Después del imperio. Emigración, xenofobia y diversidad cultural,* Barcelona, Tusquets, 2000.

GIMÉNEZ CABALLERO, Ernesto, «Campamento. Exaltaciones sobre Madrid», *Jerarquía. La revista negra de la Falange,* 2, 1937.

— «El arte y la guerra», *La Voz de España,* San Sebastián, 19 de mayo de 1938.

— «Oyendo el acordeón en la radio», *ABC de Sevilla,* 11 de septiembre de 1938.

— *Los secretos de la Falange,* Barcelona, Yunque, 1939.

— *Arte y Estado,* Madrid, Biblioteca Nueva, 2009 [1935].

GIRARD, René, *El chivo expiatorio,* Barcelona, Anagrama, 1986.

— *La ruta antigua de los hombres perversos,* Barcelona, Anagrama, 1989.

— *Veo a Satán caer como el relámpago,* Barcelona, Anagrama, 2002.

GÓMEZ DE LA SERNA, Gaspar, «Retorno de los héroes», *Legiones y Falanges,* 19, mayo-junio de 1942.

GÓMEZ TELLO, José Luis, *Canción de invierno en el Este,* Barcelona, Luis de Caralt, 1945.

GREENBERG, Harvey, «Reimagining the Gargoyle: Psychoanalytic Notes on Alien», en Constance Penley, Elisabeth Lyon, Lynn Spiegel y Janet Bergstrom (eds.), *Close Encounters: Film, Feminism and Science Fiction,* Minneapolis (MN), University of Minnesota Press, 1996.

GRIFFIN, Richard, «Lingua Quarti Imperii. The Euphemistic Tradition of Extreme Right», en Mathew Feldman y Paul Jackson (eds.), *Doublespeak. The Rhetoric of the Far Right since 1945,* Stuttgart, Ibidem Verlag, 2014.

GRUZINSKI, Serge, *La guerra de las imágenes. De Cristóbal Colón a «Blade Runner» (1492-2019),* México D. F., Fondo de Cultura Económica, 1994.

— *El pensamiento mestizo,* Barcelona, Paidós, 2000.

HAN, Byung-Chul, *Die Erretung des Schönen,* Berlín, Fischer Verlag, 2015.

— *La salvación de lo Bello,* Barcelona, Herder, 2017.

HARAWAY, Donna, *El patriarcado del osito Teddy. Taxidermia en el Jardín del Edén,* Barcelona, Sans Soleil, 2015.

HAYAKAWA, Ichiye, *Language in thought and action,* Orlando (FL), Harvest, 1939.

HEITZ, Paul, *Flugblätter des Sebastian Brant mit 25 Abbildungen,* Estrasburgo, Jahresgaben für elsässische Literatur, 1915.

HELL, Julia, *The Conquest of Ruins. The Third Reich and the Fall of Rome,* Chicago, The University of Chicago Press, 2019.

HERODOTO, *Histoires,* París, Le Découverte, 1985.

HOFFMAN, Walter James, *The Menomini Indians,* Legari Street Press, 2022 [1896].

HOMERO, *La Ilíada,* Donosti, Txertoa, 1984.

HOOKE, Robert, *Micrographia: or Some Physiological Description of Minute Bodies Made by Magnifying Glasses: with Observations and Inquiries Thereupon, by R. Hooke, Fellow of the Royal Society,* Londres, John Martyn, 1665.

HUIZINGA, Johan, *Herbst des Mittelalters. Studien über Leben und Geisterformen des 14. Und 15. Jahrhunderts in Frankreich und in den Niederlanden,* Múnich, Wolff-Mönckenberg, 1928.

HYDE, Lewis, *Tricksters makes This World: Mischief, Myth and Art,* Nueva York, North Point Press, 1998.

Ingebretsen, Eduard, *At Stake: Monsters and the Rhetoric of Fear in Public Culture,* Chicago, University of Chicago Press, 2001.
Juaristi, Jon, *El bosque originario. Genealogías míticas de los pueblos de Europa,* Madrid, Taurus, 2000.
Jung, Carl Gustav, *Four Archetypes. Mother. Rebirth. Spirit. Trickster,* Londres, Ark, 1992.
— *Los arquetipos y lo inconsciente colectivo,* Madrid, Trotta, 2002.
Kappler, Claude, *Monstruos, demonios y maravillas a fines de la Edad Media,* Madrid, Akal, 1986.
Kartomi, Margaret, *On Concepts and Classifications of Musical Instruments,* Chicago, University of Chicago Press, 1990.
Kerényi, Károly, y Jung, Carl Gustav, *Introducción a la esencia de la mitología. El mito del niño divino y los misterios eleusinos,* Madrid, Siruela, 2004.
— *Prolegomeni allo studio scientifico della mitologia,* Turín, Bollati Boringhieri, 2012.
Klemperer, Viktor, *LTI. Notizbuch eines Philologen,* Stuttgart, Reclam, 1947.
Labanyi, Jo, «History and Hauntology; or, What Does One Do with the Ghosts of the Past? Reflections on Spanish Film and Fiction of the Post-Franco Period», en Joan Ramon Resina (ed.), *Disremembering Dictatorship,* Leiden, Brill, 2000.
— (ed.), *Constructing Identity in Contemporary Spain,* Nueva York, Oxford University Press, 2002.
Lawson, John Cuthbert, *Modern Greek Folklore and Ancient Greek Religion: A Study in Survivals,* LaVergne (TN), Kessinger Reprints, 2009.
Leibniz, Gottfried Wilhelm, *La Monadologie,* París, Eugène Belin, 1886.
León, Ricardo, *Cristo en los Infiernos,* Madrid, Victoriano Suárez, 1941.
Lévi-Strauss, Claude, *El pensamiento salvaje,* México D. F., Fondo de Cultura Económica, 1987.
Linares-Becerra, Concha, *¡A sus órdenes, mi coronel!,* Madrid, Afrodisio Aguado, 1939.
Litell, Jonathan, *Le sec et l'humide: Une brève incursion en territoire fasciste,* París, Gallimard, 2008.
Llano, Alejandro, *Deseo, violencia, sacrificio. El secreto del mito según René Girard,* Pamplona, Astrolabio, 2004.
«Llegaron los soviets... y tres países europeos perdieron su cultura, sus bienes y su vida», *Signal,* 1 de septiembre de 1941.
Lotman, Yurij, *Universe of the Mind: A Semiotic Theory of Culture,* Bloomington (IN), Indiana University Press, 1990.
— *La semiosfera II. Semiótica de la cultura, del texto, de la conducta y del espacio,* Madrid, Cátedra, 1998.
— *Cultura y explosión. Lo previsible y lo imprevisible en los procesos de cambio social,* Barcelona, Gedisa, 1999.
— *Die Innenwelt des Denkens. Eine semiotische Theorie der Kultur,* Berlín, Suhrkamp, 2010.
Mainer, José-Carlos, *Ernesto Giménez Caballero. Casticismo, nacionalismo y vanguardia. Antología (1927-1935),* Madrid, Fundación Santander, 2005.
Mandeville, Jean de, *Mandeville's Travels,* vol. II, Londres, Hakluyt Society, 1953.
Marin, Bernd, *Antisemitismus ohne Antisemiten. Studien zur Vorurteilsdynamik,* Viena, Campus, 2000.

Marzo, Jorge Luis, *El D_efecto Barroco. Políticas de la imagen hispana* (catálogo de exposición), CCCB, Barcelona, Direcció de Comunicació de la Diputació de Barcelona, 2010.
— *La memoria administrada. El barroco y lo hispano,* Buenos Aires y Madrid, Katz, 2010.
— *La competencia de lo falso. Una historia del fake,* Madrid, Cátedra, 2018.
Marzo, Jorge Luis, y Mayayo, Patricia, *Arte en España (1939-2015), ideas, prácticas, políticas,* Madrid, Cátedra, 2015.
Mbembe, Achille, *Necropolítica,* Santa Cruz de Tenerife, Melusina, 2011.
Melville, Herman, *Moby Dick,* México D. F., Éxodo, 2009.
Méndez, Lourdes, *Antropología del campo artístico: del arte antiguo al contemporáneo,* Madrid, Síntesis, 2008.
Miquelarena, Jacinto, «El frente de París. La basura de la Horda», *ABC de Sevilla,* 20 de octubre de 1937.
— «José Antonio hombre», *ABC,* 20 de noviembre de 1938.
— «El depurativo Staline», *ABC de Sevilla,* 24 de noviembre de 1938.
Moraña, Mabel, *El monstruo como máquina de guerra,* Madrid, Iberoamericana Vervuert, 2017.
Neville, Edgar, *Frente de Madrid,* Madrid, Espasa Calpe, 1941.
Olanda Spencer, Margarita, *Prisionera del Soviet,* San Sebastián, Editorial Española, 1938, pág. 33.
Olschanski, Reinhard, «Nachbarschaften. Alteingesessene zwischen Aktivierung und Ressentiments», *HafenCity Lectures,* 14 de julio de 2016.
— *Der Wille zum Feind. Über populistische Rhetorik,* Paderborn, Wilhelm Fink, 2017.
Papadima, Liviu, «Sprache und Diktatur», en Günter Holtus, Michael Metzeltin y Christian Schmitt (eds.) *Lexikon de Romanistischen Linguistik (LRL),* Tübingen, Niemeyer, 1998.
Parrinder, Patrick, *James Joyce,* Cambridge, Cambridge University Press, 1984.
Pemán, José María, *Poema de la Bestia y el Ángel,* Zaragoza, Jerarqvía, 1938.
Penella de Silva, Manuel, «El «paraíso soviético. Auténtico infierno», *El Alcázar,* 19 de julio de 1941.
Pinto, John A., *Speaking Ruins. Piranesi, Architects and Antiquity in Eigthteen Century Rome,* Ann Arbor (Mi), The University of Michigan Press, 2012.
Polo, Marco, *Libro de cosas maravillosas del Oriente,* Madrid, Austral, 1983.
Propp, Vladimir, *Morfología del cuento,* Madrid, Fundamentos, 1985.
Puente, José Vicente, «Oración imperial de la victoria», en *Viudas blancas,* Burgos, Editorial Española, 1937.
Radin, Paul, *The Trickster: A Study in American Indian Mythology. With commentaries by Karl Kerényi and C. G. Jung,* Nueva York, Schoken Random House, 1987.
Rebollo Torío, Miguel Ángel, *El lenguaje político de la derecha en la 2.ª República,* Valencia, Fernando Torres, 1975.
Reynolds, Dwight F., «Abū Zayd al-Hilālī: Trickster, Womanizer, Warrior, Shaykh», *Journal of Arabic Literature,* 49, 2018, págs. 78-103.
Ridruejo, Dionisio, *Materiales para una biografía,* Colección Obra fundamental, Madrid, Fundación Banco Santander, 2005.

Rivas Venegas, Miguel, «Haz de flechas y palabras. Lenguaje y retóricas tóxicas de la España franquista», en Antonio César Moreno Cantano (ed.), *Crónicas de tinta y sangre: periodistas y corresponsales de guerra (1936-1945),* Gijón, Trea, 2020, págs. 11-35.

— «Atlas der Monstruosität? Ein vermutliche Treffpunkt zwischen Aby Warburg und Yurij Lotman. Über Grenzen, Semiospheren und der Symptom des Kulturzerstörers», *Arts of Memory Forschungsseminar,* Berlín, 8 de abril de 2021.

— «Exnominated Anti-Semitism? Reframing the Paranoid Hate-speech of Spanish National-populism», *Analysis of Current Trends in Antisemitism-ACTA-De Gruyter,* 41, 2021, págs. 1-47.

Robecchi, Marco, «Entre humanité et bestialité: Riccold de Montecroix face à l'autre dans son voyage», *Questes: revue pluridisciplinaire d'études médiévales,* 35, 2017, págs. 65-80.

Rodríguez Puértolas, Julio, *Literatura fascista española,* vol. 1: *Historia,* Madrid, Akal, 1986.

Rosenkranz, Johan Karl Friedrich, *La estética de lo feo,* Madrid, Julio Ollero Editor, 1992 [1853].

Rosón, María, *Género, memoria y cultura visual en el primer franquismo,* Madrid, Cátedra, 2016.

Schelling, Friedrich Joseph von, «Einletung in die Philosophie der Mythologie», *Samtliche Werke,* 2, 1, Stuttgart y Augsburgo, Cotta Verlag, 1856.

Schmitt, Carl, *Der Begriff des Politischen,* Múnich, Duncker & Humblot, 1932.

Sontag, Susan, *Bajo el signo de Saturno,* Barcelona, Debolsillo, 2007.

Speer, Albert, *Memorias,* Barcelona, Acantilado, 2001 [1969].

Spengler, Oswald, *The Decline of the West,* Nueva York, A. A. Knopf, 1957.

— *La decadencia de Occidente I,* Madrid, Austral, 1998.

— *Der Untergang des Abendlandes: Umrisse einer Morphologie der Weltgeschichte,* Múnich, Deutschen Taschenbuchverlag, 2007 [1918, 1922].

— *Ich beneide jeden, der lebt. Die Aufzeichnungen «Eis heauton» aus dem Nachlaß,* Düsseldorf, Lilienfeld Verlag, 2007.

Stephens, Walter, *Giants in those Days: Folklore, Ancient History and Nationalism,* Lincoln (NE), University of Nebraska Press, 1989.

Stewart, Susan, «The Miniature. Micrographia», en *On longing. Narratives of the Miniature, the Gigantic, the Souvenir, the Collection,* Durham (NC), Duke University Press, 1993.

Tácito, *Germania,* Madrid, Editorial Hernando, 1950.

Todorov, Tzvetan, *Memoria del mal, tentación del bien: indagación sobre el siglo xx,* Barcelona, Península, 2002.

Topsy-Turvy, Signor, *Wonderful Magic Lantern; or, The World Turned Upside Down. Illustrated with Twenty-four Engravings,* Londres, Tabart, 1810.

Trachtenberg, Joshua, *The Devil and the Jews: The Medieval Conception of the Jew and its Relation to Modern Antisemitism,* New Haven (CT), Yale University Press, 1944.

Turnbull, David, *Masons, Tricksters and Cartographers. Comparative Studies in the Sociology of Scientific and Indigenous Knowledge,* Londres, Routledge, 2003.

Tylor, Edward Burnett, *Primitive Culture. Researches into the Development of Mythology, Philosophy, Religion, Art and Custom,* Londres, Murray, 1871.

Urbeltz, Juan Antonio, *Los bailes de espadas y sus símbolos. Ciénagas, insectos y moros,* Pamplona, Pamiela, 2000.
— *Danzas morris, origen y metáfora,* Pamplona, Pamiela, 2007.
Urbeltz, Juan Antonio, y Urbeltz Arregi, Mikel, *Crónlech vasco y zorro japonés. De Jorge Oteiza a Akira Kurosawa,* Alzuza, Fundación Jorge Oteiza, 2012.
Urrutia, Federico de, «Como un Amadís de Gaula», en *Poemario de la Falange eterna,* prólogo de Manuel Halcón, Santander, Aldus, 1938.
Urueña Calderón, Juan Felipe, *El montaje en Aby Warburg y en Walter Benjamin: un método alternativo para la representación de la violencia,* Bogotá, Editorial Universidad del Rosario, 2017.
Usener, Hermann, *Götternamen. Versuch einer Lehre von der Religiösen Begriffsbildung,* Bonn, Friedrich Cohen Verlag, 1896.
Vallejo-Nájera, Juan Antonio, «La delincuencia femenina y sus razones», *Revista de la Escuela de Estudios Penitenciarios,* 21, 1956, págs. 213-214.
Vargas, Silvana Mariela, «La vida después de la vida. El concepto de *nachleben* en Benjamin y Warburg», *THÉMATA. Revista de Filosofía,* 49, 2014, págs. 317-331.
Vernant, Jean-Pierre, *The Cuisine of Sacrifice Among the Greeks,* Chicago, The University of Chicago Press, 1989.
Villén, Jorge, *Antología poética del alzamiento,* Cádiz, Establecimientos Cerón y Librería Cervantes, 1939.
Voigt, Rüdiger, *Freund-Feind-Denken. Carl Schmitts Kategorie des Politischen,* Stuttgart, Franz Steiner Verlag, 2011.
VV.AA., *España salvaje. Los otros episodios nacionales,* Madrid, La Felguera, 2019.
Warburg, Aby, *Gesammelte Schriften (Studienausgabe),* Berlín, Akademie Verlag, 1998.
— *El renacimiento del paganismo. Aportaciones a la historia cultural del Renacimiento europeo,* Madrid, Alianza Editorial, 2005.
— *El ritual de la serpiente,* México D. F., Sexto Piso, 2008, pág. 41.
— *Werke in einem Band,* Frankfurt am Main, Suhrkamp, 2010.
— *El atlas de imágenes Mnemosyne. Reproducción fascicular,* México D. F., UNAM, 2012.
Weisz, Martina, y Rein, Raanan, «Hero and Monster: The Place of Jews in Spain's National Identity», en Sara Brenneis y Gina Herrmann (eds.), *Spain, the Second World War and the Holocaust,* Toronto, University of Toronto Press, 2020.
Williams, Debbie Jay, y Prince, Kalyn, *The Monstrous Discourse in the Donald Trump Campaign. Implications for National Discourse,* Lanham (MD), Lexington, 2018.
Winckler, Lutz, *Studie zur gesellschaftlichen Funktion faschistischer Sprache,* Frankfurt am Main, Suhrkamp, 1970.
Wodak, Ruth, «Judeus ex Machina. Diskussion bei der Mahnwache», *Grazer Linguistische Studien,* 32, 1989, 153-181.
— «The Radical Right and Antisemitism», en Jens Rydgren (ed.), *The Oxford Handbook of the Radical Right,* Oxford, Oxford Handbooks Online, 2018.
Ximénez de Sandoval, Felipe, *Camisa azul. Retrato de un falangista,* Valladolid, Santarén, 1939.
— *La piel de toro. Cumbres y simas de la historia de España,* Barcelona, Juventud, 1944.
— *José Antonio (biografía apasionada),* Madrid, Galpa, 1971 [1941].

Yerushalmi, Yosef Hayim, *Ein feld in Anatot. Versuche über judische Geschichte,* Berlín, Wagenbach, 1993.
Žižek, Slavoj, *Bienvenidos al desierto de lo real,* Madrid, Akal, 2005.
— «Samuel Beckett as the Writer of Political Abstraction; or, What Can Beckett Tell Us about the Alt-Right and Political Correctness?», conferencia en Seton Hall, 7 de noviembre de 2018.
— «Happiness: Capitalism vs Marxism», conferencia impartida en Toronto, 19 de abril de 2019.
Žižek, Slavoj; Santner, Eric, y Reinhard, Kevin, *El prójimo. Tres indagaciones en teología política,* Buenos Aires, Amorrortu, 2010.

Índice